Tour Conductor 실무론

한올출판사

Preface

머 · 리 · 말

고객들은 TC를 공짜로 여행하면서 돈을 잘 버는 직업이라고 생각하여 여행의 꽃이라고 말하곤 한다. 하지만 이면에는 육체적, 정신적인 고통을 이해하지 못한 오해에서 비롯된 것이라고 할 수 있다. 여행을 가시는 고객들 입장에서 보면 순수여행의 자유로움을 누릴 수 있지만 반면 TC는 엄연히 출장업무이기 때문에 업무상의 스트레스를 받을 수 있다. 예를 들면, 다양한 욕구를 가지고 여행을 떠나는 고객들 대부분은 TC를 일종의 하수인으로 취급하며 여행기간 내내 피곤하지 않는 TC로서 자기들의 지근거리에서 수발하는 모습을 원하기 때문에 TC가 되기를 바라는 학생들은 만능엔터테이너가 되기 위해 꾸준히 노력하며 자신을 발전시키기 위해 질주해야 한다. 이러한 점을 착안해서 본 저자는 TC로서 갖춰야 할 전문지식과 실무에서 필요한 인재양성의 지식들을 종합해서 체계적으로 제시함으로써 학생들이 졸업 후 현장에서 즉시 활용할 수 있도록 구성하였다. 하지만 본서를 발간하면서 다소 미비한 부분들은 지속적으로 보안해 갈 것이며 우리나라가 미래의 관광 대국이 되는 그날까지 학교와 업계 등을 통해 절차탁마 할 것을 다짐한다.

끝으로 늘 저와 동행하시고 미래도 책임져 주실 하나님께 감사기도 드립니다.

저자 씀

Contents

차 · 례

Chapter 1 Tour Conductor 개요

Contents

Chapter 2 TC 업무의 기초지식

Chapter 3 출장 및 출국준비

Chapter 4 관광 입국 및 호텔업무

Chapter 5 관광지 행사진행업무

Chapter 6 귀국보고

Bibliography 참고문헌

Chapter 1

Tour Conductor 개요

1 개 념

1) 정 의

우리나라에서 흔히 말하는 TC(Tour Conductor)라 함은 크게 3가지로 구분할 수 있다. 먼저, 국내여행을 안내하는 가이드와 자국인들이 외국을 여행할 때에 이루어지는 가이드, 그리고 외국의 관광지에서 안내를 책임지는 가이드이다.

여기서 말하고자 하는 TC의 뜻에 가까운 용어는 내국인들을 외국 여행 시에 동행하면서 안내하는 가이드를 통상적으로 지칭한다고 할 수 있다. 이러한 가이드를 해외여행 가이드라고도 부르기도 한다. 관광진흥법 제13조에 여행업자가 해외여행을 실시할 경우 여행자의 안전과 여행에 필요한 편의를 제공할 목적으로 인솔자를 두는 경우에는 문화관광부령에 준하는 적합한자를 두어야 한다고 규정함으로써 내국인의 해외여행 인솔을 담당하는 자를 국외여행인솔자라고 명했다.

따라서 국외여행인솔자의 명확한 정의는 불특정 국가나 지역을 대상으로 실시되는 여행이 안전하게 이루어 질 수 있도록 책임을 지는 리더자내지 관리자를 말한다고 할 수 형성 될 때에 만이 인솔자가 되는 관계로 고객들의 의견을 무시할 수 있고 회사에 대한 소속감이나 책임감이 결여 될 수 있다.

(4) 프리랜스 전문 TC(Free lancer Tour Conductor)

한 여행사에 소속되어 있지 않고 불특정한 다수 여행사를 대상으로 해외여행 단체가 형성될 때 해외여행가이드 업무를 수행하는 프리랜스(free lance)를 지칭하는 국외여행 인솔자를 말한다. 인건비는 지급하지 않고 행사시에 일당(per diem)으로 미화 30-100$ 이내에서 출장비를 받게 되고 쇼핑(sopping)과 현지에서의 선택관광(optional tour)시 수수료(commission)와 팁(tip)은 별도로 받을 수 있다.

프리랜스의 장점은 특정한 여행사에 소속되지 않고 개인의 스케줄에 의해 출장 횟수를 자유롭게 조절할 수 있고 국외여행에 대한 경험이 풍부하기 때문에 해외여행가이드 업무를 수행할 때 일어날 수 있는 각종 위급한 상황을 신속하게 처리할 수 있다.

단점은 성수기(peak season)와 비수기(off season)에 의해서 수입원이 일정하지 않다는 것이다. 무엇보다도 다수의 여행사들을 상대로 본인(프리랜스)의 능력과 경험을 각인시키는데 많은 노력을 해야 하는 애로사항이 있다.

(5) 용역회사에 소속된 TC

TC자격증을 보유한 다수들이 대행용역회사를 공동으로 설립하거나 혹은 촉탁 등의 방법으로 전문 TC(국외여행인솔자)를 확보해서 불특정 다수의 여행사들을 상대로 영업을 해 자사에 소속된 전문TC들이 해외여행업무를 수행할 수 있도록 해주는 방법이다.

인건비는 용역회사에서 수수료(commission)를 제외한 급료를 받게 된다. 단점은 프리랜스와 같이 여러 여행사들에게 신경을 쓸 필요는 없지만 용역회사의 입장에서 보면 알선해준 여행사들로부터 보내준 TC들이 인정을 받는 것이 차후의 마케팅차원에서 플러스가 되기 때문에 해외여행 출장지에서 능력을 발휘 할 수 있어야 한다.

2 TC의 자격

1) 관광진흥법 상의 자격조건

관광진흥법 제13조에 국외여행인솔자라 함은 여행업을 하는 자가 해외여행을 하는 내국인을 대상으로 안전한 여행을 할 수 있도록 편의제공을 할 필요성이 있을 때 인솔자는 문화관광부령이 정하는 요건에 적합한자이어야 한다고 명시하고 있다. 따라서 관광진흥법 제13조와 관광진흥법 시행규칙 제12조에 의거해서 다음과 같은 자격조건을 제시하고 있다.

첫째, 관광통역안내사자격증을 취득할 것

둘째, 여행사에서 1년 이상 근무하고 해외여행 경험이 있는 자로 문화관광부장관이 정하는 소정교육(15시간 이상)을 받은 자

- □ 교육장소: 한국관광공사 관광인력지원센타 및 해당교육기관
- □ 준비물
  - ■ 국내여행업체 근무 확인 증명서

    예 갑종근로소득세 납필증명서
    건강보험 확인서
    국민연금확인서
    근로소득원천징수영수증
  - ■ 국외여행경험확인서

    예 여권에 있는 출국확인도장 혹은 출입국사실증명서
  - ■ 사진2매

[표 1-2] 소양과목종류

구 분	과 목	시 간
전문과목	여행사경영론, 국외여행실무, 항공업무, 관광영어, 호텔매너, 여행상식	각 2시간
교양과목	이미지 메이킹	2
기 타	평가, 등록, 수료	2
합 계	18시간	

셋째, 문화관광부 장관이 지정하는 교육기관(사내교육기관-96시간, 전문교육기관-입학조건은 전문대학 이상의 학교에서 관광관련 학과 졸업예정자 혹은 졸업자와 여행사에서 6개월 이상 근무경력자 등이며 교육은 연 192시간 이상을 받은 자와 교과목은 기본 전공 55%, 외국어 30%, 소양과목 15%)에서 해외여행 인솔 교육을 이수한 자

- □ 제출서류
  - ■ 입학원서 1부
  - ■ 반명함판사진 3매
  - ■ 졸업증명서(최종학교)
  - ■ 여행사 6개월 이상 경력증명서

    예 소득세원천징수영수증 2부, 건강보험자격증명서 1부, 국민연금가입증명서1 부, 고용보험피보험자 확인서1부 중 택일
- □ 기 타
  - ■ 출석률은 전체평균 80%미만, 과목당 성적이 70점 이하인 경우는 자격인정증 이 발급되지 않음
  - ■ 교육은 하루6시간씩 1주일에 4일 8주간씩 192시간 이상 이수해야 함
  - ■ 기타: 서류가 미비 되면 자격인정증이 발급되지 않을 수도 있다.

[표 1-3] 국외여행인솔자 소양기관 자격증 발급기관

교육기관	주 소
경기대학교	서울시 서대문구 충정로3가 185-1 사회교육원
경주대학교	경북 경주시 효현동 산42-1
경동대학교	강원 고성군 토성면 봉포리 산 91-1
경남정보대학	부산시 사상구 주례2동 167
계명문화대학	대구시 달서구 신당동 700
군장대학	전북 군산시 성산면 도암리 산 3-3
나주대학	전남 나주시 다시면 복암리 837-8
동아대학교	부산시 사하구 하단2동 840
동국대학교(경주)	경북 경주시 석장동 707
동주대학	부산시 사하구 괴정동 산 15-1
대구대학교	경북 경산시 진량읍 내리리 15
동강대학	광주시 북구 두암동 771번지

문경대학	경북 문경시 호계면 별암리 산6
부산여자대학	부산시 부산진구 양정동 74
서울보건대학	경기도 성남시 수정구 양지동 212
서강정보대학	광주시 북구 운암동 789-1
순천청암대학	전남 순천시 덕월동 224-9
진주국제대학교	경남 진주시 문산읍 상문리 산 270
제주관광대학	제주도 북제주군 애월읍 광령2리
제주산업정보대학	제주도 제주시 영평동 2235
장안대학	경기도 화성군 봉담읍 상리 460
진주보건대학	경남 진주시 상봉서동 1142
전주기전여자대학	전북 전주시 완산구 중화산동 1가 177
충청대학	충북 청원군 강내면 월곡리 330
창원전문대학	경남 창원시 두대동 196
창신대학	경남 마산시 합성2동 1
용인대학교	경기도 용인시 삼가동 117-6
영진전문대학	대구시 북구 복현2동 218
양산대학	경남 양산시 명곡동 922-2
울산과학대학	울산시 동구 화정동 산 160-1
혜천대학	대전시 서구 복수동 333
한국관광공사교육원	서울시 은평구 불광동 1-363 한국여성개발원내
한국관광대학	경기도 이천시 신둔면 고척리 26-5

[표 1-4] 국외여행인솔자 양성기관 자격 발급기관

교육기관	주 소	전 화
경기대학교(서울)	서울시 서대문구 충정로3가 185-1	02)390-5262
경주대학교	경북 경주시 효현동 산42-1	054)770-5086
세종대학교	서울시 광진구 군자동 98	02)3408-3472
동국대학교(경주)	경북 경주시 석장동 707	054)770-2554
진주국제대학교	경남 진주시 문산읍 상문리 산270	055)751-8105
용인대학교	경기도 용인시 삼가동 117-6	031)330-2733
경동대학교	강원도 고성군 토성면 봉포리 산 91-1	033)639-0163
동아대학교	부산시 사하구 하단2동 840	051)200-6637
대구대학교	경북 경산시 진량읍 내리리 15	053)850-5653
호원대학교	전북 군산시 임피면 월하리 727	063)450-7029
계명문화대학	대구시 달서구 신당동 700	053)589-7766
부산여자대학	부산시 부산진구 양정동 74	051)850-3233

거제대학	경남 거제시 장승포동 654-1	055)680-1618
서강정보대학	광주시 북구 운암동 789-1	062)520-5200
제주관광대학	제주도 북제주군 애월읍 광령2리 2535	064)740-8700
제주산업정보대학	제주도 제주시 영평동 2235	064)754-0222
영진전문대학	대구시 북구 복현2동 218	053)940-5380
경남정보대학	부산시 사상구 주례2동 167	051)320-2076
공주영상정보대학	충남 공주시 장기면 금암리 180-1	041)850-9095
경복대학	경기도 포천군 신북면 신평리 131	031)539-5208
충청대학	충북 청원군 강내면 월곡리 330	043)230-2225
장안대학	경기도 화성군 봉담읍 상리 460	031)299-3415
군장대학	전북 군산시 성산면 도암리 산3-3	063)450-8315
나주대학	전남 나주시 다시면 복암리 837-8	061)330-7461
동주대학	부산시 사하구 괴정동 산 15-1	051)200-3442
혜천대학	대전 서구 복수동 333	042)580-6121
창신대학	경남 마산시 합성2동 1	055)250-1259
창원전문대학	경남 창원시 두 대동 196	055)279-5144
한국관광대학	경기도 이천시 신둔면 고척리 26-5	031)644-1051
순천청암대학	전남 순천시 덕월동 224-9	061)740-7275
경동정보대학	경북 경산시 하양읍 부호리 224-1	053)850-8065
전주기전여자대학	전북 전주시 완산구 중화산동 1가 177	063)283-8507
진주보건대학	경남 진주시 상봉서동 1142	055)740-1714
울산과학대학	울산시 동구 화정동 산 160-1	052)230-0583
서울보건대학	경기도 성남시 수정구 양지동 212	031)740-7283
양산대학	경남 양산시 명곡동 922-2	055)370-8258
경인여자대학	인천시 계양구 계산동 101	032)5400-0203
문경대학	경북 문경시 호계면 별암리 산6	054)559-1141
전남과학대학	전남 곡성군 옥과면 옥과리 산85	061)360-5120
동강대학	광주시 북구 두암동 771	062)520-2516
동원대학	경기도 광주군 실촌면 신촌리 산1-1	031)763-8540

[표 1-5] 관광통역안내사 자격시험

구 분	내 용
시험장소	· 서울: 원서 접수 시 공고함 · 지방: 광주, 제주, 경주 * 독일, 스페인, 불어, 러시아어 등의 시험장소는 서울
응시자격 및 서류	· 응시자격: 국적, 경력, 학력, 연령에 제한규정 없음 · 제출서류: 영어, 일어, 중국어는 공인시험증명서 1부요구함

<table>
<tr><td>외국어 시험점수</td><td>· 영 어 – TOEIC: 760점 이상(만점 990점)
TEPS: 677점 이상(만점 990점)
TOEFL: 217점 이상(만점300점)
· 일본어 – JPT : 740점 이상(만점990점)
· 중국어 – HSK : 8급 이상(만점 11급)</td></tr>
<tr><td>전형방법</td><td>· 필기시험(과목당25분)
국사(40%), 관광법규(20%), 관광학개론(20%), 관광자원해설(20%)
· 외국어시험: 영어, 일어, 중국어는 공인외국어 시험으로 대체하고 독어, 불어, 스페인어, 러시아어는 시험 봄(필기: 25문항, 듣기: 25문항)
· 면접시험
전문지식여부와 국가관 상태 및 성실성 위주 확인</td></tr>
<tr><td>기 타</td><td>· 필기시험 전부 면제
통역사 자격취득자가 다른 국가의 외국어 통역사 시험에 응시하는 자
· 필기시험 중 관광학개론, 관광법규 면제
관광관련전공자 및 동등한 자격 취득자
· 해당외국어 시험 면제자
고등학교에서 외국어 강의 자(5년 이상)
전문대학이상의 학교에서 강의 자(3년 이상)
해당국가에서 근무 및 유학 자(5년 이상)</td></tr>
</table>

[표 1-6] 통역안내원 법적 변천과정

<table>
<tr><th>구 분</th><th>법적 변천과정</th><th>내 용</th></tr>
<tr><td>1960년대</td><td>관광사업진흥법</td><td>· 통역 안내원</td></tr>
<tr><td rowspan="2">1970년대</td><td rowspan="2">관광사업법</td><td>· 관광통역안내원</td></tr>
<tr><td>· 국내여행안내원</td></tr>
<tr><td rowspan="4">1980년대</td><td rowspan="4">관광진흥법</td><td>· 국외여행안내원(1987년 폐지)</td></tr>
<tr><td>· 관광통역안내원</td></tr>
<tr><td>· 국내여행안내원</td></tr>
<tr><td>· 명예통역안내원</td></tr>
<tr><td rowspan="3">1990년대</td><td rowspan="3">관광진흥법</td><td>· 관광통역안내원</td></tr>
<tr><td>· 국외여행인솔자</td></tr>
<tr><td>· 국내여행안내원</td></tr>
<tr><td rowspan="3">2000년대</td><td rowspan="3">관광진흥법</td><td>· 2003년 자격증 명칭변경</td></tr>
<tr><td>– 관광통역안내원은 관광통역안내사</td></tr>
<tr><td>– 국내여행안내원은 국내여행안내사</td></tr>
</table>

자료: 임용식 외 1명, 대왕사, 2006: 26p

[표 1-7] 관광통역 안내원 응시원서

(별지 제34호 서식)

<table>
<tr><td>응시번호</td><td colspan="6" rowspan="2">

응 시 원 서

한국관광공사 사장 귀하</td><td rowspan="2">반명함판
사 진
3.5cm×4.5cm</td></tr>
<tr><td></td></tr>
<tr><td colspan="8">관광통역안내원(2급, 1급, 총) 지배인 자격시험에 응시하고자 원서를 제출합니다.
※ 아래 기재사항은 사실과 다름이 없으며 만일 시험합격 후에 허위 또는 부실 기재한 사실이 판명되었을 시에는 합격취소 처분을 하여도 이의를 제기하지 아니할 것을 서약합니다.

년 월 일 응시자 서명
※ 아래 각 항목은 응시자 참고사항을 참조하여 작성하시기 바랍니다.</td></tr>
<tr><td>성 명</td><td>한 글</td><td>한 자</td><td>영 어</td><td>주민등록
번호</td><td colspan="3">-
(만 세)</td></tr>
<tr><td rowspan="3">성 명</td><td rowspan="2">우편번호</td><td rowspan="2">-</td><td rowspan="2">전화번호</td><td>휴대</td><td colspan="3"></td></tr>
<tr><td>자택</td><td colspan="3"></td></tr>
<tr><td>주 소</td><td colspan="6"></td></tr>
<tr><td>① 선택외국어</td><td colspan="7">1. 영어 2. 불어 3. 독어 4. 서반아어 5. 일어 6. 중국어 7. 노어</td></tr>
<tr><td>② 시험면제
코드</td><td colspan="7">1. 일반응시 2. 필기일부면제 3. 필기전부면제 4. 듣기 및 면접면제
5. 듣기 및 면접, 필기일부면제, 6. 전부면제</td></tr>
<tr><td>③ 시험지역</td><td colspan="3">1. 서울 2. 경주 3. 제주</td><td colspan="4">※ 경주·제주지역 시행여부는 시험시행공고에 의거함</td></tr>
<tr><td rowspan="2">④ 최종학력</td><td colspan="7">년 월 일 교 과 년
(졸업·수료·중퇴·재학)</td></tr>
<tr><td>학과구분</td><td colspan="4">1. 관광관련학과 2. 어학관련학과 3. 기타학과</td><td>학력코드</td><td colspan="2"></td></tr>
<tr><td rowspan="2">⑤ 자 격</td><td colspan="2">취득년월일</td><td colspan="2">자격증 명칭</td><td colspan="2">발행기관</td><td>자격증 번호</td></tr>
<tr><td colspan="2">년 월 일</td><td colspan="2"></td><td colspan="2"></td><td></td></tr>
<tr><td rowspan="2">⑥ 경 력</td><td colspan="7">년 월 일부터
년 월 일까지 근무</td></tr>
<tr><td colspan="7">년 월 일부터
년 월 일까지 근무</td></tr>
</table>

2) TC의 자질조건

(1) 선천적인 특성

① 단정한 외모와 포근한 마음

해외여행이라는 뜻 자체가 여행자의 생활에 활력소가 될 수 있는 의미가 충분히 내포되어 있는만큼 여행자들에게는 생소하면서도 낯선 곳에 대한 걱정하는 마음도 아울러가지게 된다. 이러한 두 가지 마음을 동시에 품고 있는 여행자들에게 TC의 책무는 가히 짐작 할만 할 것이다.

따라서 여행자들에게 다가가는 TC의 첫인상은 포근하고 안전한 여행에 대한 확신을 심어 줄 수 있는 국외여행인솔자의 외모에 100% 달려 있다고 해도 과언이 아닐 것이다.

② 자신감

TC의 성격은 무엇보다도 해외여행업무에 대한 명확한 자신감을 가지고 있어야 한다. 예를 들면, 여행 업무에 관한 민첩성과 사고 발생시 결단력, 여행자들의 불만이 있을 시의 유연성과 친교능력 등을 들 수 있다.

③ 건강한 체력 및 희생정신

TC는 여행출발 때부터 여행이 종료될 때까지 고객의 안전에 대한 책임을 져야하는 막중한 임무를 가진 관계로 여행 중의 스트레스와 시차, 불확실한 생활이라고 할 수 있는 여러 요인인 예를 들면, 여행객들보다 늦게 잠자리에 들고 일찍 일어나야 하며 식사도 고객들보다 늦게 시작해서 일찍이 마쳐야 되므로 인해 정신적 육체적 피로를 이겨내기 위해서는 강인한 정신력과 더불어서 철저한 희생정신을 발휘해야 한다.

(2) 후천적인 특성

① 마케팅 영업 능력 겸비

TC의 능력은 해외여행객들을 대상으로 국외여행인솔자업무만을 수행하는 것이 아니라 TC 본인이 직접 고객을 모객 할 수 있는 능력을 겸비해야 만이 불확실한 미래시장에서 생존할 수 있는 것이다.

② 외국어 능력 완비

TC의 외국어 능력 숙달은 여행지에서의 완벽한 임무달성에 지대한 영향을 미친다. 따라서 외국어 능력 숙달에 TC 자신이 부단한 노력을 하지 않는다면 국외여행인솔자로서의 설자리를 잃게 된다. 다소의 언어능력이 떨어진다고 해도 국외여행인솔자업무를 성실히 수행할 수 있는 생활언어 수준의 능력은 구비해야 한다.

[그림 1-1] 국외 여행인솔자 자격증

(앞면)

국외여행인솔자 자격증
OVERSEAS TOUR ESCORT LICENSES

사 진

한글이름
영문이름
ID. No.
Issuing No.
Authority
Issuing Date.

(뒷면)

가) · 이 자격증은 국외여행인솔시 항상 패용해야 함
· 이 자격증은 타인에게 대여 · 양여하지 못함
· 분실 · 대영 · 양여로 인한 책임은 본인에게 있음

이 사람은 관광진흥법 제13조에 따라 국외여행인솔자 자격이 있음을 인정함

문화관광부장관
Minister of Cluture And Tourism
The Republic of Korea

· 규 격: 가로 8.5cm × 세로 5.5cm
사진규격: 가로 2cm × 세로 3cm
바탕색: 노란색(상단의 띠 부분은 주황색)
글자: 검정색

③ 교육훈련과 경험

TC로서의 선천적인 자질을 겸비하지 못했더라도 소양교육이라든지 양성교육기관 등에서 국외인솔자 교육을 일정한 시간 이상 받게 되면 자질을 갖추게 된다. 또한, TC는 여행 경영에 대한 다양한 지식을 알아야하기 때문에 여행사 종사원으로서 여행 업무를 구체적 사례를 통한 경험으로 축적해 두어야 만이 고객과의 수배상황(tour arrangement)과 계약(contract)에 대해서 원활하게 대처할 수 있는 것이다.

여행업과 관련된 항공사업무와 호텔업무, 쇼핑업무, 차량수배업무 등의 다양한 현장 경험도 훌륭한 TC가 될 수 있는 조건의 하나이다. 관광국가에 대한 역사, 정치, 경제, 사회, 문화와 원화 대 환율에 대한 해박한 지식을 습득하는 것도 예기치 못한 사고발생시 유연하게 대처할 수 있는 요인이다.

위의 내용과 같은 업무지식들을 귀중한 경험으로 소중히 간직하면 국외인솔자로서의 선천적인 자질을 타고나지 않았더라도 후천적인 노력에 의해 얼마든지 TC로서 능력을 인정 받을 수 있는 것이다.

3) TC의 부정적 자질

국외여행인솔자로서의 완벽한 자질을 소유한 사람은 없으며 누구나 부분적으로 결점은 가지고 있다. 또한, 그러한 결점 때문에 부단히 노력을 하게 된다. 다음은 여행사에서 근무하는 종사원들이 TC로서 해서는 안 될 금기사항들을 Robert T. Reilly(1991)의 글을 통해서 인용한 것이다.

- □ 불안정(Unstable)
- □ 불성실(Dishonest)
- □ 게으름(Lazy)
- □ 소심(Timid)
- □ 음란(Lecherous)
- □ 비 건강(No Good Health)
- □ 비 사교성(No Talent For Managing Others)

3 TC의 자세와 역할 및 이행 · 금기사항

1) TC의 자세

(1) 여행자 입장에서 이해

여행자의 입장에서 보면 해외여행은 낯선 나라, 다른 민족들, 지금까지 전혀 경험해보지 못한 문화를 경험해 볼 수 있는 좋은 기회이기도 하다. 즉, 좁은 시야에서 벗어나 새로운 지역의 언어와 식사 등의 가치관 차이를 자신의 피부로 느끼고 담을 수 있다.

현재의 복잡한 일상생활에서 탈피해 넓은 세계로 여행을 상상 하는 것만으로도 여행객은 흥분할 수 있다. 한정된 여행기간을 어떻게 활용하느냐에 따라서 이러한 마음을 배가할 수 있는데, 이렇게 하기 위해서는 무엇보다도 TC에 의해 사전에 치밀한 준비와 알찬계획을 수립해야 만이 여행을 하시는 고객들에게 소중함과 인생의 활력소를 줄 수 있는 것이다. TC는 인솔시 자신의 입장에서 생각하지 말고 여행자의 입장을 고려하여 여행자들의 욕구충족을 위해서 부단한 노력을 해야 한다.

(2) 여행 중 여행자 의견 청취 및 반영

여행 일정표상 선택 관광(optional tour)인 경우에는 가능한한 여행자의 의견을 존중하여야 한다. 이러한 의견은 국외여행인솔자에 대한 불만의 표시라기보다는 여행자의 희망을 제시한 것이라고 할 수 있기 때문이다. 예를 들면, 관광시간이 지연되어 저녁시간이 늦어지는 경우에는 시간을 조절함으로써 기술상의 테크닉(technique)을 발휘할 수 있다.

그리고 TC는 계약 내용에 대해서도 확인 점검을 통한 여행자 위주의 서비스에 이목이 집중되어 있어야 한다. 여행지에서 원래의 계약 내용과 다른 서비스가 제공되어질 때는 여행자 입장에서 문제를 해결할 수 있는 방안을 강구해야 한다.

(3) 합리적인 사고

낯선 곳인 여행지에서 여행객의 마음은 두렵기도 하고 기쁜 마음이 상호교차 되는 곳이 기도하기 때문에 TC의 관심유무에 따라 신경변화가 복잡한 편이다. 국외여행 인솔자의 마음이 여행객들 중 특정인에게 집중되었다고 생각될 때는 고객들에 의한 불평불만과 여러 가지 제약요소들을 TC는 몸소 체험하게 된다. 따라서 고객들이 TC자신의 행동에 대해 관심을 가지고 지켜본다는 것을 항상 명심해야 한다.

2) TC의 역할

(1) 회사의 CEO

해외여행지에서의 호텔, 차량, 관광지 등의 수배는 대부분 현지에 있는 지상수배업체를 통해서 이루어지기 때문에 단체를 보낸 회사와는 관련이 없다고 할 수 있다. 이러한 관계로 여행객을 인솔하는 TC는 회사의 대표자로서 뿐만 아니라 회사의 경영자로서 역할에도 최선을 다해야 된다.

관광 일정표와 계약조건 등에 대해서 면밀한 검토와 분석을 통해 고객들의 불만을 사전에 예방해야 한다.

(2) 여행일정의 연출가

국외여행인솔자는 사전에 치밀하고 면밀한 계획을 통해 여행 일정이 정상적으로 진행될 수 있도록 준비를 해야 하며 출발 시 소지한 일정표(itinerary)를 참고로 일일 상황을 체크해야 하며 만일, 변경을 요하는 일들이 발생시 반드시 고객들과의 협의를 통해 여행에 무리가 없도록 처리해야 한다.

(3) 여행자의 보호자

여행지에서의 안전사고나 천재지변 등의 사고로 정상적인 여행일정을 소화하기가 불가능할 때는 여행자들이 안전하게 대피할 수 있도록 보호자로서의 역할을 충실히 수행할 의무가 있다.

3) TC의 이행사항

TC의 이행사항을 Ralph G. Phillips & Susan Webster의 "Group Travel Operating Procedures"(1983)에서 발췌한 것으로 살펴보도록 하겠다.

(1) Ralph G. Phillips & susan Webster의 10가지 이행사항

① Smile everyone enjoys its warmth and it is contagious.
(미소를 지어라. 모든 사람은 미소의 따뜻함을 좋아하고 그것에 전염된다.)

② Dress appropriately and be immaculately groomed at all times. It helps to rein force your professionalism and the needed authority over the group.
(항상 단정하게 옷을 입고, 깨끗하게 몸치장을 하라. 그것은 당신의 전문성과 단체에 있어 필요한 권위를 강화하는데 도움을 준다.)

③ Be patient. Traveling can be a very difficult adventure to the uninitiated.
(참을성을 길러라. 여행은 초심자에 있어 매우 어려운 모험이 될 수 있다.)

④ Be prepared to have things go wrong with a little common sense and patience everything can be overcome.
(불행한 사태에 대비하라. 약간의 상식과 인내로써 모든 일은 극복될 수 있다.)

⑤ Be friendly, courteous, calm, and most of all positive.
(친절하고, 예의바르고, 침착하고, 그리고 무엇보다도 적극적으로 하라.)

⑥ Be prepared research the destinations, hotels, etc.
(준비하라. 목적지 호텔 등을 조사하라.)

⑦ Study the group so as to gear the trip around their interests.
(여행이 단체여행객의 이익에 부합되도록 하기 위하여 단체여행객에 대하여 연구 하라.)

⑧ Protect the sightseeing guides and bus drivers if their tips are not included in the package price by reminding the participants of this fact.
(만일 패키지 여행요금에 관광가이드 및 버스운전사의 팁이 포함되어 있지 않다면 패키지 여행참가자에게 이 사실을 상기시켜 관광가이드와 버스운전사를 보호하라.)

⑨ Learn the names of each tour participant.
(고객들의 이름을 암기하라.)

⑩ Be understanding but firm regarding rules, etc.
(현지관광지에서의 지켜야 될 법규 등을 정확히 이해해라.)

(2) TC의 이행사항

① 고객들에게 항상 밝은 표정으로 대해야 한다.
② 고객들에게 항상 따뜻한 마음으로 대해야 한다.
③ 고객들에게 항상 겸손한 말과 행동으로 안정감을 주어야 한다.
④ 고객들에게 서비스로 감동을 주겠다는 자세를 견지해야 한다.
⑤ 고객들에게 여행의 즐거움과 기쁨을 만끽할 수 있도록 해야 한다.
⑥ 고객들의 질문에 대해서는 성실한 답변을 해주어야 한다.
⑦ 고객들이 여행 중 실수를 했더라도 그에 대한 짜증을 내지 않아야 한다.
⑧ 고객들과의 언쟁을 해서는 안 된다.
⑨ 고객들에게 TC로서의 업무에 해박함을 인식시켜야 한다.

4) TC의 금기사항

해외에서의 TC역할은 중대하므로 행동거지에 각별히 유념해야할 의무가 있다. 특히, 여행객들에게 본인의 직분을 망각하여 실수를 하게 되면 회사에 치명적인 손실을 줄 뿐만 아니라 손님들에게도 결정적인 해악을 주기 때문에 Ralph G. Phillips & Susan Webster "Group Travel Operating Procedures"(1983)가 제시한 10가지 금기사항과 이영식의 9가지 금기사항을 토대로 TC들이 지켜야 할 매뉴얼(manual)을 다음과 같이 제시한다.

(1) Ralph G. Phillips & Susan Webster의 10가지 금기사항

① Do not forget they are on vacation. You are on the jo
(관광객은 휴가 중이지만 TC는 근무 중이라는 것을 잊지 말라.)

⑦ 고객과의 특별한 관계(혈연, 지연, 학연)로 업무 망각행위
⑧ 친절하지 못하는 태도
⑨ 업무에 자신 없는 행동으로 고객의 신뢰를 받지 못하는 행동

5) TC의 직업적 매력과 애로사항

(1) TC의 매력

Marc-Mancini(1990)에 의하면 국외인솔자로서의 직업의 매력은 공짜로 해외여행을 할 수 있을 뿐만 아니라 여행 자체가 직업이고 업무이기 때문에 젊은층과 고학력층 등에서 널리 인기 직종으로 떠오른다고 한다. Marc-Mancini(1990)는 다음과 같은 7가지로 국외여행인솔자의 매력을 정리하였다.

① Tour conductor is glamorous job(TC는 화려한 직업이다.)

드라마나 영화 등을 통해서 볼 수 있는 프랑스 파리의 노천카페, 미국 뉴욕의 맨 해튼과 자유의 여신상, 일본 동경의 긴자, 이탈리아 로마의 유적지 등의 아름다운 관광지를 돈 한 푼 들지 않고도 즐길 수 있다는 것이 일반 관광객들에게는 무척 매력 있는 직업으로 인식되어질 것이다.

② Free(자유)

출 · 퇴근 시간이 정해진 직업이 아니라 TC 스스로가 시기(When)와 장소(Where) 등을 여행사 담당자와 협의하여 정할 수 있고 해외여행 출장 시에는 간편한 옷차림으로 업무를 수행 할 수 있기 때문에 일반 세일즈맨들에게는 동경의 대상이 될 수 있다.

③ Enjoy overseas travel as much as possible(해외여행이 가능하다.)

TC는 인솔자로서 업무 자체가 여행을 하는 것이기 때문에 개인 돈을 지불함 없이 세계 여러 나라를 다닐 수 있다는 그 자체가 매력이다.

④ Enjoy various benefits(다양한 혜택)

TC라는 직업 자체가 자유직업(Self employed)으로 분류되기 때문에 일반 직장에 다

니는 회사원들에게 부과되는 실질소득에 비교해 세법상 세금 혜택을 많이 누리며 특히, 쇼핑과 같은 소득 분은 신고하지 않아도 된다.

또한, 항공사로부터 할인 항공권(Discounted Tickets)의 구입 기회와 랜드 사(Land Operator) 등으로부터 팸 투어(Familiarization Tour) 등의 기회도 누릴 수 있다.

⑤ Meet as many as possible(다양한 직업군과의 만남)

국외여행인솔업무를 하다보면 다양한 직종에 근무하는 고객들을 만나게 된다. 예를 들면, 변호사(Lawyer), 정치가(Politician), 사업가(Businessman), 예술가 (Artist), 의사(Doctors) 등에 이르기까지 많은 사람들과 친교를 맺을 수 있다. 이러한 만남이 TC들에게는 미래의 인적네트워크가 형성되어 관광사업을 할 때 결정적인 힘이 될 수 있다.

(2) TC의 애로사항

국외여행인솔자에 대한 관심이 많은 사람들에게는 앞에서 언급한 매력이 상당 부분 꿈의 직업같이 본인의 가슴에 다가갈지 모르지만 그 내면에는 여러 가지 힘든 업무 스트레스와 표출 할 수 없는 다음과 같은 애로사항들이 있다.

① 건강에 유념해야 한다.

장시간동안 좁은 항공기 안에서 목적지까지 가야 되는 괴로움, 그리고 출발 때의시간과 도착지의 시간이 다른 관계로 시차(Time Difference or Jet Lag)와의 싸움에서 찾아오는 신체 리듬 등은 국외여행인솔자에게는 심각한 상태의 건강을 해칠 수 있다.

② 수익이 일정치 않다.

출장 횟수와 출장지역에 따라서 수익의 편차(성수기와 비수기)가 심하기 때문에 계획에 의한 가정생활을 꾸릴 수 없다. 특히, 비수기(Off Season)에는 많은 어려움을 겪게 된다. 고객들에 의한 쇼핑수익부분에서 TC들에게 할당되는 커미션이 수익창출의 원동력이 되는 관계로 때론, 이러한 요인들이 고정수익이라고 할 수 있는 출장비 보다 많기 때문에 무리한 쇼핑을 시도해서 언론에 문제가 되는 경우도 있다.

③ 정상적인 가정생활에 어려움이 많다.

국외여행인솔자들에게는 매일 업무용 가방을 꾸리는 연속의 과정이라고 표현할 만큼

정상적인 가족단위의 일상생활을 기대하기가 어렵다. 기혼자들이 국외여행 인솔자로서 업무를 수행하기 위해서는 가족의 절대적인 협조가 요망된다. 요즈음, 국외여행인솔자의 면면을 보면 기혼자들보다 미혼자들이 차지하는 비율이 많음을 볼 수 있다.

[그림 1-2] 국외여행인솔자의 단계별 업무

여행업무의 기본 지식(여행관련 용어 및 항공티켓업무, 관광외국어)

↓

여행상품 기획 및 여행요금 산출요령

↓

여행견적서 및 계약서 작성요령

↓

여권 및 각국의 비자 수속업무

↓

현지관광에 필요한 항공, 호텔, 차량, 쇼핑 센터 등에 대한 수배업무

↓

출장 준비 업무

↓

출국업무

↓

기내업무

↓

해외관광지 입국 업무

↓

관광지에서 이루어지는 제반업무

↓

귀국업무

↓

귀국후 업무

Chapter 2

TC업무의 기초지식

1 여권업무

여권이라고 하는 것은 해외여행에서 자신의 생명과 같이 소중히 간직해야 할 중요한 신분증으로 현지에서 여행자 수표사용과 호텔투숙이라든지 렌트카 등을 빌릴 때에도 제시해야한다. 여권의 종류에는 일반여권(녹색), 관용여권(황갈색), 외교여권(적자색), 여행승명서(연청색) 등이 있다. 우리들이 흔히 사용하는 일반여권을 들 수 있는데 여기에는 단수여권과 복수여권, 거주여권으로 분류한다.

- ㅁ 단수여권: 병역해당자나 당사자가 원하는 경우 해외여행을 1회에 1년 기간으로 발급 되는 여권을 말한다.
- ㅁ 복수여권: 발급이 되면 10년 동안 해외여행을 계속 할 수 있는 여권이다.
- ㅁ 거주여권: 해외로 이주해서 생활을 하는 자에게 발급하며 10년이 유효기간이다.
- ㅁ 관용여권: 외교통상부장관이 여행목적과 신분에 의해서 관용여권이 필요하다고 인정 할 때 발급하며 유효기간은 5년(일반 공무원, 군 장교 및 하사관), 2년(지방자치단체의원), 1년(현역병)
- ㅁ 외교관여권: 외교관 신분으로 해외주재공관에 근무하는 자에게 발급하는 여권이

다. 유효기간은 5년에서 2년 이내 범위에서 발급한다.

□ 여행증명서: 외국여행 시 여권이 분실되었을 때 한하여 발급되며 유효기간은 1회에 준하여 발급목적이 끝나면 소멸된다.

1) 여권 수속안내

(1) 여권신청 안내

여권의 발급업무는 1995년 10월 1일자로 외무부 여권과에서 각 시 · 도로 이관되었다. 서울시의 경우에는 강남구청, 노원구청, 동대문구청, 서초구청, 영등포 구청, 종로구청 등에서 처리하고 지방도청인 경우에는 경기도, 경기도 2청사, 강원도, 경상남도, 경상북도, 전라남도, 전라북도, 제주도, 충청북도, 충청남도 등이며 광역시인 경우에는 부산, 대구, 인천, 대전, 광주 등에서 발급업무를 한다.

여권수속 절차

① 여권구비서류 준비 후 신청서 작성

↓

② 여권발급 신청서류 및 수입인지첨부 후 접수

↓

③ 여권발급 신청서류 작성 접수

↓

④ 여권발급 여부 관공서에서 신원조회 확인

↓

⑤ 여권 교부(1~2주일 이내)

※ 주민등록증, 여권발급 접수증 지참(대리인에 의한 수령은 위임장과 대리인 본인의 주민등록 중 지참해야함)

(2) 여권 신청서 기재 및 구비서류

① 여권신청서 기재요령

□ 신청서: 관공서에 소정양식이 비치되어 있으며 흑색으로 필히 기재해야 함

□ 기재란: 영문과 한자란 이외에는 한글로 기재하고 숫자는 아라비아숫자로 기재 하며 영문 란은 인쇄체로 기재함

□ 주소란: 주민등록상의 번지 · 통 · 반, 아파트와 동 · 호수를 정확하게 명시함

□ 병역 및 동반자녀란: 해당사항은 모두 기재하는 것을 원칙으로 함(여권신청연도가 1월1일부터 12월31일 사이에 태어난 만18세 이상부터 30세 이하에 해당 되는 남자)

□ 직계가족 란: 호적상의 직계가족성명, 주민등록번호, 직업 등을 상세히 기재함

□ 주민등록증사본 붙이는 난: 타인에 의한 신청 시에 본인의 주민등록증사본 부착함

② 여권사진

□ 최근 6개월 이내의 사진1매(1매는 신청서에, 1매는 제출용)

□ 규격은 천연색, 탈모, 동일 판으로 정면, 무 배경, 상반신 사진(3.5cm×4.5cm)으로 만일 동반자녀 사진은 2cm×2.5cm임

* 제복착용, 색안경착용, 복제사진은 사용불가

③ 구비서류

□ 신규 발급 자와 대리인이 신청하는 경우

■ 여권발급신청서(소정양식)

■ 여권용 사진 2매

■ 주민등록증(운전면허증, 공무원증)

■ 기타

* 세대주와의 관계가 동거인이나 성함이 정정인 경우(호적등본1통, 주민등록 등본1통)

* 생년월일 정정 및 주민등록번호 오류 자 인 경우(주민등록초본 1통)

□ 병역미필자의 경우(18세미만 혹은 군 미필자)

■ 총 · 학장 또는 소속 학교장의 추천서

■ 귀국보증서

■ 보증인의 인감증명서 혹은 재산세

■ 군 미필학생의 단기해외여행허가범위는 2개월 내

[표 2-1] 여권발급신청서(앞면)

(별지 제1호 서식) (앞면)

접수번호		대행업체	
신원조사 접수번호		전산 코드	
신원조사 회 보 일		회사 명	(직인)

여권발급신청서

※ 굵은 선 안에만 흑색으로 기재하십시오.
(뒷면의 기재요령을 참조바랍니다.)

천연색사진 3.5×4.5cm (얼굴길이 2.5×3.5cm) 1. 6개월이내 촬영, 정면 상반신 탈모(색안경 착용은 안됨) 2. 사진을 붙인 후 신청서와 사진에 걸쳐 본인이 서명을 하거나 도장을 날인	성명	한글				여권번호			
		한자				발급일			
		영문	성			유효기간	년 월 일	허가조건	
								ㅁ기재변경 등 제한 ㅁ 조건없음	
			이름			병역구분 (18~30세의 남자)	ㅁ국외여행허가 대상자ㅁ병역면제자(병적에서 제적된 자 포함)ㅁ국외여행신고 대상자 ㅁ신고필ㅁ신고미필(출국전 신고 필요)		
	남편성	한글		영문					
주민등록번호						키	cm	여권종류	ㅁ일반(복수·단수)ㅁ외교관ㅁ관용
주소(주민등록표상)								자택전화번호	
본 적						직업		직 장 명	
호 주		호주와의 관계				직위		직장전화번호	
최 종 학 력						여행예정국		여 행 목 적	

기 간	학 교 명
. ~ .	

주 요 경 력		
기 간	직 장 명	직 위
. ~ .		
. ~ .		

가 족 사 항			
성 명	주민등록번호	관 계	직 업

동반자녀(8세 미만)				
한글성명	영문성명	주민등록번호	관계	1. 동반자녀 사진 2×2.5cm 천연색, 정면상반신, 탈모
1.				
2.				
3.				
여권신청구분	ㅁ신 규 ㅁ재발급			2. 상 동

여권법 제5조에 의하여 위와같이 여권발급을 신청하며, 이 신청서 및 관계서류의 기재사항에 거짓이 없음을 확인합니다.

20 . . .

여권명의인 성명 (서명 또는 인)

3. 상 동

외교통상부장관 귀하

주민등록증 사본 붙이는 난
※대리(여권수속대행업체 포함) 신청의 경우에 한하여 여권명의인의 주민등록증 사본을 붙여 주시기 바랍니다.

본인확인필	사진대조필

특기사항

(영수필증 붙이는 난)

단수여권:15,000원 거 주 여 권:73,500원
복수여권:45,000원 여행증명서: 6,000원

※단수여권(1년이하)은 1회에 한하여 해외여행을 할 수 있습니다.
영수된 금액에는 한국국제교류재단법시행령 제5조제1항의 규정에의한 국제교류기여금이 포함되어 있습니다.

접수인	결제	담 당	심사관

[표 2-1] 여권발급신청서(뒷면)

(뒷면)

신청서 기재요령

1. 굵은 선 안에만 흑색으로 쓰시되, 연필로는 쓰지 마시기 바랍니다.
2. 모든 기재사항의 한자 및 영문 기재란 이외는 한글로 바르게 쓰시고 숫자는 아라비아 숫자로 쓰시기 바랍니다.
3. 성명의 영문란은 인쇄체로 쓰시고, 기혼여성인 경우 남편성을 반드시 쓰시기 바랍니다.
4. 신청서와 여권에 붙일 천연색사진은 반드시 동일하여야 하고, 신청서에 사진을 붙인 다음에는 신청서와 사진에 걸쳐 반드시 본인이 서명을 하거나 도장을 날인하시기 바랍니다.(미성년자의 경우 여권발급동의인이 대신 서명하실 수 있습니다.)
5. 병역구분란은 여권신청연도 1월 1일부터 12월 31일 사이에 만 18세 이상 30세 이하에 해당하는 남자에 한하여 기재하시기 바랍니다.
6. 8세 미만의 자녀를 본인의 여권에 동반병기하고자 할 때에는 동반자녀란에 기입 후 사진을 붙이시기 바랍니다.
7. 여권에 붙일 사진은 별도로 준비하시기 바랍니다.(동반자녀 사진 포함)
8. 주소란에는 주민등록표 등·초본상의 주소를 번지, 통, 반(아파트 등의 경우 동, 호수)까지 자세히 쓰시기 바랍니다.
9. 여권종류란은 해당되는 곳에 ○표를 하시기 바랍니다.
10. 주민등록증 사본을 붙이는 난에는 대리(여권수속대행업체 포함)신청의 경우에 한하여 주민등록증 사본을 붙이시기 바랍니다.
11. 신청서를 모두 기재하신 후 영수필증을 왼쪽 하단의 영수필증 붙이는 난에 떨어지지 아니하게 붙이시기 바랍니다.

※ 여권서류의 보관·관리상 필요하니 이 신청서를 훼손하거나 접지 마시기 바랍니다.

여권발급의 제한

다음에 각호의 1에 해당하는 사람은 1년 이상 3년 이하의 기간 여권의 발급·기재사항변경 또는 재발급을 제한 받을 수 있습니다(여권법 제8조제3항).

1. 여권법 위반으로 처벌을 받은 사실이 있는 사람
2. 여행국의 법령위반 등으로 국위를 손상시킨 사실이 있는 사람

위 임 장

본인은 여권법시행규칙 제6조의 규정에 의하여 본인의 여권발급신청·여권수령 등을 하기인에게 정히 위임하며, 동 위임에 따른 일체의 책임을 본인이 질 것을 서약합니다.

위임 받은 사람의 성 명 ______________ (서명 또는 인) ______________

주민등록번호

주 소

위임자와의 관계

20 . . .

위임자 성명 ______________ (서명 또는 인) ______________

※ 본인여부의 대조를 위하여 접수 및 수령시 본인 및 위임받은 사람의 주민등록증을 제시하셔야 합니다.

[표 2-2] 여권기재사항변경신청서

(별지 제2호 서식)

여권기재사항변경신청서

※ 굵은 선 안에만 흑색으로 기재하십시오. (뒷면의 기재요령을 참조바랍니다.)

한글성명		주민등록번호	
여권	여권번호		
	발급일지	유효기간	
주소(주민등록상)			
자택전화번호		직장(연락처 전화번호)	

접수번호		대행업체	
신원조사 접수번호		전산 코드	
신원조사 회 보 일		회사 명	(직인)

1. 유효기간연장

호 주		호주와의 관계		서명 또는 인 / 유효기간 연장 신청서 목록 천연색사진 3.5×4.5cm (얼굴길이 2.5×3.5cm) 1. 6개월이내 촬영, 정면 상반신 탈모(색안경 착용은 안됨) 2. 사진을 붙인 후 신청서와 사진에 걸쳐 본인이 서명을 하거나 도장을 날인
본 적				
직 업		직 위		
직장명				
여행예정국		여행목적		

최 종 학 력

기 간	학 교 명

주 요 경 력

기 간	직 장 명	직 위

직 계 가 족

성 명	주민등록번호	관 계	직 업

유효기간연장	년	월	일까지

병역구분 (11-30세) 의 남팀	ㅁ국외여행허가 대상자 ㅁ병역면제자(병역에서 제적된자 보험) ㅁ국외여행신고 대상자 ㅁ신고명 ㅁ신고이월(출국전 신고 필요)

2. 동반자녀: ㅁ 추가(8세 미만), ㅁ 분리

① 한글성명			동반자녀 사 진 2×2.5cm 천연색, 정면 상반신, 탈모 (서명 또는 인)
영문성명			
주민등록번호			
② 한글성명			상 동 (서명 또는 인)
영문성명			
주민등록번호			
③ 한글성명			상 동 (서명 또는 인)
영문성명			
주민등록번호			

3. 시증란: ㅁ 추가

4. 국내체제기간연장: 년 월 일까지

(영수필증 붙이는 란)
* 수수료: 4,500원(영수필증 3,000)
국내교부기여금납입필증 1,500

여권법 제6조 및 동법 시행규칙 제3장의 규정에 의하여 기재사항 변경을 신청하며, 이 신청서 및 관계서류의 기재사항에 거짓이 없음을 확인합니다.

20 . . .

신청인 ______ (서명 또는 인) ________

외무부장관 귀하

기재변경	ㅁ 기재변경제한 ㅁ 조건없음
특기사항	

접수인	결제	담 당	심사관

20208-01[41]면
'95. 5. 8. 승인

210mm×343mm
(인쇄용지 특급 100g/m$_2$)

기재사항변경접수증		여권수령시 지참물	접수인
접수번호		·본인수령시: 주민등록증, 접수증 ·대리수령시: 본인과 대리인의 주민등록증, 접수증(대행업체: 출입증 제시)	
성 명 (여행사명)			

접수번호		접수인
성 명 (여행사명)		

[표 2-3] 병역의무자 국외여행기간연장허가 신청서

(별지 제132호 서식)

<table>
<tr><td colspan="6" rowspan="2">병역의무자 국외여행(기간연장) 허가 신청서</td><td colspan="2">처리기간</td></tr>
<tr><td colspan="2">민원사무처리 기준표에 의함</td></tr>
<tr><td rowspan="4">병역
의무자</td><td>성 명</td><td></td><td colspan="5"></td></tr>
<tr><td>주 소</td><td>국 내</td><td colspan="5">[특별시, 광역시, 도] [구, 시, 군]
[동, 읍, 면] [리] [번지] (통 반)
[아파트, 연립, 빌라] 동 호</td></tr>
<tr><td></td><td>국 외</td><td colspan="5"></td></tr>
<tr><td>연락처</td><td colspan="6">집( ), 휴대전화( ), 전자우편( )</td></tr>
<tr><td colspan="2" rowspan="2">병역사항
(허가기관 기재사항)</td><td colspan="4" rowspan="2"></td><td>대 조</td><td></td></tr>
<tr><td>확 인</td><td></td></tr>
<tr><td colspan="2" rowspan="2">□ 최초허가 신청</td><td>여행기간</td><td colspan="5">. . . ~ . . . (년 월 일간)</td></tr>
<tr><td>여행국명</td><td></td><td>여행목적</td><td></td><td colspan="2">당초허가번호
제 호</td></tr>
<tr><td colspan="2" rowspan="7">□ 국외체류 중인자 기간연장 허가신청</td><td colspan="3">재외공관장 확인: ㉮</td><td colspan="2">접수 및 확인번호</td><td></td></tr>
<tr><td rowspan="2">최초허가 사 항</td><td>여행목적</td><td></td><td>여행국명</td><td colspan="2"></td></tr>
<tr><td>병 무 청 허가번호</td><td></td><td>출국연원일</td><td colspan="2"></td></tr>
<tr><td></td><td>병 무 청 허가기간</td><td colspan="4">. . . ~ . . . (일간)</td></tr>
<tr><td rowspan="2"></td><td>체제목적</td><td></td><td>체재국명</td><td colspan="2"></td></tr>
<tr><td>기간연장 요청기간</td><td colspan="4">. . . ~ . . . (일간)</td></tr>
<tr><td colspan="6"></td></tr>
<tr><td rowspan="5">국내
가족
사항</td><td>성 명</td><td>관 계</td><td colspan="4">주 소</td><td>전화번호</td></tr>
<tr><td></td><td></td><td colspan="4"></td><td></td></tr>
<tr><td></td><td></td><td colspan="4"></td><td></td></tr>
<tr><td></td><td></td><td colspan="4"></td><td></td></tr>
<tr><td></td><td></td><td colspan="4"></td><td></td></tr>
<tr><td colspan="8">병역법 제70조 및 병역법 제145조 내지 147조의 규정에 의하여 위와 같이 국외여행(기간연장) 허가를 받고자 신청합니다.
년 월 일
신청인 (서명 또는 인), 병역의무자와의 관계:
지방병무청(사무소)장 귀하</td></tr>
<tr><td colspan="8">※구비서류 및 작성요령 : 뒷면 참조</td></tr>
</table>

[표 2-4] 귀국보증서

(별지 제133호 서식)

귀 국 보 증 서

국외여행자 성 명		주민등록 번 호		여행목적	

병역법 제70조의 규정에 의하여 위 사람이 국외여행(기간연장) 허가를 신청함에 있어 보증인은 다음 사항을 병역법 제70조 제6항의 규정에 따라 성실하게 준수 이행할 것을 서약하며, 인감증명서와 재산세 및 종합토지세 납부영수증 또는 보증보험증권을 첨부하여 연대보증합니다.

1. 병무청장이 허가한 국외여행기간 또는 국외체재연장기간 내에 반드시 귀국시킨다.
2. 국외체재지 관할공관장에게 재외국민등록 및 시산변동 등을 신고하게 한다.
3. 허가기간 내에 귀구하지 아니할 경우 병역법 제95조의 규정에 의한 5,000만원 이하의 과태료를 납부한다.
4. 귀국보증기간은 보증당시의 허가일로부터 5년 범위 내에서 체재연장을 허가한 기간까지로 한다.

보증인	호주 또는 부모	성 명	인감(인)			관 계	
		주민등록번호		직위		직 장	
				직위		전화번호	
		주 소				자 택	
		재 산 정 도				전화번호	
	연 대 보증인	성 명	인감(인)			관 계	
		주민등록번호		직위		직 장 전화번호	
		주 소				자 택 전화번호	
	연 대 보증인	성 명	인감(인)			관 계	
		주민등록번호		직위		직 장 전화번호	
		주 소				자 택 전화번호	
보증보험		증 권 번 호				전화번호	

지방병무청(사무소)장 귀하

④ 기 타

- 여권수령 시에는 정확성을 위해 신청인이나 대리 신청인의 주민등록증 원본을 제시해야 만이 찾을 수 있음(운전면허증, 공무원증도 무방함)
- 주민등록 전산망이 미설치되어 있는 지역이나 일신상의 전산장애가 일어나는 지역은 주민등록등본 1통이 필요하다.

2) 여권기재내용 변경 및 재발급안내

(1) 여권기재내용 변경

여권기재사항변경 사유는 여권의 유효기간을 연장하거나 동반자녀를 추가로 분리할 경우가 이에 해당된다.

① 유효기간연장 시

- 연장이 가능한 여권: 유효기간이 6개월 미만인 여권만 가능
- 연장 횟수 및 기간: 복수여권은 1회에 한하여 5년 연장가능하며 단수여권은 연장이 불가하며 서류는 여권 구비서류와 같다.

② 만18세 미만의 동반자녀 추가 및 분리 시

- 부모여권에 8세 미만의 자녀만 동반이 가능하고 여권구비서류와 같다.
- 징병검사(제1국민 역) 대상에 해당되는 자는 1월 1일부터 12월 31일까지의 남자

(2) 여권재발급 안내

여권재발급 사유에 해당되는 자는 여권을 분실내지 훼손되었을 때와 사증난이 부족하거나 영문성명을 바꾸고자할 때와 남편 성을 추가내지 삭제코자 할 때 등이다.

① 국내에서 분실 시

- 여권 분실지역의 관할경찰서에 본인이 직접 출두해서 분실신고를 해야 함
- 여권분실 신고확인서를 본인이 직접 발급받아 해당 관공서의 여권과에 재발급 신청을 해야 한다.

② 국외에서 분실 시

- ㅁ 외국주재한국 공관(대사관)에서 여행증명서를 발급받아 여행을 마친 후 귀국해서 여행증명서 원본이나 사본을 제출함
- ㅁ 신규발급신청 시와 같이 개별사항의 각항을 기재 후 재발급을 받는다.

* 여행증명서 발급

해외여행지에서 여권을 분실했을 때 한국공관에서 사진, 여권사진, 여권 분실 증명서, 여권번호와 발행 연 · 월 · 일 등의 서류를 제출하면 발급을 받을 수 있다. 분실을 대비해 예비로 사진과 여권번호, 여권1부 복사, 발행 연 · 월 · 일 등을 메모해 두는 것이 여행 중의 혼란을 겪지 않고 귀국 증명서를 발급 받을 수 있다.

2 비자업무

비자(VISA)라 함은 해외여행을 가고자하는 여행객들에게 꼭 필요한 신분증으로 해당국가로부터 입국유무를 확인 받을 수 있는 유일한 서류이기도 하다. 비자협정 유무에 의해 노비자(No Visa)로 여행하는 국가에서 정한 체류기간 범위 내에서 여행을 할 수 있다.

1) 비자신청 시 주의사항

(1) 비자에 관한 내용은 상황에 따라 달라질 수 있다. 여행국의 비자에 관한 내용들을 사전에 숙지하고 움직이어야 한다. 특히, 여권의 유효기간이 최소한 6개월 이상되어야 입국이 허용되는 국가가 많으므로 여행할 시점에서 여권의 유효기간 확인이 요망된다.

(2) 비자 신청은 서울에 있는 해당국가의 공관을 찾아 필요한 서류와 신청양식을

구비 해서 접수시키면 되는데 접수 시 우리나라와 업무시간이 달라질 수 있기 때문에 사전에 문의를 하고 가는 것이 좋다.

(3) 비자의 종류

① 여권에 의한 분류

- □ 일반비자
- □ 공용비자
- □ 외교비자

② 해당여행국가의 방문횟수에 의한 분류

- □ 단수비자: 1회 입국에 한하여 발급
- □ 복수비자: 유효기간동안 횟수에 관계없이 입국이 가능한 비자

③ 입국목적에 의한 분류

- □ 입국비자: 관광이나 상용 등의 목적으로 입국하는 자에게 발급하는 비자
- □ 통과 혹은 경유비자: 여행목적지를 경유나 통과 시에 72시간 범위 내에서 체류가 가능함

④ 방문목적에 의한 분류

- □ 관광비자: 순수한 관광이나 친지방문 등과 같은 목적으로 입국하고자 하는 경우에 발급하는 비자
- □ 상용비자: 비즈니스 업무를 위해 입국하는 사람에게 발급하는 비자를 말한다.
- □ 유학비자: 외국의 학생이 장기체류할 목적으로 입국하는 경우에 발급하는 비자로서 학생신분의 활동 이외에는 할 수 없다.
- □ 취업비자: 중 · 장기 취업의 목적으로 입국하는 사람에게 발급하는 비자를 말한다.
- □ 이민비자: 영원히 거주할 목적으로 입국하는 경우에 발급하는 비자이다.
- □ 문화비자: 예 · 체능 계통에 종사하는 자에게 발급하는 비자이다.
- □ 관용비자: 이해 당사국간의 협조로 체류하는 외교관들과 이에 준하는 자에게 발급하는 비자이다.

K-3	Spouse of Citizen (미국시민권자의 배우자)	미국시민권의 배우자인 경우에는 이민초청을 받기전이라도 입국이 가능함
K-4	Children of K-3 Visa Holder (배우자 비자 소지자의 자녀)	K-3 비자의 미혼자녀
L-1	Intra-Company Transfer (주재원)	미국에 본사 · 지사 · 등을 가진 한국회사의 임원 및 직원에게 발급해주는데, 한국의 회사에서 1년 이사의 근무경력을 요구함
M-1	Vocational Student (직업교육과정 등록학생)	학업목적이 아닌 기관에 등록한 학생에게 주어지는 비자
O	Extraordinary Ability(특기자)	체육 · 교육 · 과학 등의 특기자에게 주어지는 비자
P-1	Athlete or Recognised Entertainment Group(예체능)	국제수준의 경기에 참가하는 선수나 연예인들에게 주어지는 비자
P-2	Artist & Entertainment in Reciprocal Exchange Program (상호교환프로그램 참가 예정)	예체능인의 상호교환 프로그램에 참가하는 단체와 개인에게 주는 비자
P-3	Artist & Entertainer in Culturally Unique Program(문화공연 참여 예정인원)	문화적으로 독특한 공연에 참가하는 단체 및 개인에게 발급
P-4	Family of P Visa Holder(동반자)	P 비자 소지자의 가족
Q-1	Cultural Exchange Program (문화교류참여예정)	국제적인 문화교류행사에 참가하는 인원에게 발급
R-1	R-1 Religious Occupation (종교계 종사자)	종교비자를 신청할 수 있는 자는 2년 이상 같은 종교재단에 소속되어 있는자
S-1	Supplier of Investigation in Criminal Investigation	범죄수사에 협조하는 자에게 발급
TN	Treaty NAFTA	북미자유협정에 의해 발급하는 비자

(2) 일 본

개인에 의한 접수시간은 오전 9시부터 11시 30분까지이며 여행사 직원에 의한 접수는 오후 13시 30분부터 15시까지이다.

① 비자 구비서류

□ 여권의 유효기간이 6개월 이상되어야 하며 3개월 이내 찍은 사진과 주민등록증 복사본 혹은 호적등본, 신원증명서(재직자인 경우에는 6개월 이상 재직하고 있는 재

[표 2-6] 주한미국대사관 비자서류양식

U.S. Department of State
NONIMMIGRANT VISA APPLICATION

Approved OMB 1405-0018
Expires 08/31/2004
Estimated Burden 1 hour
See Page 2

PLEASE TYPE OR PRINT YOUR ANSWERS IN THE SPACE PROVIDED BELOW EACH ITEM
아래 빈칸을 영문타자나 인쇄체로 써서 답변하시오.

1. SURNAMES *(As in Passport)* 성 (여권에 있는대로)
2. FIRST AND MIDDLE NAMES *(As in passport)* 이름 (여권에 있는대로)
3. OTHER SURNAMES USED 다른이름 (성씨) *(Maiden, Religious, Professional, Aliases)* | HUSBAND'S SURNAME 남편 성 (기혼 여성일 경우)
4. OTHER FIRST AND MIDDLE NAMES USED 다른이름 (이름)
5. DATE OF BIRTH *(mm-dd-yyyy)* 생년월일 (월-일-년) | 6. PASSPORT NUMBER 여권번호
7. PLACE OF BIRTH 출생지 — Country 국명 | City 도시 | State/Province 주/도
8. NATIONALITY 국적 | 9. SEX 성별 남☐ Male 여☐ Female
10. NATIONAL IDENTIFICATION NUMBER 주민등록번호
11. MARITAL STATUS 결혼상태 ☐ Married 기혼 ☐ Single (Never Married) 미혼 ☐ Widowed 미망인 ☐ Divorced 이혼 ☐ Separated 별거
12. HOME ADDRESS *(Include apartment number, street, city, state or province, postal zone, and country)* 집 주소 (아파트 호수, 동, 시, 도 우편번호 및 국가)
13. HOME TELEPHONE NUMBER 집 전화번호 | 14. CELL. PHONE NUMBER OR E-MAIL ADDRESS 핸드폰 번호 또는 이메일 주소
15. PRESENT OCCUPATION *(If retired, write "retired")* 현 직업 (퇴직했으면 "retired" 라고 쓰십시오)
16. NAME AND STREET ADDRESS OF PRESENT EMPLOYER OR SCHOOL *(Postal box number unacceptable)* 현재 직장이나 학교의 이름과 주소 (사서함 번호는 안됨)
17. BUSINESS TELEPHONE NUMBER 직장 전화번호 | 18. BUSINESS FAX NUMBER 직장 팩스번호
19. WHAT IS THE PURPOSE OF YOUR TRIP? 귀하의 여행 목적은?
20. AT WHAT ADDRESS WILL YOU STAY IN THE U.S.? 귀하는 미국의 어느 주소에서 체류할 것입니까?
21. WHEN DO YOU INTEND TO ARRIVE IN THE U.S.? 귀하는 언제 미국에 도착하려고 합니까?
22. HOW LONG DO YOU INTEND TO STAY IN THE U.S.? 귀하는 얼마동안 미국에 체류할 계획입니까?
23. WHO WILL PAY FOR YOUR TRIP? 누가 여행비용을 지불하실 것입니까?
24. NAMES AND RELATIONSHIPS OF PERSONS TRAVELING WITH YOU
(NOTE: A separate application for a visa must be made for each traveler, regardless of age.)
귀하와 함께가는 사람의 성명 및 관계 (주의: 연령에 관계없이 각 여행자의 비자를 받으려면 각자 별도의 신청서를 써야 합니다.)

DO NOT WRITE IN THIS SPACE
(이 란은 쓰지 마십시오.)

B-1/B-2 MAX　B-1 MAX　B-2 MAX
OTHER ______ MAX
Visa Classification
MULT OR ______
Number of Applications
MONTHS ______
Validity
ISSUED/REFUSED
ON ______ BY ______
UNDER SEC. 214(b) 221(g)
OTHER ______ INA
REFUSAL REVIEWED BY ______

25. DO YOU INTEND TO WORK IN THE U.S.?
귀하는 미국에서 취업할 의사가 있습니까?
☐ YES 예 ☐ NO 아니오
If YES, give name and complete address of U.S. employer.
만약 있다면 미국 고용주의 이름과 정확한 주소를 적으십시오.

26. DO YOU INTEND TO STUDY IN THE U.S.?
귀하는 미국에서 학업을 수행할 용의가 있습니까?
☐ YES 예 ☐ NO 아니오
If YES, give name and complete address of school.
만약 있다면 미국 학교 이름과 주소를 쓰십시오.

27. HAVE YOU EVER BEEN IN THE U.S.?
귀하는 미국에 가본적이 있습니까?
☐ YES 예 ☐ NO 아니오
When? ______
언제?
For how long? ______
얼마동안?

DO NOT WRITE IN THIS SPACE
이 공란은 쓰지 마십시오.

37 mm X 37 mm

PHOTO
사 진

Staple or glue photo here
풀로 붙이거나 스테플 하시오.

DS-156
08-2001
PREVIOUS EDITIONS OBSOLETE
Page 1 of 2

출처: 주한미국대사관 영사과 비자서류양식부문 참조

직증명서 1부와 학생인 경우에는 재학증명서1부, 사업자인 경우에는 사업자 등록증 사본1부, 주부인 경우에는 배우자의 재직증명서 및 부부관계를 입증 할 수 있는 서류와 직장이 없는 경우에는 직계가족의 재직증명서 혹은 사업자등록증 사본과 가족임을 증명할 수 있는 호적등본 혹은 주민등록증을 첨부) 등이 필요하다.

- 90일 복수상용비자: 신청서2매, 사진1매, 재직증명서, 이력서, 갑종근로소득세 증명서, 은행 혹은 무역협회 등에서 인증하는 일본과의 연간거래실적증명서, 주민 등록증 복사본 등이 필요하다.
- 90일 문화사증: 신청서2매, 사진1매, 사유서, 재직증명서, 이력서, 주민등록증 복사본 등이 필요하다.
- 60세 이상 비자서류는 여권, 신청서, 주민등록복사본 등이 필요하다.
- 소요시간은 1일이며 수수료는 무료이고 비자유효 기간은 1년인데 만약에 1년 내에 비자발급 후 방문했던 사람이 재발급 시는 3년 비자가 나온다.

(3) 중 국

중국대사관에 서류를 접수 시에는 여권의 유효기간이 6개월 이상과 관광비자는 4개월이상 기간이 있어야 한다. 비자종류별 구비서류는 아래와 같다.

① 상용비자 구비서류

- 일반서류: 여권용 사진1매, 여권, 주민등록증 앞뒷면 사본, 집 전화번호, 명함, 재직 증명서, 중국 측 초청장, 비자신청서1장
- 체류기간: 90일까지 가능
- 발급기간: 1박 2일, 3박 4일

② 복수비자 구비서류

- 일반서류: 여권용 사진1매. 여권, 주민등록증 앞뒷면 사본, 집 전화번호, 명함
- 체류기간: 1회에 30일
- 발급기간: 3-4일
- 자격: 중국비자로 2회 이상 방문한자에 한해 발급(여권유효기간 7개월 이상 가능해야 함)

[표 2-7] 일본비자신청서

日本国 入国査証 申請書
VISA APPLICATION FORM TO ENTER JAPAN

写 真
(Photo)
approx. 45㎜ × 45㎜

Name in full (英文) ______ (漢字) ______
申請人姓名 姓 (Surname)

(英文) ______ (漢字) ______
名 (Given and middle name)

Different name used, if any ______
別 名

Date and place of birth 月 (Month) 日 (Day) 年 (Year) : 市 (City) 道 (Province) 国 (Country)
生年月日・出生地

Sex M・男, F・女 ______ Marital status : married ______ single ______
性別 婚姻情況 既婚 独身

Nationality or citizenship ______
国 籍

Former nationality, if any ______
元 国 籍

Purpose of journey to Japan ______
訪日目的

Length of stay in Japan intended ______
在日滞在予定期間

Route of present journey : Probable date of entry ______
入国路線 入国予定日

Port of entry into Japan ______ Name of ship or airline ______
入 国 港 利用船舶 및 飛行機便名

Passport : *(Refugee or stateless should note the title of Travel Document)* ______
旅券

No. ______ Diplomatic, Official, Ordinary Issued at ______ on 月 (Month) 日 (Day) 年 (Year)
番号 (外交) (公用) (一般) 発給地 発給日

Issuing authority ______ Valid until 月 (Month) 日 (Day) 年 (Year)
発行機関 有効期間

Criminal record, if any ______
犯罪記録有無

Home address ______
現住所

Tel. 電話番号 ______

Profession or occupation ______
職 業

Name and address of firm or organization to which applicant belongs ______
職場名 및 住所

Tel. 電話番号 ______

Post or rank held at present ______
現 職 位

Principal former positions ______
主要前経歴

Address of hotels or names and addresses of persons with whom applicant intends to stay
在日滞在予定場所(Hotel名 또는 知人名 및 住所)

______

Dates and duration of previous stays in Japan ______
前回在日滞在日時 및 期間

Guarantor or reference in Japan : Name ______
在日保証人(連絡処) 姓名(会社名)

Address ______ Tel. 電話番号
住所

Relationship to applicant ______
申請人과의 関係

Persons accompanying applicant and included in his passport 同一旅券에 記載 된 同伴者	Name 姓名	Relationship 関係	Birthdate 生年月日

I hereby declare that the statement given above is true and correct. I understand that immigration status and period of stay to be granted are decided by the Japanese immigration authorities upon my arrival. I understand that possession of a visa does not entitle the bearer to enter Japan upon arrival at port of entry if he or she is found inadmissible.

上記의 陳述은 事実입니다. 그리고 本人이 入国港에서 入国審査官이 付与하는 在留資格 및 在留期間에 異議없이 따르겠습니다.
本人은 査証을 가지고 있어도, 귀국에 도착한 시점에서 入国資格이 없다고 판명되면 귀국에 入国할 수 없다는데 동의합니다.

Date of application 月 (Month) 日 (Day) 年 (Year)
申請日

Signature of applicant ______
申請人署名 (旅券署名과同一)

(FORM No. 1-C)

③ 관광비자 구비서류

- ㅁ 일반서류: 여권, 비자신청서, 여권사진 1매, 주민등록증 및 운전면허증 원본도 가능하며 직계가족 외에 대리 신청 불가
- ㅁ 체류기간: 3개월까지 가능함

[표 2-8] 중국단체비자양식

团 体 旅 游 签 证 表

20 年 ○月 ○日 JL.0498

团 号	E07-691	旅游团总人数	10
接待社名称	巨龙国际旅行社	联系人及电话	樊 庆 (028)86730346
备 注			

入境验讫章	出境验讫章	接待单位章

中华人民共和国团体签证 GROUP VISA OF THE PEOPLE'S REPUBLIC OF CHINA 9108886	各省、市、自治区旅游局（委）审核章
团 号 Group No. 人 数 Number of Persons 签证种类 Category 入境次数 Entry(s) 有效期至 Valid Until 签发日期 Issue Date 签发地 Issued at 成都 备 注 Remarks	

(4) 기타국가의 비자신청방법

대부분의 국가들에 있어서 비자신청 절차는 동일하지만 중동국가들 중에 사우디아라비아와 쿠웨이트의 비자는 VISA NOTE라 해서 현지대사관에 명단이 도착해야 비자 신청이 가능하다. 미주지역 관광을 원할 때는 대부분의 국가들이 미국비자 취득유무에 따라 비자를 주는 경우가 있다. 영연방국가들은 현지의 영국대사관에서 대행 업무를해주는 경우도 있으며 남태평양의 국가들은 현지에 도착하면 비자를 준다.

호주는 전산처리입국심사제를 도입하고 있는데 이용당일이나 24시간 이내에 호주비자를 발급해 주는 제도로서 호주를 여행하고자 하는 여행객이 항공사 예약을 할 경우에 여행사에 설치된 자동단말기(CRS)를 통해 여행객의 여권번호, 생년월일, 입국예정일자, 여권만기일, 항공편수 등이 입력되면 곧바로 호주정부로부터 입국허가 메시지가 자동으로 단말기를 통해 나오게 된다.

[표 2-9] **기타국가의 비자구비서류**

국 가	구비서류
호 주	전산처리입국심사제로 비자신청서류 없음
중 국	여권(6개월 이상), 신청서, 초청장, 사진1매
베트남	여권(6개월 이상), 신청서, 초청장, 사진2매
라오스	여권(6개월 이상), 신청서, 사진2매, 항공권
러시아	여권사본, 신청서, 초청장, 사진4매
대 만	여권(6개월 이상), 신청서, 사진1매, 주민등록증 사본(앞, 뒤)
이집트	여권사본, 신청서, 사진1매
인 도	여권(6개월 이상), 신청서, 사진2매
케 냐	여권(6개월 이상), 신청서, 사진2매
브라질	여권(6개월 이상), 신청서, 사진1매, 호적등본(영문), 재직증명서(사업자등록증: 영문), 갑근세증명서, 재산세과세증명서, 은행통장사본
아르헨티나	여권(6개월 이상), 신청서, 초청장, 사진1매, 재직증명서(영문), 호적등본(영문), 왕복항공권원본 및 사본, 예금통장, 예금 잔액증명서(500만원이상, 영문)
칠 레	여권(6개월), 신청서, 사진1매, 재직증명서, 사업자등록증, 갑근세증명서, 왕복항공권 원본 및 사본

[표 2-10] **비자 면제협정국가 현황(2007년 3월 현재)**

면제일수 및 적용대상	대 상 국 가
30일 (외교관, 관용, 일반)	튀니지
60일 (외교관, 관용, 일반)	포르투갈, 레소토
90일 (외교관, 관용, 일반)	· 아시아 및 태평양지역 상가포르, 태국, 말레이시아, 방글라데시, 뉴질랜드 · 유럽지역 영국, 독일, 프랑스, 네덜란드, 스위스, 오스트리아, 벨기에, 그리스, 스페인, 노르웨이, 덴마크, 스웨덴, 핀란드, 터키, 아일랜드,폴란드, 아이슬란드, 헝가리, 체코, 불가리아, 룩셈부르크, 리히텐슈타인, 몰타, 에스토니아, 라트비아, 리투아니아, 이탈리아, 루마니아, 슬로바키아 · 미주지역 콜롬비아, 도미니카, 페루, 자메이카, 바하마, 아이티, 코스타리카, 그레나다, 멕시코, 바베이도스, 파나마, 페루, 도미니카연방,세인트루시아, 트리니다드토바고, 수리남, 안티구아바뷰다, 니카라과, 엘살바도르, 브라질, 칠레, 세인트키츠네비스, 세인트빈센트, · 아프리카지역 모로코, 라이베리아 · 중동지역 이스라엘
6개월	· 캐나다
외교관, 관용	· 러시아(90일), 필리핀(무제한), 파라과이(90일), 이란(3개월), 베트남(90일), 일본(3개월), 이집트(90일), 파카스탄(3개월), 우루과이(90일), 아르헨티나(90일), 몽골(30일), 베네수엘라(30일

* 여행객들이 비자 없이 입 · 출국이 가능한 국가와 체류허용시간은 다음과 같다.

미국 8시간, 일본과 인도, 이라크, 스페인, 호주, 바레인 등은 72시간, 사이판과 사모아는 30일, 필리핀21일, 홍콩7일, 이스라엘, 이집트는24시간이며 러시아는 24시간동안 공항내의 시설만 이용할 수 있고 중국은 24시간동안 공항을 벗어나지 못한 상태에서 공항에서 대 기해야 한다.

[표 2-11] **비자가 필요한 국가의 현황(2007년 3월 현재)**

국 가	주 소	전화번호
미국	서울시 종로구 세종로 82	02)397-4114
중국	서울시 중구 명동2가 83	02)756-9553
러시아	서울시 강남구 대치동 1001 : 13	02)552-7094
인도	서울시 용산구 한남동 37-3	02)798-4257
리비아	서울시 용산구 한남동 4-5	02)797-6001
타이페이대표부	서울시 종로구 세종로 211 광화문빌딩 6층	02)399-2780
가나	서울시 중구 남대문로5가 541 대우빌딩 801호	02)778-3183
브라질	서울시 종로구 을지로1가 19-11 금정빌딩 305호	01)756-3170
이집트	서울시 용산구 한남동 744-4	02)749-0787
베트남	서울시 용산구 한남동 33-1	02)738-2318
사우디아라비아	서울시 종로구 신문로2가 1-112	02)739-0631
오만	서울시 용산구 동빙고동 309-3	02)790-2431
이란	서울시 용산구 한남동 726-126	02)793-7751
수단	서울시 용산구 한남동 653-24	02)793-8692
방글라데시	서울시 용산구 한남동 33-5	02)796-4056
스리랑카	서울시 종로구 종로1가 교보빌딩 2002호	02)735-2966
잠비아	서울시 중구 회현3가 11-3 세대빌딩 14층	02)755-1313
세네갈	서울시 중구 무교동 45 코오롱 빌딩 9층	02)311-8096
미얀마	서울시 용산구 한남동 723-1	02)796-9858
가봉	서울시 용산구 한남동 738-20 우성빌딩14층	02)793-9575
나이지리아	서울시 용산구 한남동 724 : 5	02)797-2370
말라위	서울시 중구 충무로4가 120-3 진양상가 402호	02)274-0421
과테말라	서울시 종로구 운니동 98-78 가든타워호텔 605호	02)765-3265
베네수엘라	서울시 종로구 운니동 가든타워빌딩 1801	02)741-0036
볼리비아	서울시 종로구 운니동 98-78	02)742-7170
사이프러스	서울시 중구 정동 4영국대사관에서 취급함	02)735-7341
아르헨티나	서울시 종로구 한남동 733-72	02)793-4062
온두라스	서울시 용산구 이태원동 남산빌리지 159	02)744-7563
파나마	서울시 종로구 운니동 98-78 가든타워빌딩 1101호	02)745-0720
파라과이	서울시 종로구 운니동 98-78 가든타워빌딩 603호	02)742-2191
우루과이	서울시 종로구 남대문로5가 541 대우빌딩 1802	02)753-7893
시에라리온	서울시 강남구 역삼동 642 도남빌딩	02)561-3811
인도네시아	서울시 영등포구 여의도동 55	02)783-5675

3 항공업무

1) 항공권 요금종류 및 구입요령

(1) 항공요금종류

항공권에는 탑승자명, 항공사명, 항공기편수, 출발지, 목적지, 출발일자, 유효기간, 예약상태, 수화물량, 항공운임 등의 내용이 기재되어 있다. TC업무를 수행하는 여행사 직원도 항공권에 적혀있는 내용들을 잘 이해하지 못하는 경우가 태반인데, TC업무를 수행시에는 항공권 관리에 만전을 기하는 차원에서 항공사 업무에 대해 관심을 가져야 한다. 항공요금의 종류에는 정산요금(Normal Fare), 특별요금(Special Fare), 할인요금(Discounted Fare)등이 있다.

① 정상요금: 항공권 구입 시 나와 있는 요금으로 예약과 취소 등에 제한이 없고 발행일로부터 1년 안에 사용해야하고 단기간을 여행할 때는 적당하지 않다.
② 특별운임: 일명 판촉운임(Promotional Fare)으로 다양한 여행형태에 부합해서 여행 기간, 여행조건, 좌석의 종류 등에 따라 정하는 요금제이다.
③ 할인요금: 승객들의 나이나 신분에 따라 차등 적용하는 요금이다.

- 단체인솔자(CG: Conductor of Group): 10명이상의 단체인솔자에게는 50% 할인하고 15명이상을 인솔 시에는 100% 할인을 해준다.
- 유아(IN: Infant): 만 14일 이상에서 만 2세미만의 아기로 성인요금의 10%적용을 받는다.
- 소아(CH: Child): 만 2세 이상에서 만 12세 미만의 어린이로서 성인요금의 75%가 적용된다.(단 3개월 이상에서 만 12세 미만의 어린이가 보호자 없이 탑승시에는 성인요금의 100%를 통상적으로 받는다.)
- 학생(SD: Student): 만 12세 이상에서 만 25세 미만의 학생은 성인요금의 75%가 적용된다.
- 선원(SC: Ship's Crew): 조업을 위해 떠나는 경우에 해당되는데 성인요금의 75%가 적용된다.

〈항공예약 시 주의사항〉

· 여권의 영문이름과 동일하게 예약한다.
· 출발지와 목적지를 정확하게 기재한다.
· 항공기의 등급을 확인한다.
· 출발일자와 귀국일자를 확인한다.
· 항공기의 편명을 확인한다.
· 출발시간과 귀국시간을 정확하게 한다.
· 예약번호를 확인하고 수첩에 기록한다.
· 항공요금의 종류를 확인한다.
· 연락처와 항공사, 여행사의 전화번호를 적어둔다.

(2) 항공권구입

① 저렴한 항공권 구입요령

ㅁ 출발일자를 잘 선택해야 한다.
ㅁ 전문항공권을 취급하는 여행사에 의뢰한다.
ㅁ 경유지 항공노선을 잘 선택한다.
ㅁ 편도노선보다는 항복항공권을 구입하는 것이 저렴하다.

② 항공권 구입 후 확인 내용

ㅁ 영문 이름이 정확하게 여권의 영문 이름과 같은지 확인한다.
ㅁ 귀국 시 예약변경 여부와 예약변경 시 연장 가능한 기간 여부를 확인한다.
ㅁ 출발 날짜, 기간, 항공편명 등의 여행일정을 확인한다.

③ 여행 중 항공스케줄 변경 요령

ㅁ항공사에 일정변경 신청

↓

ㅁ항공권과 여권을 제시

↓

□ 항공권 이서

↓

□ 요금차액 지불

↓

□ 여권과 항공권 받음

2) 항공 관련 서비스

(1) 항공요금 선불제

항공선불제(PTA: Prepaid Ticket Advice)라 함은 다른 지역에 있는 승객의 항공 요금을 미리 지불하고 항공권을 발급하는 제도를 말한다.

(2) 항공권의 환불

아직 사용하지 않은 항공권에 대해서 항공사에서 승객들에게 항공요금을 반환하는 것을 말한다. 환불에는 자발적 환불(voluntary refund: 승객의 요청에 의해 환불)과 비자발적 환불(involuntary refund: 항공사의 지연 및 취소) 등이 있다. 우리나라는 판매 내역 확인이 가능한 발권일로부터 3년 이내의 항공권에 대해서 환불신청을 해 준다.

〈항공사별 환불 만료기간〉

· 델타항공 및 에어캐나다 항공: 1년이 경과된 항공권은 항공사에 직접 접수함
· 노스웨스트 및 싱가포르 항공: 유효기간 만료 후 1년까지 가능함
· 유나이티드 및 뉴질랜드항공: 1년 미만의 항공권에 대해서 환불을 해줌
· 일본항공: 발권일로부터 3년까지 환불이 가능함
· 전 일본 공수 및 필리핀, 베트남, 항공: 1년 1개월 미만의 항공권에 대해서 환불을 해줌
· 중국국제, 말레이시아, 캐세이패시픽, 중화항공: 발권일로부터 1년 이내의 항공권에 대해서 환불을 해줌
· 네델란드 항공: 1년이 지난 항공권은 패널티 규정이 다름으로 항공사에 직접 확인해야 한다.

(3) 분실 항공권의 환불

분실항공권을 환불 시에는 다음과 같은 구비서류가 필요하다. 배상동의서 (indemnity letter) 2부, 분실경위서 1부, 여권복사본 1부, 주민등록등본, 쿠폰의 사본 1부, 카드로 구입했을 때는 카드매출전표 등이 필요하다.

〈항공사별 분실 항공권 환불 방법〉

· 대한항공: 분실환불 수수료 5만원과 분실항공권에 해당하는 요금의 패널티를 비교해서 금액을 일괄적으로 공제한다.
· 아시아나 항공: 패널티로 수수료 5만원을 징수한다.
· 케세이패시픽 항공: 1개월 이상의 항공권은 수수료 50달러를 지출 후 재발행 받을 수 있다.
· 유나이티드 항공: 수수료 100달러 + 각지역운임에 해당하는 패널티 + 재발급수수료 100달러를 징수한 후 재발급을 해준다.
· 에어 프랑스 항공: 환불 신청은 12개월 이후에 가능하고 13개월이 지나면 환불이 되지 않고 재구입항공권은 반드시 자사 항공권을 구입해야하는 조건이 있다. 패널티는 30.49유로에 해당하는 수수료가 징수된다.

(4) 좌석배정

좌석배정(seating product)이라함은 항공예약을 한 승객들에게 좌석번호를 미리 지정해주는 제도를 말하는데, 보통 일등석(first class)과 비즈니스클래스(business class) 예약자에게 해당하지만 미국의 항공사 대부분이 일반석(economy class) 예약을 한 승객들에게도 공히 시행하고 있다. 우리나라는 미주노선과 유럽노선에 한하여 일반석 예약을 한 승객들에게 서비스를 하고 있다.

3) 기타 내용

(1) 안전한 항공여행 요령

① 출발날짜가 임박하면 예약여부를 사전에 확인한다.

② 여권, 항공권, 신용카드 영문이름을 일치시키도록 한다.

③ 항공권 일정변경 여부와 만약을 대비해 미리 항공권 번호를 기록해 둔다.

④ 수하물에 정확한 이름을 기재하고 잠금 여부를 확인한다.

⑤ 기내선박에 중량초과 물량을 올리지 말고 안전하게 좌석 벨트를 맨다.

⑥ 시차극복을 위해 기내에서 이루어지는 각종 서비스(주류, 음식)를 잘 조절한다.

⑦ 기내에서 수면을 적절히 조절한다.

(2) 항공권 관련 상식

① 항공권 엔도스(endorsement): 여행 중 일정을 변경하여 구입한 항공권으로 돌아오지 못할 때에는 이용하는 항공사의 허락을 받아야 한다. 만약, 할인요금으로 구입한 항공권을 엔도스 할 경우에는 차액을 지불하고 항공권을 받아야 되는데 이렇게 안되는 경우도 있다.

② 트랜지트(transit): 항공기가 운항 중 급유를 위해 기착하는 경우 승객이 내렸다가 다시 탈 때를 말하는데 이때는 항공사 직원의 안내를 받는다.

③ 트랜지퍼(transfer): 여행도중에 다른 비행기로 갈아타는 경우를 말한다. 환승에 필요한 소요시간은 공항마다 다르지만 통상적으로 1시간에서 30분정도 소요된다.

④ 노소패신저(no show passenger): 항공권을 예약했으나 탑승수속 마감시간까지 예약된 항공편의 수속이 안 된 경우를 말한다.

〈항공여행 관련 영어〉

· Air Fare: 항공요금

· Airport Tax: 공항세, 출국세

· Arrival: 도착

· Airport Tax: 공항과 시내를 연결해주는 버스

· Airsickness: 비행기 멀미

· Airline Date: 항공예약번호

· Allow: 무료로 이용할 수 있는 수하물의 용량과 수량

· Baggage: 수하물

· Boarding pass: 탑승권

· Booking, Book: 항공권을 예약할 때 사용하는 용어
· Baggage check: 수하물 인환증
· Baggage claim: 수하물 나오는 장소
· Beverage: 음료수
· Customs clearance: 통관절차
· Claim Tag: 탁송화물 인환증
· Confirm: 확인
· Cancellation fee: 취소 시 내는 요금
· City terminal: 공항터미널(시내)
· Carrier: 이용항공사명
· Class: 좌석등급
· Direct: 직행편
· Discount fare: 할인요금
· Delay: 항공기가 지연되는 것
· Destination: 목적지
· Domestic flight: 국내선
· Date of Issue: 항공권 발급일
· Date and Place of Issue: 발급일과 발급장소
· Date: 탑승 예정일
· DBC(Denied Boarding Compensation): 항공기 사정으로 출발을 할 수 없을 때 지 불하는 보상금
· Disembarkation: 입국카드
· Departure: 출발
· Embarkation: 승선
· Embarkation card: 출국카드
· Economy class: 2등석
· Endorsements and Restrictions: 항공요금 표시난
· Flight: 항공기 편명
· Fare Basis: 요금의 종류

4 여행자 보험업무

여행자보험이란 고객이 여행 중에 있을 수 있는 각종사고에 대비하는 보험으로서 개인의 자유의사에 의해 가입할 수 있다. 단체로 여행사를 통해 이루어지는 여행인 경우에는 여행자보험에 여행사에서 책임을 지고 가입을 하기 때문에 걱정을 하지 않아도 된다. 무엇보다도 개인여행을 할 경우에는 여행자보험에 가입하고 출발하는 것이 좋다.

1) 여행자 보험계약 및 보험 상품 선택 시 유념사항

(1) 여행자 보험 계약

보험에 가입하는 적기는 여행을 시작하는 날부터 마칠 때까지이며 여행도중에 사고 나 신체에 상해를 입었을 경우 보험약관(질병, 휴대품파손 및 도난, 손실, 사망, 항공기 납치)에 의해 보상을 받을 수 있다. 만약에 질병에 의한 경우는 보험혜택을 받을 수 없다.

(2) 보험 상품선택 시 유념사항

① 일반적인 지원시스템이 잘되어 있는가?

- ㅁ 여행업무, 통역업무, 영사관련 업무 등에 있어서 협조관계
- ㅁ 긴급 상황시의 역할부분

② 의료지원체계 신속성 여부

- ㅁ 외국병원과 연관성 여부
- ㅁ 담당의사의 지원체계 여부

③ 법률 서비스 체계가 잘되어 있는지 여부

〈보험의 일반상식〉

- ㅁ 자필서명유무: 보험계약자 및 피보험자는 자필 서명 난에 필히 본인에 의한 자필 서명을 해야 한다.

[표 2-13] **여행보험 종류와 보상범위**

보상종류	보상내용	보상금액
사망 혹은 후유장해 (상해)	여행 중 불의의 사고로 180일 이내에 사망 혹은 후유장해가 발생할 때 보상	· 사망: 계약금액 전액 보상 · 후유증세: 증세의 정도에 따라 보상 결정
치료비지급 (상해)	사고에 의한 진료를 받을 경우에 지급	치료비는 사고일로부터 180일 이내 한도
질병에 의한 사망	질병으로 여행 중 혹은 여행 후 30일 안에 사망 시	계약보험금액 전액 지급
질병에 의한 치료	여행 중에 질병으로 의사로부터 치료를 받을 경우	초진일로부터 180일 한도
배상책임손해	여행 중 제3자의 신체 혹은 재산에 법률상으로 손해배상 책임을 지게 되었을 경우	한번사고에 의해 보상한도액 범위 내에서 손해배상
휴대품손해	여행자 휴대품의 도난, 파손, 화재 등의 사고가 발생했을 때	계약보험금 한도 내에서 손해액 배상
특별사고 시 비용손해	여행 중 행방불명된 선박, 항공기로 인해 사망 혹은 14일 이상 입원 시	계약보험금액 한도 내에서 수색구조비용, 구원자의 교통비, 숙박비 등 지원

ㅁ 보상이 되지 않는 내용: 음주, 무면허, 자해행위, 천재지변으로 인한 사고, 질병을 숨기고 여행하다가 일어나는 사고, 방사능 오염으로 인한 손해 등은 보상을 받을 수 없다.

2) 여행자 보험 청구요령

보험가입자 치료비는 귀국 후 30일내에 보험회사에 신고

↓

보험금종류 및 서류

· 상해질병(사망): 사망진단서 및 피보험자 호적등본
· 상해질병(치료비): 위임장, 진단서, 치료명세서 및 치료비 영수증
· 배상책임(대인): 제3자의 진단서 및 치료비 영수증
· 배상책임(대물): 손해증빙서류 및 손상물 수리 견적서
· 휴대품 손실: 사고증명서(도난증명서, 현지경찰확인서)
손해명세서(손상물수리견적서, 파손된휴대품의 사진)
피해품의 구입가격, 구입처 등이 적힌 서류

↓

보험금 수령

M·E·M·O

Chapter 3

출장 및 출국준비

1 TC의 출장 전 준비사항

1) 여행 전 관광국가에 대한 자료수집

해외여행을 떠나는 고객들의 여행지 정보에 관한 지식은 여행전문가 수준에 이를만큼 높다고 할 수 있다. 특히, 국외여행인솔자와 같이 다양한 지역을 여행한 경험은 고객들이 다소 부족하지만 풍부한 자료수집과 언론매체 등을 통해 고객들은 안방에서도 해외의 유명한 관광지를 접할 수 있기 때문에 회사로부터 국외여행인솔자 업무를 부여 받을 시 TC는 해외여행 유경험자들이라고 할 수 있는 고객들보다 더 많은 일반 지식과 원활한 업무처리를 위해 사전준비와 관광지 정보 확보에 만전을 기해야 한다.

(1) 여행국가의 일반정보

먼저 여행하는 국가의 역사, 종교, 지리, 사회문화, 정치 등에 대한 정보수집이 중요하며 우리나라와의 관계 등을 면밀히 검토할 수 있는 능력을 겸비해야 미래의 관광을 설계할 수 있다. 특히, 기존의 안내책자 등도 참고할 수 있지만 급변하는 시대 조류에 능동적으로 대처할 수 있는 요인은 현지여행국가의 최신판 신문과 잡지, 뉴스 등을 통해 여행정보를 수집하는 것이 좋다.

① 현지공항의 정보: 입국절차가 원활히 진행되기 위해서는 현지공항의 입국수속 관련 제반요소들을 면밀히 검토해서 준비해야 한다. 예를 들면, 국가별 세관, 검역소, 수하물추가요금, 음식물반입기준 등의 수속이 까다로운 국가와 느슨한 국가가 있기 때문에 단체인솔에 대한 정신적 중압감에서 벗어나기 위해서는 사전에 철저한 준비가 필요하다고 할 수 있다.

② 현지의 계절 · 기상상태: 여행국가의 기후조건은 여행자의 복장과 휴대품목 등을 준비하는데 필요한 정보로서 여행자를 대상으로 설명회(orientation)를 할 때 기온, 일교차 등의 상세한 정보를 제공할 수 있도록 한다.

③ 현지의 문화(관습과 풍습) 및 시차: 국가별로 독특한 관습과 풍습 등이 있다. 예를 들면, 어린이를 방치하면 경찰서에서 조사를 받을 수 있는 경우와 어린 아이의 머리를 만지면 영혼이 나간다고 하는 관습과 음식에 따라서 국가별 차이를 알 수 있는데, 우리나라에서는 개고기가 건강식품으로 각광을 받고 있지만 프랑스에서는 개고기를 먹으면 식인종 취급 하는 경우가 국가간의 문화차이를 극명하게 나타냄을 할 수 있다.

여행국가의 축제일은 언제이며 몇 해 전에 우리나라도 서머타임을 실시한 경우도 있지만 TC로서 평소에 여행 국가를 많이 다녀왔다고 방심을 하고 떠나면 서머타임과 표준시간으로 곤혹을 당하기 쉽다. 우리나라는 그리니치표준 시간(GMT: Greenich Mean Time)보다 9시간 빨라서 만약에 오전 1시일 때 우리나라는 오전 10시로서 GMT+9로 표시한다. 동쪽에서 서쪽으로 넘을 때에는 하루 늦게 표시하고 반대로 서쪽에서 동쪽으로 넘을 때는 날짜를 하루 빠르게 하는 날짜변경선(Internation Date Line)에도 주의해야 한다.

특히 미국은 5개의 시간대가 있는데, 동부표준시(Eastern Standard Time: GMT-5), 중부표준시(Central Standard Time: GMT-6), 산악표준시(Mountain Standard Time: GMT-7), 태평양표준시(Pacific Standard Time: GMT-8), 하와이와 알라스카(GMT-10) 등이 있다. 북극에 가까운 나라들은 3월말 4주차 주말을 기준으로 표준 시간보다 1시간 앞당기고 시행하다가 그해 9월말 4주차 주말을 시점으로 원래의 표준시간으로 환원하는 방법을 취하고 있다.

따라서 서머타임의 시작과 종료 시점을 알기위해서는 OAG(Official Airline Guide) 등을 통해 전 세계 항공편의 운항시기와 요일과 발착시간 및 항공기의 기종, 세계 여러 나라의 표준시간과 서머타임국가까지도 안내를 받을 필요가 있다.

여행국가에서 고객을 당혹하게 하는 요소로 전압(Voltage)에 대한 사전정보 미숙으로 고객들이 가져온 전기면도기와, 헤어드라이기 사용이 불가능 할 때가 종종 있다. TC의 상세한 사전정보는 여행하는 고객들에게 귀중한 여행 경험을 제공하게 될것이다.

④ 현지의 사회상황: 여행을 할 수 있는 국가 중에 많은 국가가 여러가지 질병과 사회혼란으로 여행객들에게 안전한 여행을 방해하는 요소로 노출되어 있다. 수돗물과 길거리 음식, 치안의 부재로 폭동과 외국인을 상대로 이루어지는 테러 등은 심각한 방해요소로 등장한다.

일부 국가라고 할 수 있지만 전염성에 가까운 질병들이 잦은 지역에 대해서는 사전에 정보를 입수하여 TC로서 만전을 기해야 한다.

(2) 여행일정표 확인

여행일정표에 나오는 모든 관광지에 대한 상세한 정보를 획득할 수 있도록 준비를 해야 한다. 특히, 정확한 거리와 위치 등의 파악은 짧은 기간에 많은 지역을 소화하고자 하는 패키지 상품의 특수성을 감안할 때 꼭 챙겨야할 내용이다.

그 다음에 중요한 요소는 숙소의 주변과 관광지 주변의 환경을 간파해서 고객들에게 알려 줄 의무가 인솔자는 있다.

① 호텔정보: TC는 여행 중 숙박하게 될 호텔의 위치, 호텔 내에 있는 편의시설, 등급 규모, 시설상태 등에 대한 많은 정보를 가지고 있어야 하며 특히 선택사양 유무를 정확히 알고 있어야 한다.

② 관광중의 쇼핑과 식사정보: TC는 고객들의 주요 관심대상이라고 할 수 있는 여행 후 귀국할 때 가족 친지에게 줄 선물에 대해서 어떻게 하면 저렴하게 구입할 수 있는지에 대한 해답을 미리 시장조사를 통해 파악해 두어야 한다.

그리고 일정표 상에 나오는 식사의 종류에 대해서도 어떠한 메뉴로 구성되어 있는지 확인해 두어야 한다.

③ 일정표상의 선택 관광 유무: 여행 중에 문제화되는 요소가 현지가이드에 의해서 이루어지는 선택관광(optional tour)이다. 특히, 고객들에게 무리한 권유로 인한 갈등은 풀어야 할 과제이기도 하다.

여행객들의 대부분이 선택관광에 대한 부정적인 생각을 하고 있기 때문에 선택관광을 유도할 때 조심스럽게 접근할 필요가 있다. 현지에서 이야기를 하는것 보다 출발 전 설명회 때 다양한 체험형 관광으로 즐거움을 만끽할 수 있는 정보를 충분한 시간을 가지고 결정할 수 있도록 정보를 제공하는 것이 부정적인 사고를 최소화할 수 있는 것이다.

2) TC의 개인준비물

회사로부터 TC임무를 부여 받으면 국외여행인솔자로서 최우선으로 고려해야할 사항으로 건강관리이다. 무엇보다도 최고의 컨디션으로 출장을 안전하게 갔다와야 할 의무가 있기 때문이다. 출장시의 복장은 아래와 같은 내용을 고려하여야 한다.

- 여행일정에 의해 복장을 준비해야 한다. 예를 들면, 여행 1일차는 고객과의 첫 만남으로 간편한 정장으로 하고 그 후에는 화려한 색상의 의류를 지양하고 점잖게 보이는 복장으로 고객과의 자연스러운 복장과 매치가 될 수 있도록 한다.
- 여성 TC인 경우에는 화장은 엷게 하고 화려한 복장으로 고객과의 괴리감이 없도록 한다.
- 몸에 귀고리, 팔찌, 손발 등에 지나친 장신구 착용은 금물이다.
- TC의 신발은 정장 스타일에 어울리는 간편한 것이 좋다.
- 향수등과 같은 냄새와 입 냄새가 나지 않도록 적절한 노력이 필요하다.

(1) 가 방

TC에게 적당한 가방은 2개(업무용과 일반용)로 일반용에는 출장 중의 옷가지를 비롯해서 일반용품 종류와 업무용에는 여행 중에 필요한 각종서류를 넣고 다니는 가방이 있다. 특히, 업무용 가방은 잃어버리거나 소매치기 염려가 없도록 어깨에 메고 다닐 수 있고 손으로 들고 다닐 수도 있는 두 가지 겸용의 가방이 여행 중 의 TC에게는 적당하다고 할 수 있다.

〈업무용 가방 안에 들어가는 서류〉

· 여권(고객)

· 비자(고객)

· 예방접종카드(고객)

· 항공권(고객)

· 사진(여권분실에 대비해서 고객)

· 여행국가 화폐와 현금

· 여행자 수표

· 신용카드

· 여행자보험증

· 국제운전면허증

· 현지 지상수배업체의 전화번호, 주소 및 가이드 성명과 휴대폰번호

· 단체인원들 중에 질병이 있는 경우에 의사의 처방전휴대

· 예약관련서류

(2) 복 장

위의 내용에서와 같이 TC의 복장은 편안하고 점잖은 복장이 좋지만 공항에서 처음으로 고객들을 대면할 때는 정장차림의 복장이 우선시 되어야 한다. 그렇지만 여행 중에는 간편한 차림의 복장으로 안내를 할 수 있겠지만 그렇다고 반바지에 슬리퍼 차림의 복장이라든지 여행객들과 같은 비슷한 옷차림은 지양해야 한다.

(3) 비상용 의약품

여행 중에 일어날 수 있는 상황에 대비해서 TC는 여러 가지 약품들을 구입해서 갈 수 있도록 해야 한다. 특히 현지에서 약품을 구입하는 것이 까다롭기 때문에 출발시에 진통제, 항생제, 감기약, 소화제, 멀미약, 해열제, 소독약, 위장약, 파스계통의 연고와 같은 약품은 소지해서 출발해야 한다. 동남아지역과 아프리카지역 등과 같은 더운 곳을 갈 때는 모기와 같은 종류의 벌레에 물리는 경우가 있기 때문에 바르거나 뿌릴 수 있는 모기약을 사전에 준비해서 갈 수 있어야 한다.

(4) 필기용품

TC는 여행자체가 출장이기 때문에 현지여행관련자와 바쁜 와중에서도 여러가지 의견을 나누어야하며 또한, 판단도 시기적절하게 해야 하기 때문에 평소에 메모를 해 두는 습관을 길러야 만이 실수를 하지 않고 국외여행인솔자 업무를 훌륭하게 할 수 있다.

(5) 전자사전 겸용 계산기

여행 중 환율계산이나 쇼핑을 할 때 혹은 현지의 지상수배업자들과 정산하는 경우가 많으므로 수첩에 넣고 다닐 수 있는 휴대가 편리한 계산기들을 준비해두는 것이 좋다. 동시에 원활한 의사소통을 위해 어학용 단어와 회화용어까지 찾을 수 있는 계산기 겸용 전자사전도 준비하면 국외여행인솔자업무를 수행 시 편리하게 사용할 수 있다.

(6) 카메라 및 알람시계

회사에서 국외여행인솔업무를 수행하는 TC들에게 간혹 카메라를 소지해서 여행 중의 여러 모습을 서비스 차원에서 찍어주고 나중에 현상해서 고객들의 주소로 발송하기 위해 권장하는 경우도 있지만 잘못하면 국외여행인솔자라는 고유의 업무를 망각해서 회사에 누를 끼치는 일들이 일어날 수 있기 때문에 회사에서 그렇게 하기를 원하면 TC들은 업무에 지장이 되지 않도록 적절하게 할 필요가 있다.

호텔 투숙 시 TC에게 꼭 필요한 것은 고객보다 늦게 잠을 자야하는 업무 때문에 프론트 데스크에 고객들이 기상하는 1시간 전에 모닝콜(morning call, wake up call)을 부탁해야 하며 종종 고객들이 여행기간에 수시로 현재 한국시간에 대해서 질문을 하는 경우도 있다. 이럴 때를 대비해서 2개의 손목시계를 준비해서 하나는 한국시계로 하나는 여행국가의 시계로 활용하는 방법도 강구해야 한다.

(7) 세면도구 품목

외국에 가면 일회용 칫솔과 치약은 없기 때문에 반드시 여행 중에 가지고 가야하는 필수품들이다. 샴푸나 비누, 샤워캡(shower cap), 샤워젤(shower gel), 수건 등은 객실내에 비치되어 있고 없다면 하우스키핑을 통해 조치를 받을 수 있다. 특히, 면도기는 여행지의 전압이나 코드 등을 감안하여 건전지를 이용할 수 있는 전기면도기를 준비하는 것이 좋은 경우이기도 하다.

(8) 항공권

여행사담당자가 항공권(flight ticket)의 전반에 대해서 확인했다고 하더라도 TC 임무를 수행할 때는 고객의 성명과 여권에 기재된 영문철자가 같은지 필히 확인해야 하며 항공권 매수, 출국, 귀국날짜, 일정, 유효기간 등에 대해서도 세심한 주의를 요하며 항공권을 고객이 직접 들고 있을 때는 공항에서 다시 한번 더 확인하는 방법도 고려해야 한다. 만약에 항공권 분실사고가 일어났을 때를 대비해 복사본을 보관하는 방법도 강구해야 한다.

(9) 여권 및 비자

여행예약을 할 경우에 여행사에서 고객들에게 여권의 유효기간과 해당국의 비자유무를 동시에 질문을 한다. 그만큼 해외여행의 필수품으로 중요하기 때문이다. 통상적으로 여권을 단체여행 중에는 TC들이 직접보관하기도 하지만 일부는 고객들이 보관하는 경우도 있다. 분실을 우려해서 복사해서 여권과 별도로 보관하는 방법도 있다.

(10) 현금 및 여행자수표, 신용카드

통상적으로 지상경비를 TC들이 가지고 다니면서 지불하는 방법도 있지만 현지가이드들이 직접집행 한 후 여행사에 청구하는 방법 등의 두 가지가 있다. TC들은 어떠한 경우이든 출발 전까지 지불되는 교통비와 공항세를 위해 한국돈이 필요하며 현지여행지에서는 쇼핑, 선택관광, 팁 등의 용도에 사용할 돈과 신용카드 1장은 들고 다녀야 한다.

(11) 전화카드

TC업무수행 중에 간혹 고객들로부터 한국으로 전화하는 방법을 질문 받을 때가 있다. 이럴 때 현지에서 주로 한국인 여행객들만을 취급하는 식당이나 주변에 수신자 부담전화기가 설치되어 있어 별문제가 없지만 관광지에서 갑작스럽게 요구할 때 에는 TC들이 부담이 갈 수 있기 때문에 출장준비품목으로 국제전화카드를 소지해 가는 것이 좋다.

(12) 기 타

자외선차단크림, 수영복(열대지방여행업무), 모자, 선글라스, 비치샌들, 휴대용우산, 셔츠 및 바지, 속옷, 가디건 및 재킷, 물통, 손톱깎이, 다용도 칼, 등이 필요하다.

3) TC의 업무절차

(1) 여행일정표(tour itinerary)

수배담당자로부터 최종확정서를 받은 후 일정별 내용 위주로 확인하며 특히, 항공기 출발 및 도착시간, 숙소명, 식사내용, 관광버스의 상태, 현지가이드 등에 관한 내용을 세밀하게 점검해야 한다.

(2) 여권(passport) 및 비자(visa)

비자내역과 여권의 유효기간(6개월 이상)을 확인해야 한다.

(3) 단체항공권(group ticket)

항공권에 기재되어 있는 내용들을 상세하게 점검하며 고객의 여권상의 영문 이름과 일치여부, 항공권 매수 등은 필히 확인해야할 부분이다.

(4) 출 · 입국신고서(embarkation card · disembarkation card)

여행하는 여행객들이 각 국가를 출입국할 때 작성하는 서류로서 국외인솔업무를 수행할 경우에 TC는 출장 전에 여행객들의 인적사항을 미리 입수하여 여행국가의 출입국신고서를 작성해 두어야 한다. 우리나라는 내국인 경우에 이러한 서류양식은 2005년 11월부터 입국신고서를 그리고 2006년 8월 1일부터 출국신고서까지 생략토록 하고 있다.

〈출입국신고서 기재 내용〉

· Family Name/Surname/Last Name: 성(KIM)

· First Name/Given Name/Forename: 이름(SUNG DONG)

· Sex(Male or Female): 성별(남성, 여성)
· Passport Number/Travel Document No: 여권번호
· Occupation/Profession(Usual): 직업(Hotel Employee)
· Airline and Flight Number: 항공사명, 편수(KE502)
· Country in Which I Boarded This Flight: 탑승국명(Korea)
· Date of Birth/Birth Date: 생년월일(10/10/1962 혹은 10/APR/62)
· Place of Birth: 출생지(Seoul, Korea)
· Nationality/country of Citizenship: 국적(Korea)
· Intended Length of Stay: 체류기간(10 Days)
· Date of Arrival: 입국날짜
· Address in Country of Residence/Home Address: 현주소(562-1, Ganung 3dong, Uijungbusi Kyunggido, Korea)
· Zip or Postal Code: 우편번호
· Number of Children Travelling on Parent' s Passport: 동반자녀수(없다면 None)
· Accompanying Number: 동행인원 수
· Purpose of Entry/Purpose of Visit: 입국목적(Tourism)
· First Trip to ?: 처음방문인가 ?(Yes/No)
· Traveling on Group Tour ?(Yes/No)
· Departed from/Boarded at/Port of Embarkation/Last Place(ofEmbarkation) from: 출발지(Seoul)
· (Nest)Destination/to: 다음 목적지
· Mode of Entry(Road, Rail, Sea, Air): 입국형태(육로, 철도, 배, 항공)
· Place of Issue/Issued at/City Where Passport(VISA)was Issued: 여권(비자) 발급장소: Seoul, Korea
· Date of Issue: 발급일
· Date of Expiry: 만료일
· Address in(Hotel): 숙박 장소(호텔-Kyungmin Hotel)
· Signature: 서명

[그림 3-1] 대한민국 출입국신고서 양식

1) 대한민국 출입국 카드 앞면

대한민국 입국신고서 /ARRIVAL CARD ①
REPUBLIC OF KOREA IMMIGRATION SERVICE

Surname / 姓	漢字姓名
성	한자성명
Given Names / 名	
이름	
주민등록 번호	남/MALE M · 여/FEMALE F
Nationality 國籍: 국적	Passport No.: 여권번호
Address in Korea / 韓國内 住所: 주소	(Tel: 전화번호)
Occupation 職業: 직업	Purpose of visit: 여행목적
Last City / Port of Boarding: 출발지	Flight No. / Vessel on Arrival: 입국편명
KEA14494351E	Signature 署名: 서명

대한민국 출국신고서 /DEPARTURE CARD ②
REPUBLIC OF KOREA IMMIGRATION SERVICE

Surname / 姓	漢字姓名
성	한자성명
Given Names / 名	
이름	
주민등록 번호	남/MALE M · 여/FEMALE F
Nationality 國籍: 국적	Passport No.: 여권번호
Address in Korea / 韓國内 住所: 주소	(Tel: 전화번호)
Occupation 職業: 직업	Purpose of visit: 여행목적
Next City / Port of Landing: 출발지	Flight No. / Vessel on Departure: 입국편명
KEA14494351D	Signature 署名: 서명

2) 대한민국 출입국 카드 뒷면

Welcome to Korea

ARRIVAL / DEPARTURE CARD FOR VISITORS
IMMIGRATION BUREAU, REPUBLIC OF KOREA

NOTICE FOR FOREIGNERS

1. This form consists of two cards. Please complete both Arrival Card① and Departure Card②, inside bold line, when entering Korea.
2. Please type or print legibly with pen in **ALL BLOCK LETTERS, USE ENGLISH.**
   *Your Name : Write full name as it appears in your Passport, Surname(Family name)first, please.
   *Nationality : As it appears in your passport
3. This Arrival Card and Departure Card must be completed by every visitor including one for each accompanying child.
4. Please keep this card in your passport / travelling document in order to present it to the Immigration Officer on your departure.
5. If you intend to stay in Korea more than 90days, you must register with the Chief of Immigration district office or branch office with jurisdiction over the place of sojourn within 90days from the date of entry.

대한민국 법무부 출입국 관리국
출/입국신고서 (내/외국인 공용)

안내사항

1. 뒷면 굵은 선 안의 출/입국신고서 내용을 출국시 양쪽 모두 한글 정자로 기재하여 주십시오. (재외거주국민은 입국시 양쪽 모두 기재하십시오)
2. 동반자녀도 출/입국신고서를 각각 작성하여 주십시오.
3. 입국신고서①은 여권속에 잘 보관하셨다가 귀국시 입국심사관에게 제출하여야 합니다.(재외거주국민은 출국신고서②를 출국시 제출하여야 합니다)
4. 출/입국신고서 양쪽을 절취하거나, 접지 마십시오. "동일번호의 출/입국신고서 양쪽은 OCR전산처리되니 분실, 훼손되지 않도록 주의하여 주십시오."
5. 출/입국심사시 여권, 탑승권(출국시), 출/입국신고서를 미리 준비하여 대기선에서 차례를 기다려 주십시오.

[그림 3-2] 미국출입국신고서 양식

U.S. Department of Justice OMB 1115-0077
Immigration and Naturalization Service

Admission Number:

Welcome to the United States

086729996 08

I-94 Arrival / Departure Record - Instructions

This form must be completed by all persons except U.S.Citizens, returning resident aliens, aliens with immigrant visas, and Canadian Citizens visiting or in transit.

Type or print legibly with pen in ALL CAPITAL LETTERS. Use English. Do not write on the back of this form.

This form is in two parts. Please complete both the Arrival Record (Items 1 through 13) and the Departure Record (Items 14 through 17).

When all items are completed, present this form to the U.S. Immigration and Naturalization Service Inspector.

Item7 - If you are entering the United States by land, enter **LAND** in this space. If you are entering the United States by ship, enter **SEA** in this space.

Form I-94 (04-15-86)Y

Admission Number:

086729996 08

Immigration and
Naturalization Service

I-94
Arrival Record

1. Family Name
2. First (Given) Name
3. Birth Date (Day / Mo / Yr)
4. Country of Citizenship
5. Sex(Male or Female)
6. Passport Number
7. Airline and Flight Number — OZ
8. Country Where You Live
9. City Where You Boarded
10. City Where Visa Was Issued
11. Date Issued (Day / Mo / Yr)
12. Address While in the United States (Number and Street)
13. City and State

Departure Number

086729996 08

Immigration and
Naturalization Service

I-94
Departure Record

14. Family Name
15. First (Given) Name
16. Birth Date (Day/Mo/Yr)
17. Country of Citizenship

This Side For Government Use Only

Primary Inspection

Applicant's Name

Date Referred Time Insp.#

Reason Referred

☐ 212A ☐ PP ☐ Visa ☐ Parole ☐ SLB ☐ TWOV

☐ Other

Secondary Inspection

End Secondary Time Insp.#

Disposition

18.Occupation
19.Waivers
20.INS File A-
21.INS FCO
22.Petition Number
23.Program Number
24. ☐ Bond
25. ☐ Prospective Student

26.Itinerary/Comments

27.TWOV Ticket Number

Warning - A nonimmigrant who accepts unauthorized employment is subject to deportation.

Important-Retain this permit in your possession;*you must surrender it when you leave the U.S.* Failure to do so may delay your entry into the U.S. in the future.

You are authorized to stay in the U.S. only until the date written on this form. To remain past this date, without permission from immigration authorities, is a violation of the law.

Surrender this permit when you leave the U.S.:
-By sea or air, to the transportation line;
-Across the Canadian border, to a Canadian Official;
-Across the Mexican border, to a U.S. Official.

Students planning to reenter the U.S. within 30 days to return to the same school, see "Arrival-Departure" on page 2 of Form I-20 **prior to surrendering this permit.**

Record of Changes

Port: **Departure Record**
Date:
Carrier:

65

[그림 3-4] 태국세관신고서 양식

(5) 세관신고서(customs declaration form)

해외를 여행하는 여행자는 각국이 정한 관세법에 의해 여행자들의 수하물을 세관 신고서 양식에 입각하여 작성한 후 해당국 입국 시에 신고대상품목을 신고한다. 만약에 가족인 경우에는 가족단위 1부만 작성하고 여행 중에 새로 구입한 물품이 있는 경우에는 여행객 각자가 재 작성해서 신고하기로 되어 있다.

(6) 최종 수배확인서(final confirm sheet)

현지의 수배업자와 최종 조율이 끝나면 국외여행인솔업무의 담당자로서 TC는 수배업무를 책임지고 있는 직원으로부터 마지막으로 변동사항이 없는 수배확인서를 수령하여 행사진행에 차질이 없도록 해야 하며 행사 중에 문제가 발생되면 배상청구의 증거자료가 되므로 세밀하게 여행일정표에 나오는 내용과 비교해서 누락여부를 필히 확인해 두어야 한다.

(7) 고객명단표(name list)

단체여행객의 인적사항을 한 눈에 볼 수 있도록 작성 해둔 리스트를 말한다. 이러한 종류의 고객 명단 표는 출장업무 중의 국외여행인솔자에게 많은 도움이 되기 때문에 사전에 미리 작성하여 해외인솔을 나가는 것이 필요하다.

[표 3-1] 고객명단표

구 분	한글성명	영문성명	성 별	주민등록번호	여권번호	주 소	전화번호	비 고
1								
2								
3								
4								
5								
6								
7								
8								
9								
10								
11								

(8) 객실배정표(rooming list)

국외여행인솔자로서 출장업무를 지시 받으면 TC는 출발 전에 단체인원 중에 가족, 부부, 친지, 친구, 회사의 동료관계 여부를 확인 후 여행 중 숙박할 때 객실배정표를 작성해서 여행지 호텔의 객실배정 담당자에게 제시하면 담당직원은 이러한 정보를 토대로 객실번호를 기재하여 준다. TC는 이러한 배정표를 토대로 복사를 해서 고객들에게 나누어 주어 인원파악이나 기타 전달사항을 할 때 사용할 수 있도록 한다.

[표 3-2] 객실배정표

단체명: TC성명 연락처:

도착일: 월 일: 출발일: 월 일:

구 분	이 름	성 별	객실번호	점검사항	비 고
1					
2					
3					
4					
5					
6					
7					
8					
9					
10					
11					
12					
13					
14					
15					
16					
17					
18					
19					

(9) 바우처(voucher) 인수

바우처라는 말은 상호신뢰를 바탕으로 여행사내에서 거래되는 여행증서와 같은 것으로 먼저 서비스를 공급업체에서 시행 한 후 나중에 여행사에 청구하는 정산 방법이다. 현재 우리나라는 여행사보다 호텔 등에서 호텔숙박권 개념으로 이용되고 있다.

(10) 병무관계

18세 이상부터 만 30세 이하의 남자가 해외 출 · 입국을 할 때는 해당 병무청에 가서 병무신고를 해야 한다. 해당자는 병무청으로부터 국외여행허가서 2부를 발급 받은 후 1

부는 여권신청서류로 1부는 출국할 때 공항내의 병무사무소에 제출하면 된다. 이러한 절차를 감안하여 국외여행인솔자는 고객중에 이러한 요건에 해당 여부를 점검해 준비하도록 한다.

(11) 여행자 보험카드(card of overseas traveller's insurance)

해외여행 중 일어 날 수 있는 사고에 대비해서 가입하는 보험이다. 내용 확인은 여행자명, 주민 등록번호, 주소, 보험의 개시일과 종료일, 보상금액 유무 순이다.

(12) 출장경비(tour fee)

여행 중 사용하는 경비로서 업무수행 때 사용하는 공항세(airport tax), 공항사용료(airport facility), 팁(tip), 투어펀드(tour fund), TC의 출장비 등과 현지여행 업무를 수행할 때 지불하는 호텔요금, 차량비, 관광지의 입장료, 식사비, 현지가이드비 등이 있다. 이러한 지상비를 지불할 때는 수배담당자로부터 받은 수배확인서상의 금액과 일치여부를 꼼꼼하게 확인해야 한다.

(13) 수하물 꼬리표(baggage tag)

TC업무 중 고객관리 다음으로 중요한 업무가 단체의 수하물을 어떻게 관리 할 것인지이다. 이러한 문제를 원활하게 처리하기 위해서 수하물에 부착할 꼬리표를 여행사 실정에 맞게 만들어 여행업무 중에 고객의 수하물을 관리하는데 사용하고 있다. 통상 이러한 수하물 꼬리표는 1명당 3개정도 사용할 수 있도록 준비한다.

(14) 예방접종카드(yellow card, or vaccination card)

예방접종카드는 세계보건기구(world health organization)에서 발행하며 전염병지역을 여행한 사람이나 항공기로 이러한 지역을 경유한 사람은 제출해야할 카드이다. 특히 동남아, 아프리카, 남미산악지역, 중동지역 등을 여행할 때는 반드시 여행출발 1-2주일 전(콜레라 1주, 황열병 2주)에 맞아야 만이 면역효과를 볼 수 있다는 것에 착안을 하고 접종할 수 있도록 해야 한다.

〈예방접종기관 안내〉

· 콜레라 접종기관: 전국13개 국립검역소와 보건복지부가 지정한 전국16개병원과 보건소(**서울**: 김포공항, 인천국제공항, 종로보건소, 해외개발공사부속의원, 한국병원, 국립의료원, 세브란스병원, **부산**: 국군통합병원, 광산병원, 부산의료원, **경북 및 대구**: 경북대부속병원, 동산병원, **전남 및 광주**: 전남대부속병원, **경남**: 해군통제부의무실, 이관희 내과의원, **제주**: 제주의료원)에서 접종을 받을 수 있다.
황열병은 서울, 부산, 인천검역소에서만 접종이 가능하다. 콜레라의 유효 기관은 6개월이며 황열병은 10년이다.

〈해외여행 중 건강관리 방법〉

· 여행 전에 예방접종을 할 것
· 음식과 물은 익힌 것과 끓인 것을 먹을 것
· 벌레에 물리지 않도록 하며 맨발로 다니지 말 것
· 지병이 있는 경우에는 여행출발 전에 영문으로 된 처방전을 가지고 다닐 것(외국의사의 진찰에 도움)
· 민물에 들어가지 말 것(주혈흡혈충증)
· 현지인들과의 밀접한 접촉을 피할 것
· 여행 전에 상비약은 미리 준비할 것

(15) 항공마일리지 카드(airline mileage card)소지자 확인

항공사에서 고객확보차원의 우대 프로그램으로서 탑승누적거리에 따라 무료항공권을 제공한다. TC는 이러한 고객들이 있는지 여부를 확인하고 항공사 카운터(airline counter)에 대고객 서비스 차원에서 적립을 해주어야 하며 마일리지카드가 없는 고객에게는 만들 수 있도록 해주어야 한다.

〈대한항공 마일리지제도〉

· 보너스제도인 스카이패스에 가입한 고객에게 자사와 제휴업체의 항공기 탑승 시에 무료항공권, 좌석등급, 호텔, 렌트카 할인, 무료수하물 10kg 추가로 허용 등의 혜택을 받을 수 있다.

· 회원가입은 신청서 제출 3주 후에 받을 수 있으며 일등석은 50%, 프레지스터 클래스는 20%의 보너스 마일이 추가로 적립된다.
· 무료항공권 제공기준은 아래와 같다.
 - 10,000마일 적립: 국내선 편도 1매 보너스
 - 20,000마일 적립: 국내선 왕복 1매 보너스
 - 35,000마일 적립: 일본과 중국노선의 왕복1매 보너스
 - 45,000마일 적립: 동남아 및 괌 노선의 왕복 1매 보너스
 - 55,000마일 적립: 북미 및 호주노선의 왕복1매 보너스
 - 65,000마일 적립: 유럽노선의 왕복1매 보너스

〈아시아나항공 마일리지제도〉
· 아시아나 보너스클럽에 가입하면 무료항공권, 호텔, 렌트카, 면세점특별할인 등의 서비스 혜택을 받을 수 있다.
· 무료항공권 제공기준은 아래와 같다.
 - 5,000마일 적립: 국내선 편도 1매 보너스
 - 10,000마일 적립: 국내선 왕복 1매 보너스
 - 30,000마일 적립: 일본노선의 왕복1매 보너스
 - 40,000마일 적립: 동남아 노선의 왕복1매 보너스

(16) 고객의 일반 정보

TC는 사전에 단체고객들의 일반적인 성향과 여행에 대한 고객들의 주문사항 등에 대해서 점검해야 한다. 예를 들면, 고객들 중에 정신병력, 심신의 허약자, 지체부자유자와 같은 지병이 있는 자라든지 고령자, 어린이와 같은 고객들과 외국의 영주권(permanent resident) 시민권(citizenship)을 가지고 있는 고객들이 있다면 여행국가에 출입국이 가능한지 여부 등도 아울러서 파악해 두는 것도 국외여행인솔업무를 수행하는데 도움이 된다.

이 밖에 고객들 중에 여행관련업종에 근무한 경력이 있다든지 여행 중에 긴급한 환자가 발생했을 때를 위해서 의사, 약사, 간호사 출신 직업인 유무를 파악 해두는 것도 좋을 것이다.

여행 중에 고객들이 생일, 결혼기념일을 맞이할 때는 축하메시지와 함께 꽃과 과일 바구니 등의 이벤트행사도 당사자에게는 큰 기쁨을 줄 뿐만 아니라 차후에 잠재고객 확보 차원에도 기여하게 될 것이다.

2 TC의 출국 수속 및 기내 업무

1) 출국수속업무

공항에서 출국 수속 절차에 소요되는 시간은 통상적으로 2-3시간 정도 소요되는 것으로 판단된다. 국외여행인솔업무를 부여 받은 경우에는 출발할 당시에 고객들보다 1시간 전에 공항에 나와 아래와 같이 〈표 3-3〉 출국수속 순서 진행 절차에 의해서 국외 여행인솔자 업무를 미리 준비 할 수 있도록 해야 한다.

[표 3-3] 출국수속 순서

고객집결장소 확인 및 준비

↓

고객 인원 파악 후 수하물 확인표 배부

↓

고객의 여권 회수 및 수하물 확인

↓

환전 및 병무신고 수속

↓

여권 및 출국신고서 및 탑승권 배부

↓

보안검색 및 휴대품 검사

↓

세관신고(귀중품)

↓

검역 및 출국심사

↓

면세점 쇼핑 및 출구 대기구역 대기

↓

탑승 구 대기후 탑승

[그림 3-5] 인천국제공항 3층 출국장 안내도

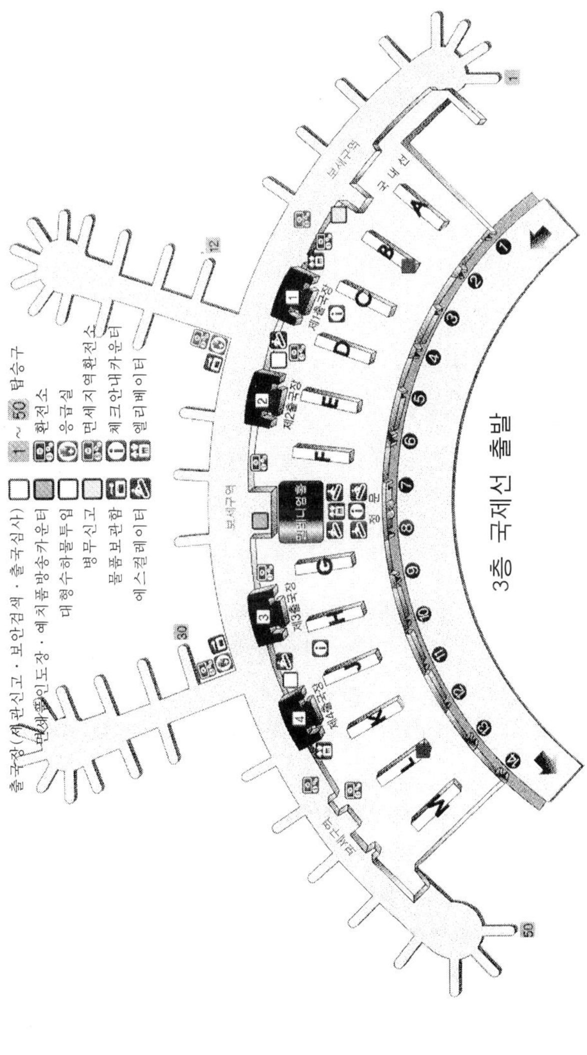

[그림 3-6] 인천국제공항 1층 입국장 안내도

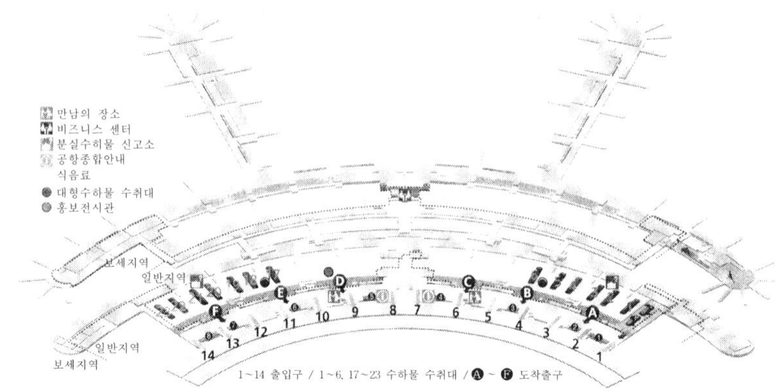

안내카운터 ❽	안내카운터 ❼	안내카운터 ❻	안내카운터 ❺	안내카운터 ❹	안내카운터 ❸	안내카운터 ❷	안내카운터 ❶	대형수하물 수취안내
택시, 이벤트 렌터카, 택배	종합관광안내 좌석버스 리무진	호텔안내, 휴대폰 대여	좌석버스 리무진 대한항공 도착안내 등	철도, 이벤트, 휴대폰 대여	대한항공 도착안내 좌석버스 리무진	렌터카, 좌석버스 리무진	아시아나 도착안내, 택배, 호텔안내, 관광(관광공사)	대형수하물 수취대는 5번과 6번, 17번과 18번 수취대 사이에 있습니다.

시설명	전화번호	시설명	전화번호
공항 종합안내	741-0104	택배서비스	743-5800, 5802, 5300
유실물 관리소	741-3114	택시안내	743-1013
세관신고 문의	740-3333	관광안내	743-2000, 2100
공항경찰대	740-5562	수하물 보관/포장	743-4747
병무청 민원실	740-2500	공항기념품 매장	743-3790
우체국	740-2900	환승호텔 안내	743-3000
동물검역소(CIQ)	740-2630	비즈니스 센터	743-6100, 7100~19
식물검역소(CIQ)	740-2072	공항 의료센터	743-31119
홍보전시관	741-4730~1	휴대폰 대여	743-4011, 4016~9
유아휴게실	741-3550		743-4300
어린이 놀이방	741-3551	신한은행	743-5100
카페리 안내	886-6876(율도행)	외환은행	743-2222
	762-8880(월미도행)		

입국절차

❶ 탑승교 → ❷ 검역 → ❸ 수하물 수취 → ❹ 세관검사 →
❺ 도착출구 → ❻ 환영홀 → ❼여객터미널 출구

1. 출입국 카드(기내에서 작성)와 여권을 가지고 지상 2층 입국 심사장으로 나간다.
2. 수하물 도착안내 전광판(2층 입국 검사장 앞)에서 지정 수하물수취대 번호를 확인한 후 지상 1층 수하물수취(Baggage Claim) 지역으로 내려온다.
3. 수하물을 찾은 다음 세관신고 지역으로 이동한다. 세관신고 물품이 없을 경우에는 녹색라인으로, 세관신고 물품이 있을 경우에는 적색라인을 따라 세관심사를 받는다.
4. 환영객은 환영홀내의 안내 전광판을 통해 도착 항공기 · 승객의 도착출구를 확인한다.

(1) 고객집결 장소 확인 및 준비

TC는 고객들보다 1시간 전에 출국장인 3층에 도착하여 고객들과 만나기로 한 약속 장소(예: 3층 출국장 C와 D카운터 중간에 있는 테이블)에서 대기하며 첫 대면에서부터 좋은 인상을 줄 수 있도록 한다. 그리고 여행 중 고객들에게 나누어 줄 수하물 확인표와 고객들이 쉽게 찾을 수 있도록 여행사 안내표지판 · 여행사 팻말 등을 설치하여 두어야 한다.

(2) 고객 인원 파악 및 수하물확인표 배부

약속시간보다 먼저 도착한 고객들을 위해서 재집결시간을 알린 후에 개별적으로 해야 할 업무를 하도록 하고 나 중에 단체 고객들이 모두 확인되면 수하물확인표 (baggage tag)를 배부해서 고객들의 수하물에 부착토록 한다.

여기서 주의할 사항은 깨지기 쉬운 물건과 귀중품은 기내로 직접 가지고 들어 갈 수 있도록 사전에 교육이 필요하다.

(3) 고객여권확인 및 위탁수하물수량 파악

고객의 여권을 파악해서 탑승수속이 원활하게 이루어질 수 있도록 하고 위탁수하물을 해당항공사의 창구로 고객들이 직접 가지고 가서 수속을 받도록 한다.

이때 항공사 직원은 위탁수하물에 수하물표를 부착하고 수하물 인환증을 수하물 수량에 맞게 떼어주는데 만약 수하물 사도가 발생하면 수하물인환증(세자리의 목적지 코드 확인)이 증거 자료가 되기 때문에 TC가 항공권과 함께 잘 보관해야 한다.

(4) 환전 및 병무수속 신고

사전에 환전업무와 병무신고를 할 수 있도록 충분한 시간을 주도록 하며 TC는 해당서류를 카운터에 제출해서 탑승권(boarding pass)을 수령함과 동시에 고객들의 수하물을 붙이는데 수하물의 무게와 수량을 각 나라마다 기준이 다르기 때문에 미리 점검해둘 필요가 있다.

수하물 분실예방을 위해 항공사의 꼬리표(airline baggage)를 부착하고 나머지 반쪽의 수하물 요구꼬리표(baggage claim tag)는 인솔자가 보관하도록 한다. 경유나 갈아타야 하는 상황인 경우에는 연결 관계를 명확히 해두어야 한다. 병무신고 대상자의 제출서류는 아래와 같다.

[표 3-4] **병무신고 서류**

구 분	출 국	입 국
군복무 미필자	· 여권 · 출국신고서(해당항공사 발행) · 국외여행허가증명서	· 여권 · 귀국신고서 · 귀국 후 30일 이내 지방병무청 민원실에 신고
해외이주자	· 영주권 · 여권 · 출국신고서 · 출국확인서	· 여권 · 영주권 · 출국신고서 · 출국확인서
해외교포 및 해외이민 2세	· 여권 · 해당국가의 등록증 · 출국신고서	· 여권 · 해당국가의 등록증 · 출국신고서

* 병무신고 해당자는 만 18세부터 만 35세가 되는 대한민국의 남자이며 병역을 필한 경우나 제2국민 역은 제외된다.

· 장거리노선인 경우에는 기내에 비치되어 있는 용품들을 최대한 활용하면 된다.(슬리퍼, 일반용품)
· 비교적으로 가벼운 수하물은 선반을 활용하고 무게가 나가는 수하물은 좌석밑에 두어 다른 승객들이 불편하지 않도록 한다.
· 이야기, 노래 등으로 다른 승객에게 피해를 주지 않도록 한다.
· 기내서비스(식사, 음료수)가 이루어지는 경우에는 이동을 중지하고 지정 좌석으로 이동해서 식탁용 테이블을 자기 앞으로 당겨 사용한 후에는 원위치 시켜 놓도록 한다. 특히, 창가 쪽이나 가운데 좌석에 있는 승객이 식사를 끝내고 용무를 보고자 할 경우에는 옆에 있는 승객들에게 불편을 끼치지 않도록 식사를 마칠 때까지 기다리는 매너가 필요하다.
· 좌석을 뒤로하고 휴식을 할 때는 뒷좌석의 승객에게 피해를 주지 않도록 한다.
· 기내 안내판에 "Fasten Seat Belt" 신호가 들어오면 화장실 사용이 금지되며 고객은 지정좌석으로 가야한다.
· 비행 중에는 휴대폰 사용이나 전자제품 사용을 금지해야 한다.
· 공항에 도착하면 차례가 올 때까지 기다리는 자세가 필요하다.

〈기내에서의 건강유지 방법〉
· 주먹을 가볍게 지며 천천히 힘을 주면서 나중에는 꽉 쥔다.
· 팔을 펴며 밖으로 밀고 팔을 바깥쪽으로 당긴다. 그 다음에는 팔을 아래로 내린다.
· 손가락을 잡고 양옆으로 당기며 손가락을 마주대고 누른다. 그 다음에는 손을 당기며 무릎을 누른다.
· 손바닥으로 턱을 받치고 밑으로 누른다.
· 머리를 양옆으로 돌리면서 목 주변을 완화시켜 준다.
· 입술을 최대한 벌리며 노래를 부르는 흉내를 낸다.
· 이를 꽉 물고 풀었다 하면서 양쪽 턱의 긴장을 풀어준다.
· 입안을 최대한 둥글게 하면서 얼굴의 근육을 풀어준다.
· 비행 중에는 알코올을 삼가 한다.
· 기내에서의 과식을 금하고 생수와 쥬스 등을 많이 마셔 습도가 15%이내인 기내의 사정을 감안하여 충분한 수분을 보충해야 한다.

[그림 3-9] 대한항공 기내서비스 순서

IN-FLIGHT SERVICE PLAN

기내서비스 순서

We are pleased to inform you of our In-flight Service Plan on long-haul flights for you convenience.

대한항공 장거리노선의 기내 서비스 순서를 안내하오니 즐거운 여행을 위하여 참고하시기 바랍니다.

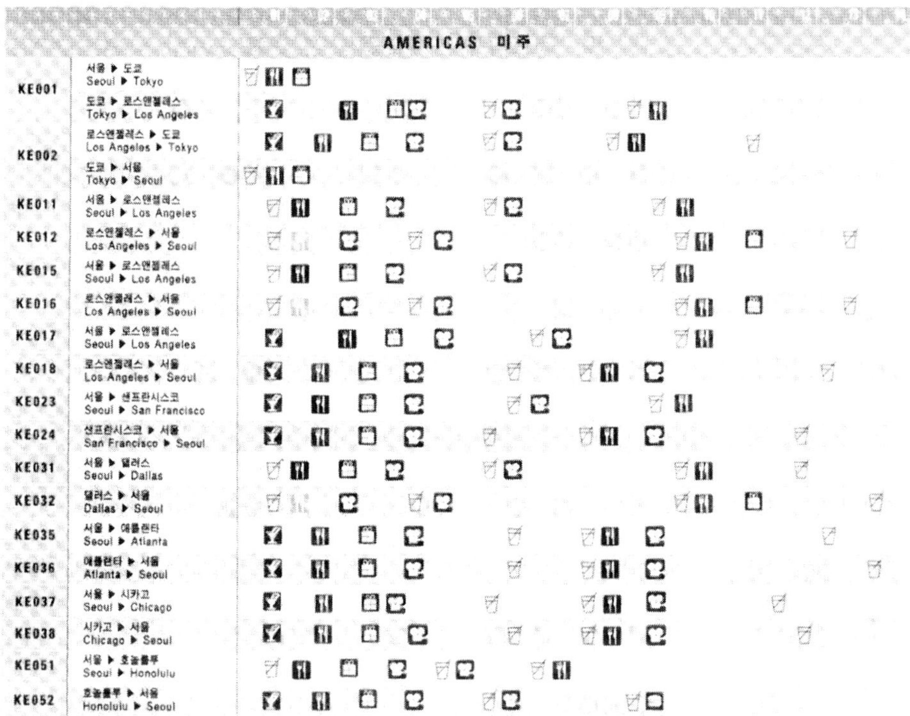

아침 BREAKFAST　점심 LUNCH　저녁 DINNER　늦은저녁 SUPPER　가벼운 식사 LIGHT MEAL
간식 REFRESHMENT　늦은아침 BRUNCH　영화 MOVIE　기내판매 DUTY FREE SALES
음료 및 칵테일 BEVERAGE & COCKTAIL　음료 BEVERAGE

Service time and flying hours may be subject to change due to operational constraints and other unexpected occurrences.

서비스 시간 및 비행 시간은 부득이한 사정으로 변경될 수 있습니다.

In the article, the point of arrival and departure which is marked a "Seoul" means Incheon International Airport.

본문내용 중 출발 및 도착지로 표기한 서울은 인천국제공항을 의미합니다.

· 편안한 옷과 신발을 착용해서 좁은 공간에서의 활동에 대비해야 한다.

→ 낮에 출발해서 밤에 도착하는 스케줄이 여행의 피로를 최소화 할 수 있다.

(3) 출 · 입국 및 세관업무

① 출입국신고서: TC는 사전에 준비한 고객명단(passenger list/name list)을 참조해서 출입국 신고서(E/D Card: Embarkation/Disembarkation Card)를 고객들에 대한 서비스 차원에서 작성한다. 작성 시 유의할 사항은 24개월 미만의 유아도 1인 1매 작성을 원칙으로 한다는 것이다. 국가마다 출입국신고서 작성 유무에 차이가 있지만 단체를 대상으로 TC 본인이 작성하는 데는 시간이 많이 소요되기 때문에 기내 승무원의 협조를 받아 출입국신고서를 입수해서 미리 작성해 두는 것도 원만한 여행이 되는데 한 방법이 될 수 있다. 그리고 반드시 서명란 만큼은 고객 본인이 기록 할 수 있도록 한다.

② 세관신고서를 작성하는 이유는 자국으로 반입이 금지되어 있는 품목의 소지 여부를 확인하고 외환 소지 액수가 한도를 초과한 경우를 알아보기 위해서이다. 출입국신고서와 같이 고객본인이 서명을 할 수 있도록 한다.

(4) 기내에서의 신체리듬

① 고공 공포증세: 해외여행을 업무 차 많이 경험한 TC들까지 비행기를 탈수록 안전에 대한 불안한 심정이 많은데 해외여행이 초행인 고객의 경우에는 더더욱 고공 공포증을 느끼게 된다. 심지어 이러한 증세로 인해 TC업무를 수행하는 국외여행인솔자로서 단체고객을 일정에 맞추어 진행하는데 어려움을 겪기도 한다. 병적으로 아주 심한 경우에는 전문의사로부터 치료를 받을 필요성도 있지만 대부분의 고객은 일시적인 현상으로서 다음과 같은 예방법으로 치료할 수 있기 때문에 TC는 이러한 고객들에게 심호흡을 반복해서 실시하기도 하며 앞에서 언급한 내용과 같이 기내에서 할 수 있는 체조와 기내의 통로를 걸어 다닌다든지 휴대한 책이나 음악 오락기를 사용해서 최소화 시키는 노력을 해야 한다.

② 기내의 탈수증세: 장거리 여행인 경우에 기내의 공기가 자체적인 공기정화시설로 별문제가 없을 것 같지만 수분이 절대적으로 부족하여 탁하기 때문에 TC와 고객들

에게 정상적인 생체리듬에 악 영향을 끼칠 수 있다. 대표적으로 멀미현상을 들 수 있는데 증세가 심할 경우에는 문제가 될 수 있다.

이러한 예방법은 수분(물, 음료수)을 많이 섭취하고 기내에서 무료로 제공되는 알코올 섭취를 최소화하며 몸을 기내 바닥과 가까이 하여 눈을 감는 다든지 바깥쪽 수평선을 응시하는 방법도 좋은 예방책이다.

③ 귀가 멍멍해지는 증세: 비행기 이착륙 시에 자주 일어나는 현상으로서 비행기를 자주 이용하는 고객이나 처음으로 타는 고객 할 것 없이 일어나는 증세이다. 고객들 중에 이러한 증세가 보이면 TC는 하품을 하도록 하고 껌을 씹는 다든지 코를 막고 여러번 침을 삼키게 한다든지 입을 다문 채 숨을 크게 내쉬게 하는 등의 방법을 활용하는 것도 좋은 예라 할 수 있겠다.

④ 여행 중에 시차를 극복 할 수 있는 방법: 여행국가에서 시간상의 시차를 몸이 따라가지 못할 때 일어나는 현상으로서 예방법은 여행지 국가의 시간대에 맞추어 여행 출발지역마다 차이를 보이고 있는데 동남아 여행인 경우 별 영향을 주지 않지만 유럽지역은 7일전부터 2시간 늦게, 미국지역은 미리 수면시간대를 조절하며 준비하는 방법도 좋은 예라고 할 수 있다.

〈기내에서 이루어지는 간단한 회화〉

· TC: Excuse me! Could you tell me where my seat is?
(죄송합니다. 나의 좌석은 어디에 있습니까?)

· 승무원: It is in the back on the right.
(오른쪽 뒤편에 있습니다)

· TC: Where can I put my hand carriage?
(나의 짐을 어디에 둘까요?)

· 승무원: Please put it under the seat in front of you.
(손님의 앞좌석 밑에 두세요.)

· 승무원: What would you like to drink?
(어떠한 음료수를 드릴까요?)

· TC: No, thank you. Coffee please. And please give me another glass of water.
(예, 감사합니다. 커피로 하겠습니다. 그리고 물 한 컵 더 부탁드립니다.)

고대상 물품이 없는 경우에는 녹색 통로검사대로 고객이 판단해서 이동하면 된다.

(6) 공항출구 게이트이동

TC는 고객과 수하물을 최종 확인 후 가이드와 만날 장소로 이동하면 된다. 이때 유의할 사항은 각국의 공항에 따라 여러 게이트가 있는 관계로 미팅에 혼란이 올 수 있기 때문에 사전에 조율을 해야 한다.

(7) 입국대기구역이동 후 현지가이드와 만남

고객들을 적절한 장소에 대기시켜 놓은 후 현지가이드와 만난다. 처음인 경우에는 명함과 간단한 소개로 이번 여행일정에 대한 의견을 조율하고 고객들에게 현지가이드에 대한 안내를 한다.

만약, 현지가이드가 나오지 않았을 경우에는 1시간동안을 기다린 후 본사에 연락을 취하고 조치에 따라 업무를 수행하면 된다.

(8) 관광버스탑승 후 업무

- □ 관광버스로 이동해서 고객과 수하물을 파악하고 버스 내의 마이크를 이용해서 기사 및 현지가이드 보조자를 소개한다.
- □ 현지가이드에게 마이크를 인계해서 현지정보와 일정표상의 관광지 소개를 받을 수 있도록 한다.
  - ■ 여행지에서 일어날 수 있는 범죄행위
  - ■ 한국으로의 전화통화 요령
  - ■ 일정안내
  - ■ 여행 중 일어날 수 있는 안전사고 예방교육
  - ■ 숙소에서의 팁, 객실의 열쇠사용 요령 안내

〈입국 시 공항에서 이루어지는 회화〉

· 공항직원: What' s your purpose of your visit?
(당신의 방문목적은 무엇입니까?)

· TC: It' s travel.

(여행입니다.)

· 공항직원: How long do you intend to stay in this country?

(얼마동안 여행을 할 예정입니까?)

· TC: I intend to stay for five days.

(5일 동안 있을 예정입니다.)

· 공항직원: Do you have a return airplane tickets?

(당신은 돌아올 항공권을 가지고 있습니까?)

· TC: Yes, here it is .

(예, 여기 있습니다.)

· 공항직원: How much money do you have with you?

(가지고 있는 돈은 있습니까?)

· TC: I have 5,000 dollars.

(오천달러 가지고 있습니다.)

· 공항직원: Please, show me your passport and disembarkation card andyellow card.

(여권과 입국신고서, 예방접종카드를 보여주세요.)

· TC: Here it is.

(여기 있습니다.)

· 공항직원: What are there?

(이것은 무엇입니까?)

· TC: There are gifts for my mother.

(어머니께 드릴 선물입니다.)

· 공항직원: Do you anyting to declare?

(신고할 소지품이 있습니까?)

· TC: No, I have noting to declare. These are all my personal effects.

(아니오, 신고할 소지품은 없지만 가지고 있는 이것들은 내개인 소지품입니다.)

· 공항직원: Open your suitcase, please.

(가방을 확인하고자 하니 열어주시겠습니까?)

· TC: Sure. (네.)
· 공항직원: Okay, you may go now.
(좋습니다. 나가셔도 됩니다.)
· TC: Thank you very much.
(감사합니다.)
· 공항직원: Have a nice trip.
(즐거운 여행이 되기를 바랍니다.)
· TC: Thank you.
(감사합니다.)

2 호텔수속업무

1) 호텔 체크인

사전에 예약한 호텔까지 가는 동안 교통 혼잡 등의 현지사정으로 약속한 시간까지 호텔에 도착하지 못할 경우에는 미리 연락을 해두는 것이 좋다. 간혹 제시간에 도착하지 못하면 예약한 객실을 다른 단체에게 줄 수 있기 때문에 성수기 등의 경우에는 주의를 해야 한다.

호텔 도착 후에는 버스에서 내림과 동시에 수하물량을 파악한 후 귀중품은 고객이 소지하고 기타 수하물은 호텔에 근무하는 벨보이(bellboy)로 하여금 고객의 객실까지 운반하게 할 수도 있지만 분실방지를 위해서 가급적 직접 가지고 들어갈 수 있도록 한다.

TC는 현지가이드를 대동하고 호텔내의 프론데스크(front desk)에 가서 객실을 담당하는 종사원과 객실배정에 관한 논의를 한 후 숙박기록부에 정식 혹은 약식으로 사인을 한다. 호텔체크인시 TC업무는 다음과 같다.

□ 숙박일, 객실 수, 객실형태를 확인한다.
□ 객실 내에 비치되어 있는 시설을 확인한다.

- ㅁ 호텔에서 제공하는 서비스 범위를 확인한다.
- ㅁ 식사 제공 유무를 확인한다.
- ㅁ 호텔종사원과 지불관계(고객과 TC)에 대해서 명확히 한다.

2) 객실배정

TC가 사전에 고객명단 등을 통해 확보한 객실배정표를 통해 담당직원에게 제시하면서 객실열쇠(room key)와 식사권(meal's coupon) 등을 받을 수 있도록 한다. 특히 객실 배정표를 객실 수에 맞게 준비해서 고객들에게 나누어 주어 일과 후에 상호 연락을 할 수 있도록 한다.

〈객실배정 순서〉

- · 먼저 TC는 고객들을 호텔라운지에 마련되어 있는 대기 장소에 집합시켜 놓고 프런트 데스크에 가서 객실예약상태 유무를 확인한다.
- · 객실배정방법은 가족, 친분, 성별, 연령, 성격 등을 고려하여야 한다.

3) 객실 키 받은 후 점검내용

TC는 객실 키를 호텔직원으로부터 받은 후 고객들이 대기하고 있는 장소로 이동하여 객실 키를 객실배정방법에 의해 나누어 준다. 특히, 나누어 줄 때 TC가 있는 객실 내선번호와 휴대폰 등의 연락처를 가르쳐 주도록 해서 긴급사항이 일어났을 때 차질이 없도록 해야 한다.

〈객실점검 시 주의사항〉

- · 객실키 사용법을 고객에게 가르쳐준다.
  - 열쇠의 종류로는 꽂는 것에 꽂아야 전원이 들어오는 것과 카드 키 등이 있다. 특히, 카드 키는 보안등을 고려하여 객실번호가 없기 때문에 필히 객실번호를 알아두어야 한다.
  - 객실문을 닫으면 자동으로 닫히기 때문에 객실 내에 열쇠를 두고 나오지 않도록

(1) 여권을 분실한 경우

□ 여권분실이 확인되면 경찰서에 보고하고 분실증명확인서를 발급받아 현지에 주재하고 있는 공관에서 여행증명서(여권분실확인서, 여권용사진2매, 여권번호와 발급연월일 등을 제출하고)를 받는다. 비자도 같이 이민국으로부터 재발급을 받을 수 있도록 해야 한다.

□ 통상적으로 여권재발급에 따른 소요기간은 1일 이내로 즉시 발급되기 때문에 문제는 없지만 나라별로 수일까지 소요되는 국가도 있기 때문에 여권관리에 만전을 기해야 한다.

□ 여권재발급에 따른 수수료는 고객들이 책임을 져야한다는 것을 분명히 해두어야 한다.

(2) 항공권을 분실한 경우

□ 항공권을 분실한 경우에는 최초로 발행한 항공사에 분실증명서를 현지 경찰서로부터 발급받아 제출하는 것이 원칙이나 여의치 않을 경우, 본사의 도움을 받아 재발급을 받는 것이 좋다. 재발급요청시 항공권번호, 예약번호, 요금, 발행지점, 발행연월일 등이 필요하기 때문에 사전에 항공권을 복사해 두도록 한다.

□ 분실된 항공권을 타인이 사용했다든지 환불이 이미 이루어진 경우에 고객이 손해에 대한 보상을 의미하는 책임인수서(indemnity letter)에 TC가 서명을 하고 재발급을 받는다.

□ 무상으로 재발급을 받지 못하고 새로운 항공권을 구입해야할 경우 차후에 환불(refund)을 받을 수 있도록 관계서류들을 챙겨야 한다.

(3) 위탁수하물에 하자 발생 시

□ 수하물을 맡기면서 항공사로부터 받은 인환증과 항공권을 가지고 공항에 있는 수하물 분실신고 센타(lost&found)에 수하물사고보고서(PIR: Property Irregularity)를 제출하고 1부는 보관한다. 여행 중이라도 찾게 되었을 때를 대비해 행선지를 정확하게 일자별로 가르쳐 주어야 한다.

□ 보상금액은 항공사별 차이가 있기 때문에 TC는 차질이 없도록 해야 한다. 이러한

경우를 대비해서 생활용품을 세트화해서 보관하고 있는 항공사도 있다.

□ 수하물이 파손된 경우에는 수리비, 구입비 등을 청구하도록 한다.

(4) 귀중품 및 현금 분실사고 시

□ 호텔에서 분실된 경우에는 호텔 책임자에게 연락을 취한 후 경찰서에 신고를 하고 차후에 보험청구에 사용하기 위해 분실 및 도난증명서를 보관해 둔다.

□ 분실된 경우의 물품은 찾기가 힘들기 때문에 사전 예방의 중요성을 고객들에게 주지시키고 귀중품 보관함(safety box)을 활용해서 이러한 불미스러운 사고를 예방할 수 있도록 한다.

(5) 신용카드 및 여행자 수표 분실 시

□ 신용카드는 분실시 즉시 한국의 발행한 은행에 신고를 하고 타인이 사용하지 못하도록 한다. 만약 재발행은 시간이 많이 소요되므로 분실에 각별한 신경을 쓰도록 한다.

□ 여행자수표를 분실한 경우에는 해당지점에 신고를 하고 타인이 사용하지 못하도록 한다.

□ 여행자수표 구입 즉시, 사인란에 서명을 해두도록 하며 사전에 구입한 은행과 구입연월일, 수표번호, 총금액 등을 수첩에 메모해 두도록 한다.

(6) 항공사 파업으로 출발이 지연되는 경우

□ 2시간 이상이 되도록 지연이 될 경우 고객들에게 설명을 항공사 직원에 의해 설명을 하도록 하고 TC도 이에 대한 조치로서 현지 여행사와 본사에 연락을 해서 적절한 조치를 받을 수 있도록 한다.

□ 이와 같은 불가피한 사고가 발생하면 여행사는 면책사유에 해당되지만 부득이 하게 여행일정에 차질이 올 경우 변경에 따른 추가요금은 고객들과 명확하게 해두어야 한다. TC는 고객들의 금전적인 피해를 최소화하기 위해 노력을 해야 한다.

(7) 고객들 중에 환자가 발생했을 때

□ 피로누적과 과로, 무리한 일정소화, 시차적응 등의 요인으로 고객들에게 환자가 발

생하면 단체 고객들에게 양해를 구한 후 병원으로 후송을 한다. 이때 TC가 직접 환자를 병원으로 후송 할 수도 있고 현지 가이드를 활용할 수 있다. 입원이 필요할 경우는 환자의 가족과 본사에 연락하도록 한다.

- 치료비는 환자 부담이 원칙이며 카드결재를 해야 만이 보험처리절차가 용이하다고 할 수 있다. 만약 식중독, 교통사고로 입원시는 가해자 부담이다. TC는 환자가 보험청구에 유리하도록 영수증, 치료비 명세서, 의사의 진단서 등을 보관하도록 조언을 해주어야 한다.
- 교통사고인 경우 경찰서로부터 사고증명서를 교부받고 본사와 가족에게 연락을 취한 후 보험회사와 주재공관에 사고자명, 사고경위, 현재 환자상태, 입원하고 있는 병원 등에 대한 내용을 상세하게 연락을 해야 한다.

(8) 사망사고 발생 시

고객들 중에 사망사고가 발생하게 되면 최초로 TC는 다음과 같은 순서에 의해 업무를 처리한다.

- 담당의사의 사망진단서를 발급 받는다.
- 고객이 변사나 타살인 경우에는 경찰서로부터 사고경위서, 증명서 등을 교부받고 주재 공관에 사망일시, 사망 장소, 사망자명, 주소, 여권번호와 발 급일, 사망원인, 유해안치소 등에 대한 정보와 해당 여행사에는 가족에게 연락을 하는 것과 보험청구에 대한 의뢰도 해야 한다.
- 유해는 반드시 유족들의 의사를 존중해서 처리한다.
- 천재지변으로 사망사고가 발생한 경우 고객들을 안전한 장소로 대피시키고 사망자와 부상자를 병원으로 후송한다.
- 본사와 주재공관에 연락을 한 후 모든 일정을 취소하고 여러가지 후속조치를 한 후 조기귀국을 한다.
- 보상은 여행약관에 의해 처리하면 된다.

〈식당에서 TC가 자주 사용하는 회화〉

· TC: I have reservation.
(예약을 했습니다.)

· 직원: OK, sir. What' s your name?

(알겠습니다. 당신의 성함은?)

· TC: My name is 000.

(제 이름은 ○○○입니다.)

· 직원: This way, please.

(이쪽으로 오십시오.)

· TC: Waiter! the menu. please.

(웨이트! 메뉴를 보여 주시겠습니까?)

· 직원: Could I take your order?

(주문을 하시겠습니까?)

· TC: Could you wait a minute, please.

(조금만 기다려 주십시오?)

· TC: The table d' hote, please.

(정식으로 주셔요)

· 직원: How would you like your steak, sir?

(스테이크는 어떻게 해드릴까요?)

· TC: Well done, please.

(완전히 익혀 주세요.)

· 직원: All right.

(알겠습니다.)

· 직원: Will there be anything else?

(그 밖에 주문하실 것은 없는지요?)

· TC: Please bring me some coffee, too.

(커피도 같이 부탁합니다.)

· 직원: All right.

(알겠습니다.)

· Where is the tour information center?

(관광 안내 센터는 어디에 있습니까?)

〈쇼핑 시 TC가 자주 사용하는 회화〉

· 직원: May I help you?
(무엇을 도와 드릴까요?)

· TC: Show me that one. please.
(이것을 보여 주시겠습니까?)

· TC: May I try it on?
(옷을 입어 봐도 되겠습니까?)

· 직원: That' s too small.
(작습니다.)

· TC: Show me another one.
(다른 옷은 없습니까?)

· TC: I' ll take this one.
(이것을 주십시오)

· TC: How much is it?
(이것은 얼마입니까?)

· TC: Can you give me discount?
(할인 좀 해 주십시오?)

· TC: Will you accept a traveler' s check?
(여행자 수표로 지불해도 됩니까?)

2 귀국업무

1) 귀국준비

마지막 여행일정은 TC와 고객 모두가 피곤하기 때문에 느슨하게 계획하는 것이 좋다. 국외여행인솔자로서 무리없는 업무가 되기 위해서는 〈표 5-2〉와 같은 순서에 의해 귀국에 차질이 없도록 해야 한다.

[표 5-2] 귀국준비

귀국시 필요한 항공권 예약 및 각종서류 확인
↓
호텔에서 공항까지 준비(모닝콜, 식사, 고객수하물 점검)
↓
출국수속에서 기내업무

(1) 귀국 시 필요한 항공권 예약 및 각종서류 확인

- 현지에서 인솔업무를 수행할 때 항공예약 관계와 고객인원수에 맞게 항공권 매수가 정확한지 여부를 확인한다.
- 단체고객들의 여권, 출입국신고서, 세관신고서 등의 매수가 맞는지 개수를 파악한다.

(2) 호텔에서 공항까지 준비

- TC는 하루전날 호텔담당자에게 출발당일 모닝콜 시간과 아침식사 1시간 전에 부탁하고 고객들에게 기상 시간을 알려준다.
- 고객수하물을 분실하지 않도록 주지시키며 호텔직원(포터)의 서비스를 원할 때 어떻게 해야 되는지를 알려준다.(예: 수하물 수거 장소)
- 고객들에게 개인적으로 호텔에 지불해야 되는 비용에 대해서 주지시키고 출발 시간, 차량관계 등을 알려준다.
- 관광버스에 탑승 시 최종적으로 TC는 고객수와 수하물에 대한 확인을 한다.
- 버스 내에서 공항도착시간, 귀국항공편명, 출발시간, 귀국소요시간, 입국 시검역, 입국심사, 면세한도, 사용하다 남은 화폐 처리요령 등을 주지시킨다.
- TC는 버스 내에서 현지 가이드, 보조 가이드, 운전기사 등을 고객들에게 소개시키고 이번 여행기간 동안 노고를 치하할 수 있는 시간을 줄 수 있도록 한다.

〈호텔 체크아웃 시 TC가 자주 사용하는 회화〉

· TC: I' d like to check out now.
(체크아웃을 하기를 원합니다.)

· 직원: Certainly, sir. May I have your room key, please?
(알겠습니다. 객실열쇠를 주시겠습니까?)
· TC: Sure, Here it is.
(예, 여기 있습니다.)
· 직원: Please wait a minute.
(잠깐만 기다려 주세요.)
· TC: Thank you.
(감사합니다.)

(3) 출국수속에서 기내업무

□ 공항에 도착 즉시 TC는 현지 가이드와 같이 고객들을 일정한 장소에 있게 한 후 탑승수속을 신속하게 받을 수 있도록 한다.
- ■ 해당항공사 창구에서 항공권을 배부 받아 고객들에게 항공권과 여권을 점검하며 배포할 수 있도록 한다.
- ■ 항공기 탑승에 관한 주의사항(탑승게이트, 탑승시간)을 최종적으로 주지시킨 후 여행 중 쓰다 남은 화폐를 환전소에서 교환할 수 있도록 한다.
- ■ 출입국절차(CIQ: Custom Immigration Quarantine)시 문화재소지여부, 현지화폐 과다보유 등에 대한 안내를 다시 한번 해야 한다.
- ■ 출국대기구역에서 쇼핑하는 요령과 입국 시 면세통관 기준에 대해서 안내를 한 후 해당 탑승게이트 앞에 도착하는 정확한 시간을 주지시킨다.
- ■ TC는 해당 탑승구에 고객들보다 먼저 도착해서 고객들의 인원을 최종적으로 점검하고 마지막으로 탑승한다.

□ 기내에서 TC는 입국수속 및 해산방법에 대해서 설명을 한다.
- ■ 고객인원 및 좌석배치 여부를 확인한다.
- ■ 우리나라는 입국신고서인 경우 자국민은 생략하고 세관신고서만 작성하면 된다.
- ■ 고객들의 건강 상태를 확인하며 여행중의 협조로 무사히 일정을 소화하게 된 것에 대한 감사의 인사를 한다.

〈공항체크인 시 TC가 자주 사용하는 회화〉

· 직원: May I have your passports and tickets, sir?
(여권과 항공권을 주시겠습니까?)

· TC: Sure, Here they are.
(여기 있습니다.)

· 직원: OK, Here are your boarding passes.
(알겠습니다. 여기 항공권이 있습니다.)

· TC: Thank you very much.
(대단히 감사합니다.)

2) 입국수속업무

(1) 입국수속심사대로 이동

공항에 도착했다는 기내방송이 나오면 TC는 최종적으로 고객들이 수하물을 두고 내리는 경우가 없도록 주의를 환기시킨 후 고객들보다 먼저 기내에서 나와 고객들을 인솔해 입국수속을 받을 수 있도록 안내한다. 입국심사(immigration check)는 외국인, 내국인으로 구분해서 심사하기 때문에 고객들이 차질이 없도록 하고 우리나라의 경우 입국심사 대부분이 약식(설문지)으로 이루어지기 때문에 별문제는 없지만 때론, 까다로운 경우도 있을 수 있기에 설문지 내용을 상세하게 기입해 두는 것이 좋다.

(2) 세관검사

입국심사를 마치고 나오는 고객 순으로 개인소지 휴대품을 컨베이어 상에 놓고 X-레이 투시기 검사를 받을 수 있도록 하고 고객들은 문형 금속 탐지기를 통해 나오면서 턴테이블(turn table) 위에 있는 수하물을 찾아 신고품목을 소지한 고객은 적색표시가 되어 있는 검사통로로 면세품목을 소지한 고객은 녹색으로 표시되어 있는 면세통로로 이동해 세관신고서와 여권을 검사관에게 제시하면 세관심사는 끝나게 된다.

(3) 인 사

패키지인 경우의 고객은 세관심사를 마치고 공항입국장에 나오면 혼잡한 관계로 작별 인사를 고객들과 할 여유가 없기 때문에 세관심사가 끝나는 순으로 인사를 하면서 마지막 고객들이 나올 때까지 마무리를 잘하도록 한다.

3) TC가 알아야할 면세와 과세 및 외국환거래 기준

(1) 면세기준

□ 전부면세품목

- 현재 사용 중인 의류, 반지, 화장품 등과 여행지에서 구입한 US$400 이하는 비과세에 해당
- 여행할 때 가지고 간 물품을 재 반입하는 물품은 비과세에 해당
- 향수 2온스는 비과세에 해당
- 담배 1보루(200개비), 엽궐련 50개비, 가타 250g까지는 비과세에 해당
- 주류는 1리트 이하의 취득가격이 US$400 미만
- 참기름, 참깨, 꿀, 고사리, 더덕 등은 5kg 이내

[표 5-3] 한약면세범위

품 목	규 격	단 위	면세범위
소염제	50T入	병	3
녹용복용액	12앰플入	갑	3
구심환	400T入	병	3
인삼봉황	10T入	갑	3
모발재생제	100mℓ	병	2
활락환		알	10
소갈환	30T入	병	3
제조환	8g	병	20
다편환	10T入	갑	3
백봉환		알	30
삼편환		알	10

[표 5-4] 승무원 휴대품 허용범위

구 분	날 짜	허용범위
항공승무원	1회 운항(1개월 미만)	취득가격의 US$ 20 이하 품목
	1회 운항(1개월 이상)	취득가격의 US$ 60 이하 품목
선박승무원	1회 운항(1개월 미만)	취득가격의 US$ 60 이하 품목
	1회 운항(1개월 이상)	취득가격의 US$ 240 이하 품목
공통사항	1회 운항(3개월 미만)	취득가격의 US$ 400 이하 품목
	1회 운항(6개월 이상)	해외 여행하는 일반고객과 동일

- 잣은 1kg, 쇠고기는 10kg이내
- 인삼 및 상황버섯은 300g
- 녹용은 150g이고 기타 한약재는 품목당 3kg이내이다.

□ 1인당 면제금액

- 현지에서 구매한 품목이 US$400 이내인 경우는 면제
- 2인 이상의 동반가족인 경우 1인당 기준으로 적용함

□ 골프채 반출 · 입 절차 간소화는 아래와 같다(1인당 골프채 1세트).

- 세관장은 아래와 같은 해당자에게 3급 이상의 호텔이나 골프장의 대표자 보관확인서명(재 반출조건 일시반입 골프채 보관증)이 있는 자에게는 세관에서 1년 범위 내에서 유예할 수 있도록 한다. 만약에 휴대해서 반입한 날로부터 1년 이내에 반출하지 않는 자에게는 세액기준 납부세액 20%에 해당하는 가산세를 징수할 수 있다.

〈간소화 해당자〉

· 골프를 위해 외국으로 출 · 입국하는 외국인과 해외교포로 국내에 골프채를 보관해 놓고 사용하기를 희망하는 자

· 사전에 단체골프 관광객에 대한 통관편의 요청이 있는 경우

〈반송절차 구비서류〉

· 본인이 반송 시

- 신분증
- 항공기 탑승권
- 확인서

[표 5-5] **반출제한품목**

구 분	품 목	제한내용
반 · 출입 불가	· 정부기밀에 준하는 내용물 · 우리나라 화폐에 해당하는 내용(위조, 모조, 변조 품) · 우리나라 풍습을 문란케 하는 품목	세관에서 확인 후 이에 해당되는 경우에는 관세법에 의해서 처벌함
반출입제한품	무기류(장식용 포함)	지방경찰청장이 심사
	마약류(대마초, 아편)	보건복지부장관이 심사
	야생동식물(가공품)*멸종위기	산림청장이 심사
	미화1만 달러를 초과하는 어음, 수표	입국하는 세관에서 심사
	해외여행자가 미화1만달러 이상에서 5만 달러 이하의 여행경비 소지한 경우	출국세관에서 심사
	폐기물품	유해화학물질관리협회장이 심사
	농림산물 품목	국립식물검역소장이 심사
반출제한품	천연기념물, 특산품종, 희귀종, 수자원보호령(제10조)에 준하는 품목	해양수산부 장관이 심사
	문화재품	문화관광부 장관이 심사
반입제한품	동물의 가죽과 털, 고기류 품목	국립수의과학검역원장이 심사

· 타인이 반송 시
  - 신분증
  - 항공기 탑승권
  - 위임장과 위임자 주민등록증, 여권, 운전면허증 중에 택1(사본)
  - 피위임자여권(사본)

(2) 과 세

과세의 표준은 수입물품의 가격과 수량이며 관세율은 관세법 별표 관세율 표에 준하여 이루어진다. 우리나라의 관세평가는 관세법 제30조와 제35조에서 규정하고 있다. 수입물품의 거래가격이 외국화폐로 환산되어 있는 경우에는 우리나라 통화가치를 가지고 과세기준을 결정한다.

우리나라의 과세환율은 수입신고일 전주의 7일간 주요 은행들이 적용한 고객 전신환 매도율을 평균하여 관세청장이 고시하고 있으며 여행자와 승무원 등의 탁송품과 별

송품은 신고인이 제시하는 가격, 외국에서 거래되는 일반적인 가격, 공인감정기관의 감정가격, 관세청장이 조사하여 정한 가격 등을 기준으로 공항의 세관장이 결정하게 되어 있다.

관세공식 = 관세의 과세표준 × 관세율

ㅁ 과세표준: 여행자가 물품구입 시 실제로 지불한 영수증가격
ㅁ 세 율: 내국세(특소세, 교육세, 농특세, 부가세) 포함된 간이세율

(3) 외국환거래

해외여행을 갔다가 입국하는 여행자는 외국환거래규정 제6-2조 및 제6-3조의 규정에 의거 제2-2조 제11호 내지 제12호에 해당하는 지급수단을 휴대 수입하는 신고서에 표시한 후 세관에 신고하여야 한다. 여행자로부터 신고를 받은 세관장은 지급수단 종류에 의해 외국환신고필증, 지급수단 등을 교부해야 한다.

외국환거래규정(제6-2조, 제6-3조) 내용

제6-2조(신고 등) ① 거주자 또는 비거주자가 다음 각 호의 1에 해당하는 지급수단 등을 수출입하는 경우에는 허가 및 신고를 요하지 아니한다.

1. 미화 1만불 상당액 이하의 지급수단 등을 수입하는 경우. 다만, 내국통화 및 원화표시여행자수표 이외의 내국지습수단과 귀금속을 제외한다.
2. 약속어음 · 환어음 · 신용장을 수입하는 경우
3. 미화 1만불 이하의 대외지급수단 및 제3항의 규정에서 정한 절차를 거친 대외지급 수단을 수출하는 경우
4. 영 제10조제2항제1호, 제2호 및 제6호에 해당하는 자가 대외지급수단을 수출입하는 경우
5. 다음 각목의 1에 해당하는 지급수단 등을 수출하는 경우
   가. 제5-11조의 규정에 의하여 인정된 대외지급수단을 수출하는 경우
   나. 비거주자가 다음에 해당하는 대외지급수단을 수출하는 경우
      (1) 인정된 거래에 따른 대외지급을 위하여 송금수표 또는 우편환을 수출하는 경우
      (2) 최근 입국시 휴대수입한 범위 내 또는 국내에서 인정된 거래에 의하여 취득한 대외지급수단을 수출하는 경우

(3) 이 법의 적용을 받지 않는 거래에 의하여 취득한 채권을 처분하고자 발행한 수표를 수출하는 경우

(4) 주한 미합중국 군대 및 이에 준하는 국제연합군이 한미행정협정과 관련한 근무 또는 고용에 따라 취득하거나 외국의 원천으로부터 취득한 대외지급수단 또는 당해 국가의 공금인 대외지급수단을 수출하는 경우

다. 외국인거주자가 이 법의 적용을 받지 않는 거래에 의하여 취득한 대외지급수단을 수출하는 경우

라. 다음에 해당하는 내국지급수단을 수출하는 경우

(1) 수출물품에 포함 또는 가공되어 대외무역법에서 정하는 바에 의해 내국지급수단을 수출하는 경우

(2) 비거주자가 입국시 휴대수입하거나 국내에 매입한 원화표시여행자수표를 수출하는 경우

(3) 미화 1만불에 상당하는 금액 이내의 내국통화를 수출하는 경우

6. 외국환은행이 외국환은행의 해외지점 또는 현지법인으로부터 내국통화를 수입하는 경우. 다만, 그 대가는 대외지급수단으로 지급하여야 한다.

7. 다음 각목의 1에 해당하는 지급수단 등을 수출입하는 경우

가. 대외무역법이 정하는 바에 의하여 거주자 또는 비거주자가 귀금속을 수출입하는 경우 (신변장식품 등 개인의 일상적인 사용에 쓰이는 경우를 포함한다.)

나. 다음에 해당하는 무기명식증권이나 기명식증권을 수출입하는 경우

(1) 자본 거래의 허가를 받거나 신고를 한 자가 그 허가 또는 신고된 바에 따라 기명식증권을 수출입하는 경우

(2) 외국인투자촉진법에 의하여 취득한 기명식증권을 수출입하는 경우

(3) 제7-31조제1항제10호의 규정에 의하여 거주자가 취득한 본사의 주식이나 국제수익증권 등을 수출입하는 경우

다. 거주자가 미화 5만불 상당액 이내의 외국통화 또는 내국통화를 지급수단으로 사용하지 아니하고 자가화폐수집용 · 기념용 · 자동판매기시험용 · 외국전시용 또는 화폐수집가 등에 대한 판매를 위하여 수출입하고자 하는 경우

라. 한국은행 · 외국환은행 또는 체신관서가 인정된 업무를 영위함에 있어 대외지급수단을 수출입하는 경우

② 거주자 또는 비거주자가 미화 1만불 상당액을 초과하는 지급수단(약속어음, 환어음, 신용장을 제외한 대외지급수단과 내국통화 및 원화표시여행자수표를 말한다)을 휴대수입하는

경우에는 관할세관의 장에게 신고하여야 한다.

③ 다음 각호의 1에 해당하는 자가 미화 1만불을 초과하는 대외지급수단을 국내에서 취득하는 경우에는 당해 취득시실에 대하여 외국은행의 장의 확인을 받아야 한다.

1. 영 제10조제2항제1호, 제2호 및 제6호에 해당하는 자를 제외한 비거주자가 다음 각목의 1에 해당하는 방법으로 취득하는 경우
   가. 대외지급수단을 대외계정 및 비거주자외화신탁계정의 인출등으로 취득하거나 송금을 영수하는 경우
   나. 외국에서 발행한 신용카드 등으로 현금서비스를 받거나 현금인출기능이 있는 카드로 현금을 인출하여 대외지급수단을 취득하는 경우
   다. 제2-3조제1항제2호가목 내지 다목의 규정에 의하여 취득하는 경우
2. 외국인거주자가 다음 각목의 1에 해당하는 방법으로 취득하는 경우
   가. 제1호가목에 해당하는 경우
   나. 제4-8조제2항 본문의 규정에 의하여 취득하는 경우
   다. 해외여행경비 지급을 위하여 취득하는 경우, 다만, 해외체재자 및 해외유학생은 제5-11조의 규정에 따른다.

④ 제2항 및 제3항의 규정에 의하여 신고를 받거나 확인요청을 받은 관할세관의 장 또는 외국환은행의 장은 지급수단의 신고 및 취득사실을 확인하고 당해 거주자 또는 비거주자에게 별지 제6-1호 서식의 외국환신고(확인)필증을 발행 · 교부하여야 한다.

⑤ 제4항의 규정에 의하여 외국환신고(확인)필증을 발행 · 교부한 세관의 장 및 외국환은행의 장은 매월별로 익월 10일 이내에 동 내용을 국세청장에게 통보하여야 한다.

제6-3조(한국은행총재의 허가 등) ① 제6-2조의 규정을 제외하고 거주자 또는 비거주자가 지급수단 등을 수출입하고자 하는 경우에는 한국은행총재의 허가를 받아야 한다. 다만, 내국통화 및 원화표시여행자수표를 제외한 내국지급수단을 휴대수출입하고자 하는 경우에는 관할세관의 장의 허가를 받을 수 있다.

② 제1항의 규정에 의한 허가를 받고자 하는 자는 별지 제6-2호 서식의 지급수단 등의 수출입(변경) 허가(신청)서에 다음 각호의 1에 해당하는 서류를 첨부하여 당해 허가기관에 제출하여야한다. 허가받은 내용을 변경하고자 하는 경우에도 같다.

1. 당해 지급수단 등의 수출입사유나 원인이 되는 거래 또는 행위의 증빙서류
2. 정상적인 거래관행에 부합하는지 여부 등 수출입의 필요성을 입증하는 서류

[표 5-6] **위반행위시 처벌기준**

처 분	위반내용
3년 이하의 징역이나 금고 또는 1천만원이하의 벌금	1. 출국심사를 받지 아니하고 출국한 자 2. 유효한 여권 도는 선원수첩과 법무부장관이 발급한 사증을 소지하지 않고 입국한 외국인 또는 대한민국과 수교하지 아니한 국가나 법무부장관이 외부부장관과 협의하여 지정한 국가의 국민으로서 재외공관의 장이나 사무소장 또는 출장소장이 발급한 외국인입국허가서를 소지하지 않고 입국한 자 또는 입국심사를 받지 아니하고 입국한 자 3. 외국인을 불법으로 대한민국 밖의 지역으로부터 대한민국에 입국시키거나 대한민국으로부터 대한민국 밖의 지역으로 출국시킬 목적으로 선박 등이나 여권 · 선원수첩 · 사증 · 탑승권 그 밖에 출입국에 사용될 수 있는 서류 및 물품을 제공하거나 불법으로 입국한 외국인을 대한민국 안에서 은닉 또는 도피하게 하거나 그러한 목적으로 선박 등을 제공하는 자 4. 외국인을 입국시키기 위하여, 허위사실의 기재 또는 허위의 신원 보증 등 부정한 방법으로 외국인을 초청하는 행위 또는 이를 알선하는 행위를 하거나, 허위로 사증 또는 사증발급인정서를 신청하는 행위 또는 이를 알선하는 행위를 한자 5. 외국인승무원으로서 상륙허가를 받지 않곡 상륙한 자 6. 외국인 승무원으로서 승무원상륙허가서에 기재된 상륙허가의 기간, 행동지역의 제한 기타 필요한 조건을 위반한 자 7. 외국인으로서 체류자격과 체류기간의 범위를 벗어나서 대한민국에 체류하거나 취업활동을 할 수 있는 체류자격을 받지 않고 취업하거나 체류자격외활동허가를 받지 않고 체류자격에 해당하는 홀동과 병행하여 다른 체류자격에 해당하는 활동을 한 자 8. 체류자격을 갖지 않은 자를 고용한 자 9. 취업활동을 할 수 있는 체류자격을 가지지 아니한 외국인의 고용을 업으로 알선 · 권유한 자 10. 근무처의 변경 또는 추가헉를 받지 아니한 외국인의 고용을 업으로 알선한 자 11. 공공의 안녕질서 또는 대한민국의 중요한 이익을 위하여 법무부 장관이 정한 거소 또는 활동의 범위 제한, 기타 필요한 준수사항을 위반한 자 12. 대한민국의 국적을 잃거나 대한민국에서의 출생 기타 사유로 체류자격을 가지지 못하고 체류하게 되는 외국인의 그 사유가 발생한 날부터 30일 이내에 체류자격을 받지 않을 경우, 체류자격변경 허가를 받지않고 그 체류자격과 다른 체류자격에 해당하는 활동을 할 때, 체류기간연장허가를 받지 않고 체류기간을 초과하여 계속 체류할 때 13. 출국심사를 받지 않고 출국한 자

	14. 검색을 받지 않고 선박이나 항공기를 출입항한 자
1년 이하의 징역이나 금고 또는 500만원 이하의 벌금	1. 입국심사를 받지 않곡 입국한 자 2. 조건부입국허가를 받은 수 조건에 위반한 자 3. 긴급상륙허가나 재난상륙허가를 받지 아니하고 상륙한 자 4. 긴급상륙허가, 재난상륙허가, 난민임시상륙허가 조건에 위반한 자 5. 지정된 근무처 외에서 근무하거나 허가를 받지 않고 근무처를 변경하거나 추가한 자 6. 근무처의 변경 또는 추가허가를 받지 아니한 외국인을 고용한 자 7. 90일을 초과하여 대한민국에 체류하면서 외국인등록을 하지 않은자 8. 보호 또는 일시보호된 자로서 도주한 자 9. 강제퇴거명령을 받은 자로서 다른 국가로부터 입국이 거부되는 등의 사유로 송환될 수 없음이 명백하게 되어 조건부로 보호를 해제 받은 후 주거의 제한 기타 필요한 조건을 위반한 자
300만원 이하의 벌금	1. 선박 등에 대한 출항의 일시정지명령, 회항, 출입제한 등을 위반 한 자 2. 출입할 수 없는 자로서 승선허가를 받지않고 출입국항 또는 출입국항 외의 장소에 정박하는 선박 등에 출입한 자 3. 정당한 사유없이 운수업자 의무사항을 위반한 자 4. 선박 등의 장 또는 운수업자로서 출입항예정통보서나 출입항보고서를 제출하지 않거나, 송환대상자를 송환하지 않은 자 5. 난민인정증명서 등의 반납하지 않거나 난민여행증명서 반납을 명령을 위반한 자
100만원 이하의 벌금	1. 취업활동을 할 수 있는 체류자격을 가지지 아니한 외국의 고용을 알선 · 권유한 자(업으로 하는 자 제외)
	2. 근무처의 변경 또는 추가허가를 받지 아니한 외국인의 고용을 알선한 자(업으로 하는 자 제외)
	3. 여권 · 선원수첩 · 외국인입국허가서 · 외국인등록증 또는 상륙허가서의 휴대 및 제시 규정에 위반한 자
	4. 체류지변경의 신고 규정에 위반한 자

M·E·M·O

Chapter 6

귀국보고

1 해외 출장보고서 작성

공항에 도착하면 TC는 제일 먼저 여행사의 담당자에게 이상 유무에 관한 보고를 한 후 자세한 내용은 다음과 같은 순서에 의해 작성을 해서 제출한다. 본 지면에서는 각국을 대상으로 국외여행인솔업무를 수행하고 돌아온 TC가 회사에 보고하는 여러가지 가상 시나리오 유형을 TC와 회사의 사정 그리고 여행지 국가의 특성에 맞추어 작성한 보고서를 보여 주고자 한다.

〈출장보고서 내용〉

· 상품명
· 출장기간
· 방문지역
· 행사인원 및 단체의 특징
· 출발시의 문제점 및 개선방안
· 여행지 일반정보내용

· 현지공항 및 항공스케줄 보고
· 일정상의 세부 보고
· 각항목별 세부 보고 및 평가
· 주의사항
· 전체행사의 문제점과 개선 건의 사항
· TC의 연락처

1) 뉴질랜드 출장보고서(시나리오)

(1) 상품명

스포츠 투어

(2) 출장기간

8월 3일~8일(5박 6일간)

(3) 방문지역

뉴질랜드 북섬(오클랜드, 와이토모 동굴, 로토루아, 웰링턴)

(4) 행사인원 및 단체의 특징

이번 단체 인원의 특징은 여름방학 기간임을 감안 했을 때 성인 13명과 어린이 7명으로 구성되어 있고 가족단위라서 그런지 특별한 문제없이 여행행사 마무리를 대체적으로 잘했다고 할 수 있다.

(5) 출발시의 문제점 및 개선방안

뉴질랜드인들은 자국의 깨끗한 환경을 보호하는데 많은 노력을 하고 있다. 자국에 유해하다고 생각되는 품목을 여행자들이 가지고 들어오는데 철저하게 통제 또는 금지하고 있으며 특히, 동물, 식물 및 씨앗, 흙, 총기류, 불법 마약류 등의 반입이 제한되고 있다.

여권의 유효기간이 6개월 이상 남았는지 확인해야 했는데 고객 중에 여권기간이 모자라서 1명이 가지 못하는 일이 일어났다. 회사에서 이러한 경우의 사건이 재발되지 않도록 해야겠다. 단 비자는 3개월 미만의 단기 연수나 여행은 우리나라와 비자면제 협정을 체결한 나라이기에 이번 여행에는 비자를 신청하지 않아도 되었다.

이번 일정은 스포츠에 관련된 투어이기에 젊은 고객들이 대부분이었지만 군에 갔다 오지 않은 자녀 2명에 대해서 국외 출국 시 출국 신고와 귀국 시에 입국 신고를 해야 함에도 불구하고 제대로 되지 못해 약간의 불미스러운 일이 발생하였다. 이러한 일들이 일어난 것은 사전에 회사담당자와 TC가 고객들에게 연락하여 교육하지 못하고 서로 미루는 경향 때문에 이러한 경우가 발생되어 졌다고 할 수 있다.

(6) 여행지 일반정보내용

뉴질랜드(New Zealand)는 마오리어로 아오테아로아(Aotearoa)라는 말로 불리어지기도 하는데, 해석을 하면 길고긴 흰 구름의 나라라는 뜻으로 아름다움을 간직한 국가이다. 산, 강, 호수, 길게 뻗은 해변, 복숭아, 수박, 밤, 딸기 등의 과일도 풍부하며 또한 모험을 좋아하는 사람들에게 하이킹, 래프팅, 번지점프, 스키 등으로도 유명한 관광국가이기도 하다.

- □ 위 치: 남태평양지역
- □ 국 명: 뉴질랜드(New Zealand)
- □ 수 도: 웰링톤(Wellington, 32.9만 명)
- □ 면 적: 268,130㎢(한반도의 1.2배)
- □ 인 구: 3,891,000명(2006년 12월) - 원주민 마오리족이15%
- □ 정 체: 입헌군주제
- □ 주요도시: 오클랜드, 크라이스트처치, 로토루아
- □ 언 어: 영어와 마오리어
- □ 종 교: 기독교(성공회 25.7%, 장로교 16.5%, 카톨릭 14.4%)
- □ 주요민족: 앵글로색슨계 백인 90.3%, 마오리 원주민 9.7%
- □ 통 화: 뉴질랜드달러(NZ$)

① 여행 중 온도 및 기후

우리나라의 기후와는 정반대의 기후로 남반구의 온대에 위치한 뉴질랜드는 해양성 기후로 한서의 차가 없고 날씨가 자주 바뀌기는 하나 전국에 걸쳐 일조량과 강우량이 충분하므로 목축업이 발달되어 있다. 여름에는 아열대성 기후가 되고 겨울에는 남섬의 남부 알프스에 눈이 많이 내린다. 1년 중 가장 무더운 때는 1-2월이며 가장 추운 때는 7-8월이다. 관광지 오클랜드를 기준으로 여름철 최고 기온은 약 25℃, 최저 기온은 5℃ 정도이다. 이번 여행 중 온도는 대체적으로 우리나라의 초여름 기온과 같아서 여행하기에는 좋은 날씨이었다고 할 수 있었다.

② 환율 및 화폐정보

- 환율: 1달러(USD)=1.44뉴질랜드달러(NZ$), 1뉴질랜드달러(NZ$)=744원(2007년 5월 기준)
- 화폐: 동전은 5₵, 10₵, 20₵, 50₵, 1$, 2$ 등이 있고 지폐로는 5, 10, 20, 50, 100$이 있는데 50$, 100$는 널리 사용되지는 않는다. 다른 나라와 다르게 미국달러보다 뉴질랜드달러가 더 많이 사용되기 때문에 해외여행출발시에 환전해가는 것이 편리하다. 신용카드로 쇼핑을 하면 환차손을 방지할 수 있다.

③ 시차 및 전압

- 시차: 우리나라가 뉴질랜드보다 3시간 빠르고 여름철이라고 할 수 있는 10월에는 4주차 월요일부터 신년도 3월 1주차 월요일까지 1시간 앞당기는 서머타임을 실시하고 있기 때문에 인솔시 유념해야 한다.
- 전압: 230V와 240V를 사용하며 스위치는 우리나라와 반대로 내려야 사용할 수 있다. 플러그는 3핀 방식이다.

④ 쇼핑 품목

- 특산품: 목축업이 주류로서 양가죽과 양모, 라놀린 크림 등의 제품들이 있다.
- 웰빙 및 건강식품: 꿀, 녹용, 화장품 등이 있다.

⑤ 국민성, 종교, 예절 및 음식

- 국민성: 외국인들에 대해 협조적이며 공공질서를 잘 지키고 업무 처리는 여유있게 하는 편이다.

ㅁ 종교: 장로교(18%), 성공회(24%), 카톨릭(15%)으로 구성되어 있다.

ㅁ 예절: 원주민인 마오리족의 인사는 코를 맞대며 인사를 나누며 초대를 받았을 때 즐겁게 보내는 것이 예의이다.

ㅁ 음식: 목축국가답게 육류요리가 으뜸이며 돼지고기, 양고기, 소고기, 사슴고기, 해산물에 관련된 요리(새우)도 유명하다.

(7) 현지공항 및 항공스케줄 정보

① 항공노선

ㅁ 오클랜드 직항: 1주일 3회 운항(대한항공, 아시아나 항공 취항), 소요시간은 11시간 25분이 소용된다.

ㅁ 경유 운항: 피지경유(주3회 운항), 동남아경유(홍콩, 싱가포르)

* 이번 여행은 자국기인 대한항공을 이용하였기 때문에 별문제는 없었다.

② 출입국 절차

ㅁ 우리나라와 3개월 비자면제 협정을 맺었기 때문에 별문제는 없고 사정이 생기면 9개월까지 연장할 수 있다.

ㅁ 입국심사는 대체적으로 간단하지만 농산물, 수산물 등을 소유한 여행객은 까다롭게 처리하기도 하고 때로는 압수한다. 특히, 우리나라 여행객들이 좋아하는 기호식품을 반입 시에는 유의해야할 사항이다.

ㅁ 우리나라와 같이 적색과 녹색 검사대를 통과하며 면세범위는 개인용품, 담배 200개입, 250G의 엽연초, 시가 50개비, 알코올성 음료 1,125ℓ 와 맥주와 포도주 4.5ℓ 등이다.

③ 공항 교통편

ㅁ 오클랜드공항은 시내로부터 17km거리에 있으며 40분 정도 소요된다. 공항 버스는 20명이 탈 수 있다. 택시는 시내까지 25분이 소요되며 10명까지 탑승 가능한 맥시 택시(Maxi Taxi)가 있다.

ㅁ 웰링톤 공항은 시내까지 택시나 셔틀버스를 이용할 수 있고 로토루아 공항은 시내로부터 10km거리에 있다. 크라이스트처치 공항은 시내로부터 10km 거리에 있다.

(8) 일정상의 세부보고

① 오클랜드

오클랜드(Auckland) 이름의 유래는 영국식민지시대 때 뉴질랜드의 총독이었던 윌리엄 홉슨(William Hobson)이 당대의 영웅으로 추앙받던 인도 총독오클랜드경(Lord Auckland 1784~1849)의 이름을 따서 지었다. 오클랜드는 전체 뉴질랜드 인구의 4분의 1 이상인 약 120만이 살고 있는 뉴질랜드 최대의 도시이자 교통, 경제, 문화의 중심지로서 자리매김을 하고 있다. 오클랜드의 대표적인 관광지는 다음과 같다.

- ㅁ 에덴동산 전망대: 화산분화구로 196m전망대에서 바라다보면 오클랜드항구와 시내를 한눈에 볼 수 있다.
- ㅁ 스카이타워: 세계에서 12번째로 높은 건물이며 이곳에서 오클랜드 시내를 한 눈에 볼 수 있다.
- ㅁ 카레카레 비치: 영화 피아노 촬영지로서도 유명하고 화산석 모래밭 위에 파도가 밀려오며 이루어지는 바다안개 풍경은 어떠한 곳에서도 경험해보지 못하는 현상이라고 할 수 있다.

뉴질랜드 문화는 유러피안 문화와 아시아 문화의 유입으로 다문화적인 성격을 형성해 트러블(trouble)없이 혼합되어 우호적인 발전을 이루어가고 있다. 또한, 오클랜드는 바다에 인접해 전 세계에서 항상 붐비는 도시이며 바다에서 즐길 수 있는 요트 타기는 오클랜드 시민들의 최고 자랑거리라고 할 수 있다.

무료로 관람 할 수 있는 박물관, 파넬빌리지(쇼핑센터), 오클랜드 도메인(공원) 등도 관광지로서 각광을 받고 있다. 오클랜드 동물원과 원주민 마오리족 콘서트와 홉슨부두 해상공원을 입장할 때는 $10이내의 저렴한 비용으로 즐길 수 있는 곳이다.

② 로토루아

로트루아(Rotorua)는 아름다운 호수와 화산으로 형성된 산으로 이루어진 도시로서 인구 66,000명의 중소도시로 하루에도 몇 번씩 솟구치는 간헐천과 뿌연 증기로 가득한 온천 호수와 폭포 풍경은 살아 있는 지구의 안쪽 세계를 상상하게 할 만큼 유황냄새가 진동하는 도시라고 할 수 있다.

로토루아 호수의 남쪽에는 시내가 있고 서쪽에는 양떼목장들이 있으며 동쪽에는 진흙

일정표

날 짜	지 역	차 량	세부일정	참고사항
8월 3일 (1일)	오클랜드- 와이헤케	항공기, 페리, 전용차량	19:00 인천 국제공항 출발 (KE823편) 현지시각 11:00 오클랜드 국제공항 도착 12:30 페리를 타고 와이헤케섬 출발 13:30 스쿠버 다이빙 또는 낚시 20:30 현지식으로 석식 후 휴식	(기내식-석식, 조식)
8월 4일 (2일)	푸푸케 호수	전용차량	08:00 호텔 뷔페식 10:00 푸푸케 호수로 이동 12:00 윈드서핑, 카약킹 강습 13:30 중식 (한정식) 15:00 윈드서핑 및 카약킹 자율 서핑 19:30 석식 후 체크인 휴식	
8월 5일 (3일)	푸푸케 호수-오클 랜드	전용차량	08:00 호텔 조식 10:00 개인적으로 윈드서핑, 카약킹 타기 13:30 중식 (현지식) 14:30 오클랜드 이동 17:00 켈리탈튼 수족관, 미션베이 관광 19:30 석식 후 체크인 휴식	
8월 6일 (4일)	로토루아	전용차량	08:00 호텔 뷔페식 09:30 로토루아 이동 12:30 중식 (차이나 타운) 13:30 파라다이스 밸리 관광 18:00 석식 (한식) 19:30 유황 온천욕 21:30 체크인 후 휴식	
8월 7일 (5일)	로토루아	전용차량	08:00 호텔 뷔페식 09:30 레드우드 삼림욕 12:30 중식 (현지식) 13:30 아그로돔 양쇼/양떼 몰이개 시범 17:30 테푸이아 마오리 민속마을 관광 19:30 석식 (현지식) 21:30 체크인 후 휴식	(현지식-타조 불고기)
8월 8일 (6일)	로토루아- 오클랜드	항공기, 전용차량	08:00 호텔 조식 09:30 타우포 호수 관광 12:30 오클랜드 국제공항 출발 (KE824편) 익일 한국시간 21:00 인천 국제공항 도착	(기내식-중식, 석식)

열탕 지대와 남쪽에는 관광객들이 많이 찾는 마오리 마을이 자리잡고 있다. 이곳 로토루아에는 약 5천명의 마오리인들이 전통을 이어가고 있다. 관광객들은 마오리족의 민속춤인 하카 춤을 감상하며 때로는 마오리족과 같이 춤을 추며 체험하는 이색적인 경험도 하기도 한다.

(9) 각 항목별 세부보고 및 평가

① 호텔평가

- 오클랜드: 숙소호텔(NOVOTEL)은 시내에 위치해서 좋았고 시설 또한 대체적으로 양호했음.
- 로트루아: 숙소호텔(DYNASTY HERITAGE)은 오래된 객실 룸이었지만 사용하기에는 좋았음.

② 식사평가

- 현지식은 타조고기와 불고기로서 좋았음.
- 차이나타운에서의 식사 메뉴는 양호했지만 다양한 여행객들이 많은 관계로 혼잡한 것이 흠이었음.
- 한정식은 된장찌개로 한국에서 맛보는 식사는 아니었지만 그래도 좋았음.
- 중식은 사슴고기와 뷔페 등으로 이루어진 식사이었음.
- 석식은 불고기와 해물찌개로 대체적으로 양호했음.

③ 현지 가이드 평가

- 오클랜드에서의 현지 가이드는 친절하고 성실하며 잘했음.
- 로트루아에서의 현지 가이드는 말솜씨가 좋았고 유머와 재치로 고객들을 재미있게 잘해주었음

(10) 주의사항

① 정변, 국지적 분쟁 및 천재지변에 따른 안전 사항

- 역사가 짧은 영연방 국가로 영국인 중산층 정착민들로 이루어져 정치가 안정되어

있으므로 특별히 안전상 주의를 요하는 사항은 없으나 원주민(마오 리)과의 의견 대립을 피하고 여러 소수민족이 살고 있는 점을 감안 인종차별 문제에 관한 언급을 삼가 하는 것이 바람직함

- ㅁ 뉴질랜드가 섬나라이므로 급작스런 기후 변화가 있어 4계절에 대비해 생활해야 하고(예: 옷, 히터 등), 역사 이래 큰 지진이 수시로 있어 왔기 때문에 도시 설계나 주택 구조는 지진에 대비해 세워져 있으며 지진 등의 자연재해에 대비해 식수나 간이 식품들을 뉴질랜드인들은 항상 준비하고 있음.
- ㅁ 범죄가 늘고 있으며, 특히 강도, 도난 사건이 늘고 있는 실정이다. 손가방을 소유한 여행객들은 조심을 해야 하며 최근 여행객들을 대상으로 한 범죄가 늘고 있는 바, 현금을 많이 소유하고 야간에 돌아다니는 것은 위험하며 전국적으로 여행 위험지역은 없지만 단지 미개발 자연 지대(야생동물은 없음)가 많아 길을 잃는 여행객들이 종종 있으므로 목적지와 여행기간 등을 주위 사람들에게 알려 놓고 떠나는 것이 좋다.
- ㅁ 공항에서는 밀수 및 마약 단속이 엄격하므로 타인의 짐 또는 소지품 따위를 부탁 받아 전달하지 말아야 함.

② 사진 촬영 제한 구역 또는 여행 제한 지역

- ㅁ 사진 촬영금지 구역은 금지 팻말이 붙어 있고 관공서 등은 입구에서 미리 안내를 받아야함(예: 국회의사당 입장 시에는 카메라를 안내창구에 맡기게 함).
- ㅁ 여행 제한, 자제 요망 지역은 특별히 없고, 급작스런 기후 변화에 대비하는 자세가 필요함(여름에 눈사태가 나기도 함). 운전 중에는 동물들이 갑자기 나타나는 수가 있으므로 지방 여행 시에는 항상 좌우 정면을 잘 살펴야 하며, 음주운전, 과속운전에 대한 법규가 엄격하므로(속도 측정용 카메라 설치) 주의해야 함. 섬나라 특성상 보트 유람이 많으므로 수상 사고에 대비해 구조 시설 등이 잘 되어 있으나, 인적이 드문 곳의 탐험은 삼가하는 것이 좋음.
- ㅁ 여행 중 낚시나 해산물(전복, 조개 및 각종 어패류 등)을 채취할 기회가 있을 경우는 자원 보존청에서 정한 규정을 사전에 숙지한 현지인 또는 현지 사정을 잘 아는 교민의 안내를 받아 규정된 어종별 수량을 초과하거나 크기 미달의 어류를 잡아 처벌되는 일이 없도록 각별히 주의해야 함.

□ 경비행기로 이동하는 추락 사고가 많이 일어나므로 가능한 한 탑승을 자제하는 것이 좋음

(11) 전체행사의 문제점과 개선 건의 사항

TC가 아직 수상 스포츠에 관한 지식과 현지 정보가 부족한 상태에서 갑자기 이루어진 출장이라 여행 도중 난감한 경우가 있었고, 고객들이 답답해하였음. 앞으로 이러한 상품을 지속적으로 판매하기 위해선 이 분야에 전문적인 지식과 기술을 습득한 TC가 필요하며 사전에 준비해서 출장업무를 갈 수 있도록 시간적인 여유를 주어야겠다. 또한 이번 여행인솔 중 뉴질랜드와 우리나라의 전압 차이를 사전에 설명하지 않아 고객들의 작은 재산 피해가 있었음. 소액 보상 조치하였고, 출발준비 시에는 필히 여행국가의 일반정보를 교육시키는 것이 필요하겠음.

(12) TC 긴급 연락처

□ H.P: 010-0000-0000

□ 사무실: 02-1111-2222

□ E-mail: 00000@naver.com

2) 이집트 출장보고서(시나리오)

(1) 상품명

이집트 크루즈 사막투어

(2) 출장기간

① 한국 출발일 2007년 09월 8일(토) 23:30 KE(대한항공)951
한국 도착일 2007년 09월 17일(월) 07:20 KE(대한항공)952

② 상품가격

□ 성인(만 12세 이상) 2,500,000원

- 아동(만 2세 미만) 2,251,000원
- 유아(만 2세 미만) 528,000원

  * 어린이 요금은 성인의 90%-85% 수준으로 책정함

③ 여행특전

- 왕복항공료(대한항공 이용)
- 특급호텔 이용
- 5성급 나일강 크루즈 이용(룩소, 코옴보, 아스완)
- 오아시스 지프 투어 포함(사막 사파리 투어-1박 포함)
- 이집트 야간열차 1회이용
- 인천공항 세, 1억원 여행자 보험
- 유류할증료 포함, 이집트 출국 세 및 공항 세 포함

④ 포함사항

- 국제선 왕복항공료
- 항공 TAX 및 유류할증료
- 현지 국내선 항공료(일부상품 별도-일정표 참조)
- 호텔숙박(2인 1실), 식사(기내식 포함)
- 일정표상 명시된 관광지 입장료
- 관광 진흥기금, 출국세, 해외여행자보험(1억원)

⑤ 불 포함사항

- 공동경비(가이드, 인솔자. 운전기사, 식당팁, 식당, 물값)
- 음료수, 생수, 선물 구입비(쇼핑), 개인 지출비용 등
- 일정에 포함되어 있지 않은 선택 관광(옵션투어) 비용

(3) 방문지역

- 카이로, 아스완, 카르낙, 바위티

(4) 행사인원 및 단체의 특징

- □ 친목회원 부부 10쌍(자영업)
- □ 남자(45세-5명, 46세-3명, 48세-2명)
- □ 여자(45세-2명, 44세-3명, 41세-2명, 40세-3명)
- □ 여행을 목적으로 돈을 모아서감

(5) 출발시의 문제점 및 개선방안

① 만나는 장소

- □ 인천공항 3층 K와 L 사이 만남의 장소에서 집합(출발시간 2시간30분)해서 가기로 했는데 2명이 30분 늦게 도착하는 바람에 걱정을 했지만 이번에는 연령층이 높아서 그런지 대체적으로 양호했다.
- □ 다행히도 미팅시간이 자연스럽게 늘어나서 어색함을 많이 줄 일 수 가 있었다.

② 입국 시 출입국신고서

- □ 입국을 했을 때 출입국신고서를 미리 작성을 하지 않은 여행객이 있어서 입국수속을 하는데 시간이 약간 더 걸렸다. 비행기안에서 확인을 해줄 필요성을 느꼈다.

(6) 여행지 일반정보내용

- □ 국명: 이집트 아랍 공화국 (Arab Republic of Egypt)
- □ 수도: 카이로(약 900만명)
- □ 인구: 65,239,000명(2007년 기준)
- □ 면적: 997,690㎢(한국의 약 5배)
- □ 주요도시: 알렉산드리아, 기자, 멤피스, 룩소르 등
- □ 주요민족: 아랍인(98%), 베드윈인, 누비아인
- □ 주요언어: 아랍어
- □ 주요종교: 수니파이슬람교(92%), 기독교(7%), 기타(1%)

이집트 만큼 풍부하고 잘 보존된 유산을 간직하고 있는 나라는 드물다. 우리들이 흔히 알 수 있는 스핑크스와 피라미드는 고대 유물의 상징이다. 이러한 고대문명은 5,000년이 지났어도 세계인들에게 뿐만 아니라 이집트인들에게 큰 자부심으로 자리 매김을 하며 박물관 이상의 의미를 부여해 준다.

현대 이집트는 이슬람 문화의 중심지요, 동서양의 교두부로서 정치, 경제, 사회, 문화 등 모든 면에서 발전을 거듭하는 국가이다.

① 여행 중 온도 및 기후

- 온도: 이번 여행 중에 온도는 우리나라의 여름기온에 해당되는 섭씨 32-34℃정도 될 것으로 사료됨.
- 기후: 이집트의 기후는 전체적으로 온화한 편이라고 할 수 있다. 한여름에는 꽤 덥지만, 대신 습도가 낮기 때문에 더위는 그다지 못 느끼는 편이다. 여름(4월-10월) 철을 제외하고 11월에서 3월까지의 하늘은 태양빛으로 밝게 빛나고 강수량은 평균 20mm내이다.

  카이로를 비롯한 내륙은 아열대 기후, 지중해 연안은 지중해성 기후이다. 기온은 여름에 사막에서 37~40℃에 이르고, 온화한 지중해 연안에서도 32℃에 이른다. 겨울에는 대체로 따뜻한 편이지만, 바람이 불면 매우 쌀쌀하다.

② 환율 및 화폐정보

이집트의 화폐단위는 파운드(E£, Egyptian Pound, LE)로 1파운드는 100피 아스타(Piasters, Pt)이다. 환율은 2007년 5월 기준1파운드가 약 163.68원이고 1달러 당 5파운드(E£) 이내에서 이집트 정부에서 관리하기 때문에 변동 폭은 크지 않다.

통화명	현찰살때	현찰팔때	송금 받을때	송금 보낼때	T/C살 때	외화수표 팔때	매매기준율
이집트 EGP	170.22	150.59	0.0	0.0	0.00	0.0	163.68

③ 시차 및 전압

- 시차: 우리나라보다 7시간 늦고 서머타임은 4월말부터 9월말까지 이며 6시간 차이가 난다.
- 전압: 220V 주파수 50Hz. 일류호텔에는 110V의 콘센트를 갖춘 경우도 많다.

④ 쇼핑품목

특산품으로 파피루스제품과 가죽류, 은세공 등의 제품이 유명하며 정품은 대체적으로 구겨 지지도 찢기지도 않은 것이 특징이다. 진열된 제품의 가격은 3분의 1 수준에서 흥정해야 한다.

⑤ 국민성, 종교, 전화, 축제

- 국민성: 역사 이래로 외래문화와의 빈번한 접촉으로 타종교와 외국인에 관대하고 낙천적인 성격을 가지고 있다. 그렇지만 이해관계는 정확하다.
- 종교: 고대시대의 이집트 역사는 다신교를 숭배하는 종교로부터 기독교인 콥트교에 이르기까지 다양했다. 중세에 들어와서 이슬람교가 전파되어 오늘날에는 이슬람교가 국교가 되어 일부다처제이지만 경제적인 사정 등으로 대부분의 국민들은 일부일처제를 시행하고 있다.
- 전화: 이집트에서 우리나라로 전화를 걸 때는 주요 호텔에서만 국제 자동 전화가 가능하고 특히 카이로 이외의 지역에서는 국제 통화가 불가능한 경우가 많다. 전화를 이용하려면 가능한 큰 호텔에서 하는 것이 좋다. 한국으로 ISD가 가능한 지역은 카이로, 알렉산 드리아, 베나, 알마할라, 알만수라, 탄타 등 6개 도시이다.

  호텔에서 전화를 이용할 경우 다이얼링 순서는 0 또는 9번(외부전화 접속, 호텔마다 확인요망) + 00 + 82 + 2(0을 뺀 지역번호) + 전화번호순으로 하면 되고 공항 또는 시내에서 국제전화가 가능한 공중전화를 이용할 때는 0 + 82(한국 국가번호) + 2(0을 뺀 지역번호 + 전화번호) 순으로 하면 된다.

  예 경기도 282-7427 으로 전화할 경우: 00 + 82 + 31 - 828 - 7427
- 우편: 엽서, 편지, 소포의 운송이 모두 가능한데 항공편이면 1~2주일정도면 우리나라에서 찾을 수 있다.
- 축제: 이집트의 휴일은 금요일이고, 토요일이 한주의 시작이다. 주요 공휴일은 다음과 같다.
  - 1월 7일: Christmas(크리스마스)
  - 1월 30일: Ramadan Bairam(라마단 축제일 2일간)
  - 4월 6일: Wakfet Arafet
  - 4월 7일: Courban Bairam(2일간)

- 4월 19일: Easter Sunday
- 4월 20일: Sham El Nessiom(2일간)
- 4월 25일: Liberation Of The Sinai Day(시나이 반도 해방 기념일)
- 4월 28일: New Year' s Day(Hegira 1419)
- 5월 1일: Labor Day(노동절)
- 5월 8일: Islamic New Year(이슬람 설날)
- 7월 1일: Bank Holiday
- 7월 6일: Mawled El-Nadi(마호메트 탄생일)
- 7월 23일: Revolution Anniversary(혁명기념일)
- 10월 6일: Armed Forces Day(승전기념일)

□ 라마단 단식: 이슬람력의 라마단 달(제9일)은 이슬람교도가 지켜야 할 5행중의 하나인 단식을 행하는 달이다. 29~30일간 해가 떠서 질 때까지는 아무것도 먹어서는 안 된다(물도 마셔서는 안된다). 그러나 일몰 후에는 많이 먹어도 된다.

□ 사진 촬영 시 주의할 점

- 이집트 법률에는 공항과 다리, 그리고 군사 시설에서의 사진촬영이 금지되어 있다. 관광객에게는 비교적 관대한 편이지만 될 수 있으면 그러한 장소를 피하는 것이 좋다.
- 여성들은 사진을 찍는 것을 싫어하므로 여성들이 불쾌한 표정을 지으면 사진 촬영을 하지 않도록 한다.

□ 팁: 이집트에서는 팁을 생각해서 사전에 잔돈을 준비해야 한다. 없을 때는 할 수 없이 큰 돈을 줘야 하는 경우가 생기므로 환전할 때 팁용으로 화폐를 준비해 두는 것이 좋다.

(7) 현지공항 및 항공스케줄 정보

① 카이로 국제공항

카이로 국제공항에는 2개의 터미널이 있는데 1터미널은 국적기인 이집트 항공사 및 이스라엘/중동/아프리카 지역 취항 항공사가 사용하고 2터미널은 대한항공을 포함한 기타 항공사 전용 터미널로 사용되고 있다. 터미널 1과 2의 거리는 약 2Km이며 셔틀 버스가 운행되지 않아 불편하다. 공항 출발 전 사전에 확인 요망이 필요하다.

출입국신고서

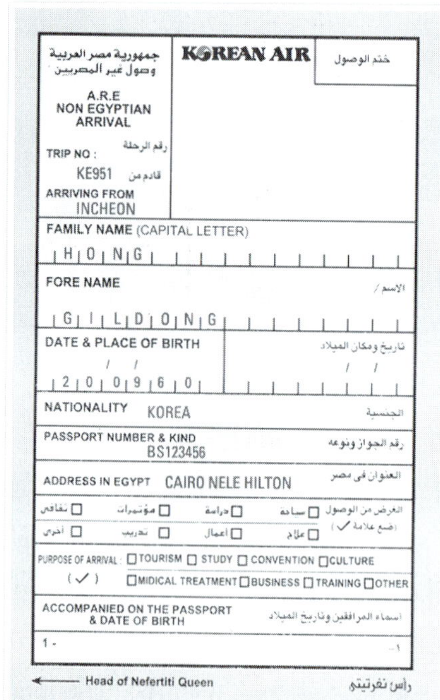

جمهورية مصر العربية
وصول غير المصريين

A.R.E
NON EGYPTIAN
ARRIVAL

TRIP NO : رقم الرحلة
KE951 قادم من
ARRIVING FROM
INCHEON

KOREAN AIR

ختم الوصول

FAMILY NAME (CAPITAL LETTER)
H O N G

FORE NAME / الاسم
G I L D O N G

DATE & PLACE OF BIRTH تاريخ ومكان الميلاد
2 0 / 0 9 / 6 0

NATIONALITY KOREA الجنسية

PASSPORT NUMBER & KIND BS123456 رقم الجواز ونوعه

ADDRESS IN EGYPT CAIRO NELE HILTON العنوان فى مصر

الغرض من الوصول (ضع علامة ✓) ☐ سياحة ☐ دراسة ☐ مؤتمرات ☐ ثقافي
☐ علاج ☐ أعمال ☐ تدريب ☐ أخرى

PURPOSE OF ARRIVAL : (✓) ☐ TOURISM ☐ STUDY ☐ CONVENTION ☐ CULTURE
☐ MIDICAL TREATMENT ☐ BUSINESS ☐ TRAINING ☐ OTHER

ACCOMPANIED ON THE PASSPORT & DATE OF BIRTH أسماء المرافقين وتاريخ الميلاد

1 - ١-

← Head of Nefertiti Queen رأس نفرتيتي

② 도 착

도착 승객은 게이트에서 도착 라운지로 들어가 공항내의 표시에 따라 입국 심사를 받는다. 여행객이 여행가방 만을 가지고 있는 경우는 거의 검사를 하지 않으나 그 외로 Box를 가지고 있으면 자세히 검사한다. 관광이 목적인 한국 사람은 1개월간 비자 없이도 체재가 가능하므로 입국심사에서는 여권과 입국신고서만 제출하면 된다. 그 밖에 카메라나 VTR 등도 신고하면 되지만 이번 여행객들 중에 이러한 절차를 무시하고 가지고 들어오다가 현지 공항직원들에게 제지를 당해 시간이 약간 지연되었다.

도착장에서의 카트는 EGP2를 지불하고 빌릴 수 있으며 검역심사를

받는다. 검역 후에는 수하물 찾는 곳에서 짐을 찾아 세관검사 장소로 가서 검사를 받게 되는데 불필요한 짐이 있을 경우에는 보관 창고에 맡길 수 있다. 짐은 출국시 탑승 예정 항공사의 직원에게 말해서 체크인 하면 된다.

③ 출 발

정문에서 출발 로비로 들어와 공항내의 표시에 따라 항공사 체크인 카운터 및 세관 장소로 나아가서 체크인 카운터에서 탑승 수속을 하고 수하물을 맡긴다. 맡긴 수하물의 내용 검사를 받는 후 출국 검사를 받는다. 세관에서 입국 심사 때 싸인 받은 세관 신고서를 제출하고 보안 검사, 수하물 검사, 탑승 체크리스트 등이 끝나면 특별한 문제가 없는 고객부터 출발 라운지로 가면 된다.

④ 공항세

공항세는 29EGP이나 일반적으로 항공권에 포함되어 있어서 공항에서 징수하는 경우는 없다.

⑤ 항공노선

대한항공이 주 4회 운항하며 그 외에도 네덜란드항공(KL), 싱가포르항공 (SQ), 에어프랑스(AF), 루프트한자(LH)항공 등이 경유해서 운항하고 있다.

이번 출장에는 KE951편(08WED)으로 출발하여 두바이에서 1시간 30분 대기후 곧바로 출발해서 16시간 30분이 소요되었다. 귀국 시에는 KE952편(17FRI)으로 귀국했는데 출발 때보다는 14시간 50분이 소요되었다.

(8) 일정상의 세부보고

① 카이로(Cairo)

아랍어로 "al-Qahirah" 승리를 뜻하는 말로써 이집트 6,000년 역사의 숨결을 느낄 수 있는 수도인 카이로는 이러한 역사에 걸맞게 동양과 서양, 고대와 현대를 한 눈에 볼 수 있는 아프리카 최대의 중심도시이다. 카이로시는 카이로주의 거의 전면적을 차지하고 있으며 시의 전체적인 모양은 남쪽으로는 나일 계곡이 사막의 단층애들 사이로 쐐기처럼 박혀 있어 좁고, 북쪽으로는 계곡이 나일 삼각주로 이어지면서 아주 넓어지는 부채꼴 모양을 하고 있다. 카이로를 중심으로 기자 피라미드, 멤피스 지역은 1997년에 유네스코 세계문화 유산으로 지정될 만큼 세계의 많은 여행객들이 찾고 싶은 곳이기도 하다.

② 아스완

카이로 남쪽 약 900Km. 룩소르의 남쪽 약 250Km. 나일강 동쪽 해안에 위치한 겨울의 피한지로서 뿐만 아니라 이집트 최남단의 도시로 나일강 줄기가 이곳에서 가장 심하게 폭이 좁혀져서 급류가 되는 곳으로 댐으로서도 유명한 곳이다.

이 댐은 1970년에 10억달러의 공사비가 지출되어 완공되었으며 이 댐의 높이는 111m, 댐 마루부 길이는 3,830m, 부피는 4,430만㎥에 이르며, 이 댐의 저 수지인 나세르 호의 총 용적은 1,690억㎥에 이른다.

아스완 하이 댐이 차지하는 비중은 인접국가인 수단에까지 물을 공급함으로써 영향력을 나타내고 있으며 나일강 주변의 홍수방지, 전력, 관계농지, 상수도로서도 큰 비중을 차지하고 있다.

③ 기 자(Giza)

기자는 고대 이집트의 첫번째 수도로서 주변에는 유난히 피라미드와 스핑크스 등의 무덤과 유적지들이 많아 관광객들이 즐겨찾는 곳이다.

- ㅁ 피라미드(Pyamid): 고대 불가사의한 건축물로서 유명한 쿠푸왕의 피라미드를 비롯하여 70여개의 피라미드들이 카이로 남서쪽 기자에 위치해 있다.
- ㅁ 스핑크스(Sphinx): 그리스어로 "교살자", 이집트어로는 살아 있는 형상이라는 의미로 이집트인의 동물숭배사상을 한 눈에 볼 수 있는 것이 스핑크스이다. 가장 오래된 스핑크스는 제 4왕조의 카

푸라왕의 피라미드에 있는 높이 20m, 길이 73m로 되어 있는 석회암 조각이다.

④ 룩소르

룩소르는 카이로에서 비행기로 2시간, 열차로는 12시간 이상이 걸리는 남부 이집트의 대표적인 유적지이다. 고대 왕국의 수도 테베의 일부인 룩소르는 최전성기 BC 1500경에는 인구가 1천만 명이 넘는 대도시였다고 전해진다. 이곳에는 카르낙 신전과 룩소 신전, 오벨리스크 등이 관광지로 유명하다.

⑤ 콤옴보 신전

콤옴보는 룩소르와 아스완 사이에 있는 가장 큰 도시로 아스완 북쪽 약 50km 거리에 있다. 이 사원은 프톨레마이오스 왕조에 건축하기 시작해서 기원전 332년에서 AD 395년 까지 약 4세기에 결쳐 만들어 졌다.

⑥ 에드푸 신전

BC 3세기경 이집트를 지배하던 18왕조 프톨 레마이오스(Ptolemy) 3세가 즉위 10년을 기념하기 위해 6대 동안 180년에 걸쳐 만든 이 신전은 모래속에 묻혀있던 것을 1860년 마리에뜨(Mariette)가 발견하여 최근에 개장하였기 때문인지 많은 여행객들로 가득찼다.

※ 여행일정

· 1일차(9월 8일 토요일)

 - [23:30] KE 951 편으로 인천 국제공항 출발
 - (약 16시간 30분 소요 - 두바이 1시간 30분 대기)
 - ㅁㅁ기내에서 1박

· 2일차(9월 9일 일요일)

 - [09:10] 카이로 도착
 - 전일 카이로 시내 관광(전용버스 이용)
 - 세계 7대 불가사의중 하나인 피라미드(*카프라왕 피라미드 내부입장), 거대한 석조건축 스핑크스
 - 이집트 고대 문화 유적의 보고인 고고학박물관, 파피루스 제조 과정을 볼 수 있는 파피루스 공장 관광
 - 석식 후 역으로 이동
 - [20:00] 외국인 전용 야간침대 열차를 타고 카이로 출발
 - ㅁㅁ야간열차(2인1실)

· 3일차(9월 10일 월요일)

 - [08:00] 이집트남부 최대의 도시 아스완도착(전용버스)
 - 나일 크루즈 승선 후 중식
 - 세계에서 3번째 규모 ((넓이 3,600m/높이 111m)를 자랑하는 아스완 하이댐, 오벨리스크관광 및 크루즈 여행 안내
 - 석식 후 크루즈 숙박
 - ㅁㅁ호텔투숙

· 4일차(9월11일 화요일)

 - 선상 조식 후 콤옴보로 이동하여 콤옴보 신전관광
 - 중식 후 에드푸로 이동(크루즈)
 - 카르낙 대 신전관광 및 에드푸 신전 관광
 - 에스나로 이동(크루즈)
 - 이동 중 선셋 티와 티라미사 칵테일
 - 석식 후 크루즈 숙박

- ㅁㅁ호텔투숙

· 5일차(9월 12일 수요일)

- 선상 조식 후 룩소로 이동하여 서쪽(WEST BANK) 관광
- 64명의 파라오가 잠들어 있는 왕들의 계곡, 멤논 거상, 테베의 함셉슈트 여왕묘 소사원 관광
- 중식 후 룩소 동쪽(EAST BANK) 관광
- 룩소신전, 오벨리스크, 카르낙 신전 관광
- 석식 후 크루즈 숙박
- ㅁㅁ호텔투숙

· 6일차(9월 13일 목요일)

- 선상 조식 후 크루즈 하선
- 후르가다로 이동하여 중식 및 홍해관광(전용버스)
- 수에즈만을 따라서 카이로로 이동
- 카이로에 도착해서 석식 후 호텔투숙
- ㅁㅁ호텔투숙

· 7일차(9월 14일 금요일)

- 호텔 조식 후 광활한 아프리카의 사하라 사막이 시작되는 이집트 서부사막 지대로 전용버스 및 지프로 이동
- 오아시스의 중심지인 바위티 마을 도착 후 중식
- 지프를 타고 사막으로 이동
- 샌드듄 모래언덕을 관광, 크리스탈 마운틴을 관광한 후 사막지대에 한그루 남은 아카시아 나무로 이동하여 관광을 한다.
- 신비의 땅 백 사막 도착 후 석식 및 숙영 준비
- ㅁㅁ텐트 숙박

· 8일차(9월 15일 토요일)

- 기상하여 일출 감상 후 베드윈(사막유목민)의 도움으로 현지식으로 조식을 한 후 출발
- 샌드듄(모래언덕), 샌드 마운틴에서 사륜구동 지프로 관광을 하고 검은 모래로 덮어 있는 흑 사막을 관광하고 사막속의 바위티 마을 도착

- 중식 후 카이로 향해 출발
- 카이로 도착 후 석식 및 호텔 투숙
- ㅁㅁ호텔투숙

· 9일차(9월 16일 일요일)

- 호텔조식 후 공항으로 이동
- [10:40] KE 952 편으로 카이로 출발
- 14시간 50분 소요 - 두바이 약 1시간 25분 대기

· 10일차(9월 17일 월요일)

- [07:20] 인천 국제공항 도착 후 해산

(9) 각 항목별 세부보고 및 평가

① 호텔평가

이집트에서의 숙박은 여러 종류의 호텔들이 있기 때문에 별다른 문제는 없었다. 하지만 위생, 치안 상태가 좋지 않기 때문에 걱정을 했지만 대체적으로 호텔에서의 객실, 종사원의 서비스 질, 식사문제는 좋았다.

여행 6일차에 숙박한 호텔은 여행객들에게 많은 이국 적인 느낌을 안겨 주었다. 카이로 시내에서 15분 거리에 있는 호텔로서 1992년도에 개장하여 2001년도에 새 단장을 해서 현재는 525개의 객실과 야외 풀장 및 헬스, 사우나 시설을 갖추고 있고 다양한 음식을 제공 받을 수 있는 레스토랑에서의 식사는 환상적이었다. 피라미드와 스핑크스가 주변에 위치하고 있어서 관광하기에 좋았고 야외 풀장에서 바라다보는 피라미드는 너무 좋았다. 여행객들이 매우 만족스러워하는 눈치였다.

※ 텐트 숙식

많은 여행객들이 고대하고 마음의 감동을 준 것은 사막에서의 숙영이었다. 누구나 한번쯤은 사막에서의 숙영을 경험해 보고 싶을 정도로 좋았으며 밤에 약간 추운 것 외에는 대체적으로 좋았다.

② 식사평가

- 기내식: 우리나라 항공사여서 인지 입맛에 맞는 기내식이라고 할 수 있는 엘빙 비빔밥이 나왔다.
- 한식: 이번 여행 중에 제공된 식사 메뉴는 된장국, 불고기, 생선구이, 김치 등이 나왔는데 해외여행지에서 먹는 우리나라 음식이라서 그런지 여행객들이 좋아했다.

- 선상식&호텔식: 대부분의 식사가 뷔페식 식단이었음에도 불구하고 여행객들이 불평이 없었고 뷔페식 외에도 때론, 정식도 제공되었다.
- 현지식: 여러 음식들 중에 이집트 빵, 밀가루 종류와 야채류를 이용해서 만든 음식은 대체로 입맛에 좋았다.

③ 현지 가이드 평가

현지에 유학 온 대학생이라서 그런지 성실하고 부지런하였지만 전문성이 부족하고 이집트 관광지에 대한 이해가 부족했다.

④ 교통편 평가

- 야간열차: 2인 1실용으로 침대는 상하로 두 개인데 세면대와 거울이 있고 냉난방, 라디오, 전구시설이 좋았으며 나일 강변을 따라 달리는 열차로서 여행에서만 느낄 수 있는 이국적인 청취를 만끽 할 수 있었다.

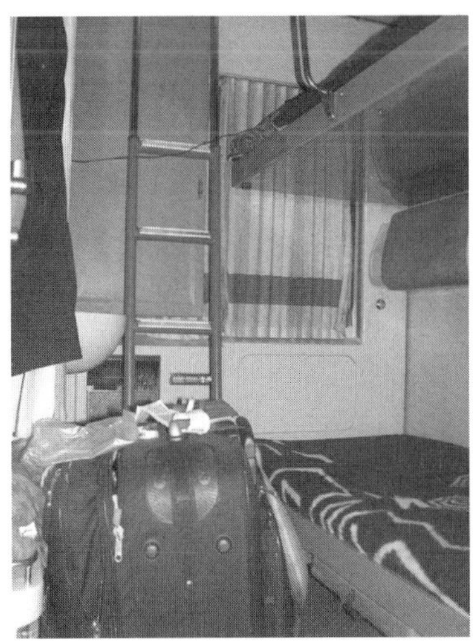

- 나일강 크루즈관광: 배 내부의 객실은 모두 2인 1실이었고 객실 안에는 냉난방시설, 트윈베드, 응접세트, 미니바냉장고, 화장대와 옷장, 샤워부스가 딸린 화장실, 비밀번호로 작동하는 귀중품 보관 금고, 위성방송 수신이

가능한 TV가 설치되어 객실에서 바라다보는 나일 강의 정취가 이국적이었으며 선상에서 제공 되는 뷔페식사의 질은 아주 만족스러움을 주었다.

⑤ 전체적인 평가

전반적으로 여행객들이 잘 따라줘서 별다른 문제는 없었지만 음식에 있어서는 이슬람 문화권에 대한 생소한 느낌같이 약간의 거리감 같은 것이 있었다. 이러한 내용을 사전에 고객들에게 주지시키지 못한 TC로서 미안한 감이 들었다.

(10) 주의사항

① 이집트는 지중해성 기후와 아열대성 사막기후로 나눠지는데 한 여름은 낮 온도가 40도까지 올라가므로 10월에서 4월 까지가 관광에 적합하다. 그러나 겨울에는 밤 온도가 차가운 공기로 급강하기 때문에 감기에 조심해야 하며 스웨터나 잠바 등 겨울옷이 필수이고 여름에는 사막의 기온이 강렬하므로 긴팔셔츠와 긴바지를 입어야 된다. 또한, 모래먼지가 많으므로 썬그라스와 모자가 필요하고 신발은 등산화, 운동화가 좋고 타월, 음료수를 휴대하면 좋다.
음료수는 미네랄워터가 좋고 수돗물도 마실 수 있지만 배탈이 나기 쉬우므로 삼가하고 화장실은 흔히 변기, 수도, 빈통이 놓인 아랍식인데 변기의 가운데에는 둥근 구멍이 뚫려 있으며 용변 후에는 빈통에 수돗물을 받아서 뒤를 씻고 그 물로 변기를 씻어내게 되어 있다. 최근에는 서구식 화장실이 호텔, 레스토랑 등에 많이 있다고 한다.

② 이집트는 도둑이나 소매치기가 거의 없는 반면 경찰의 부패가 심해 조심해야 한다.
③ 이슬람교를 비난하는 고객들이 없도록 사전에 교육을 시켜야 한다.
④ 이집트를 관광 하다보면 얼굴을 가리고 다니는 여성들을 흔히 볼 수 있는데 여성들에게 사진촬영이라든지 대화를 하고자 하는 행동은 좋지 않다.
⑤ 라마단 기간에는 돼지고기, 식음, 흡연 등을 이슬람교도들에게 보여주어서는 안 된다.

(11) 전체행사의 문제점과 개선 건의 사항

이번 출장은 고객들이 잘 따라주어서 힘든 점은 없었지만 여행객들의 편의와 안전을 생각해 A4 용지에 긴급 연락처와 간단한 이집트 언어를 적어서 주었는데 가지고 다니면서 유용하게 활용했다.

(12) TC 긴급 연락처

□ HP: 010-0000-0000
□ 사무실: 02-1111-2222
□ E - mail: 00000@ naver.com

3) 말레이시아 출장 보고서(시나리오)

(1) 상품 개요

상품평	이국 정취를 만끽할 수 있는 말레이시아			
출장기간	2007.8.21(화) ~ 2007.8.26(일)(4박 6일)			
방문지역	인천 - 랑카위(2) - 쿠알라(2) - 기내(1) - 인천			
상품가격	899,000원			
행사 인원 및 단체의 특징	인원	6쌍(12명)	연령	27살 - 2명, 29살 - 3명 30살 - 3명, 31살 - 1명, 33살 - 3명
	특성	허니문여행		
불포함 내역	현지 자유식, 음료수 값 등 기타 개인경비			

출발전 주의사항	· 여권유효 기간은 반드시 6개월 이상 남아 있어야 합니다. · 예약 시 여권 상에 기재된 정확한 영문 이름과 주민번호 요망 · 호텔은 부득이한 경우 동급의 다른 호텔로 변동 가능 · 세면도구(치약, 칫솔 등)를 개인적으로 따로 준비 · 예약하신 여행사에서 해외여행계약서를 작성 · 아열대성기후이나 빌딩과 호텔에 에어컨이 가동되므로 긴 팔상의 준비 · 일정 중 쇼핑센터를 방문하시어 구입한 물품은 한달이내로 환불 · 한달 이후에는 환불불가의 경우가 있으니 쇼핑 시 주의 요망
쇼핑 정보	· TUMASEK PEWTER: 주석류 · DONG - A BATIK: 바틱, 진주, 토산품 등 · TONGKAT - ALI: 토산품점[말레이시아 전통 나무뿌리]
여권비자	말레이시아 입국 시에는 여권은 유효기간 6개월 이상이 있어야 하며, 90일간 비자 없이 체류 가능 합니다.

(2) 출발시의 문제점 및 개선방안

하루 전에 고객님들에게 미팅 시간을 알려주었는데도 한 커플이 40분 정도 늦게오는 바람에 나머지 3커플이 기다리는 상황이 발생하였다. 또 TC로써 약속시간 보다 1시간 전에 항공사 카운터에서 체크를 하고 집결장소에 고객들 보다 먼저 가서 기다리는 것이 원칙인데 그렇게 하지 못한 것이 실수였다. TC인 저도 조금 더 일찍 나와서 고객님들의 불편을 최대한 없게 노력해야 할 것이다. 그리고 기내에 탑승을 해서도 멀미가 심한 신부 1명이 있어서 매우 고생했다. 미리 설명회 때 이런 것에 대해 말해주지 않아서 일어난 경우인 것 같다. 다음 설명회 때는 좀 더 상세하고 세심하게 고객들을 챙겨야 할 것 같다.

(3) 여행지 일반정보내용

- □ 국명: 말레이시아 (Malaysia)
- □ 수도: 쿠알라룸푸르(Kuala Lumpur) - 인구 약 170만, KL 생활권역 인구 약 400 만.
- □ 국체: 입헌군주제(9주의 주왕이 교대로 수임)
- □ 인구: 2,450만명(2007년)
- □ 민족: 말레이인(57%), 중국인(35%), 인도인(8%), 기타(1%)
- □ 종교: 이슬람교가 국교지만, 종교의 자유가 보장되어 있다.
- □ 위치: 수도 쿠알라룸푸르가 있는 말레이 반도의 서말레이시아와 보루네 오섬 북부

의 동말레이시아 등 두 지역으로 구성되어 있다. 동남아에서도 적도 바로 북단에 위치하여 남쪽으로 싱가폴과 인도네시아, 북쪽으로는 타일랜드, 동쪽으로는 필리핀에 인접해 있다.

- ㅁ 국토면적: 329,733평방킬로미터(한반도의 약 1.5배)에 달하며, 아시아 대륙의 최첨단인 말레이반도, 보르네오섬의 사바, 사라왁주로 이루어져 있다.
- ㅁ 언어: 말레이시아의 공용어는 말레이 언어이고 인도네시아 등에서 사용하며 정부기관, 은행 서류, 등 공공기관서류는 말레이 언어로 되어있다. 하지만 영어도 널리 쓰이며, 원주민들은 다른 언어와 방언을 사용하고 있다.
- ㅁ 시간: 그리니치 표준시보다 8시간 빠르며, 한국보다는 1시간 늦다.
- ㅁ 전기: 전 지역이 220~240볼트 50헤르츠를 사용함(가전제품은 아답터 준비요망)
- ㅁ 상수도: 말레이시아는 대체적으로 상수도가 잘 발달되어 있으나 수도인 쿠알라룸푸르 이외의 다른 지역에서는 안전 상 생수를 사서 마시는 것이 좋다.
- ㅁ 정부형태: 의원내각제
- ㅁ 독립일: 1957년 8월 31일(말레이시아 연방 독립)

  1511년에는 포르투갈이 1641년에는 네덜란드가 그리고 마지막으로 1795년에 영국이 말라카를 차지했다.
- ㅁ 국경일: 8월 31일 (Malaysia Day)
- ㅁ 도량형: 미터법 사용
- ㅁ 주요공휴일: 하리 라야 아이딜 피트리(Hari Raya Aidil Fitri, 1월)

- 국경일 구정(1월/2월) – 국경일
- Federal Territory Day(2월 1일) – 쿠알라룸푸르와 라부안 지역만
- 노동절(5월 1일) – 국경일
- 부처님탄신일(5월) – 국경일
- 독립기념일(8월 31일) – 국경일
- 디파발리(Deepavali, 10월, 11월) – 사라왁과 라부안은 제외
- 크리스마스

① 기 후

연중 맑고 무더우며 습도가 높다. 기온은 21도에서 32도 가량되고, 연간 강우량은 2,000~2,500mm정도 된다. 서말레이시아의 동해안과 동말레이시아는 11~2월, 서말레이시아의 서해안은 8~9월이 우기이다.

② 화폐단위

□ 링깃(Ringgit Malaysia (RM)
□ 1링기트(MYR) = 289.86원
□ 1달러(USD) = 3.75링기트(MYR) (2007년 5월기준)
□ 체험물가: 1달러(USD) = 3.8링기트(MYR)

③ 전 화

말레이시아 전 국민의 전화 가입자중 40%가 휴대용 이동전화를 사용하고 있으며, 공중전화 시설이 미비하여 동전용 공중전화는 국제전화가 되지 않으므로 카드용 공중전화를 이용하거나 호텔에서 사용.

□ 한국으로 전화

- 호텔에서 전화를 이용할 경우 "0 또는 9번(외부전화 접속, 호텔마다 확인 요) + 007 + 82 + 2(0을 뺀 지역번호) + 전화번호"
- 공항 또는 시내의 국제전화가 가능한 공중전화를 이용할 때
  "007 + 82(한국 국가번호) + 2(0을 뺀 지역번호 + 전화번호)"
  예 경기 828 – 7427으로 전화할 경우: 007 + 82 + 31 + 828 – 7427
- 한국통신 교환원 서비스: 1 – 800 – 80 – 0082

(4) 현지공항 및 항공스케줄 정보

① 현지공항

인천공항에서 말레이시아 쿠알라룸푸르(소요시간 - 7시간), 코타키나발루(소요시간 - 4시간) 등까지 가는 직항 편으로 대한항공과 말레이시아 항공이 있다.

- ㅁ 비자: 우리나라와 3개월 무비자 입국협정이 체결되어 있으며 관광을 목적으로 입국하고자 하는 경우 비자 없이도 가능하다.
- ㅁ 입국심사: 관광객들이 의류, 장신구, 핸드백, 담배, 주류, 보석 등을 일정한 규모 이상을 소유하고 입국 시에는 소유한 물품의 구입가 50% 금액을 세관에 예치해야 한다. 특이 할만한 것은 출입국신고서와 세관신고서가 한장으로 되어 있다는 것이며 관광객들의 소지품을 확인을 잘하지는 않지만 만약에 마약류에 해당하는 물품이 발견되면 누구를 막론하고 사형까지 언도한다. 연고가 없는 타인의 소지품을 들어 주었다가 이러한 경우가 일어나면 처방이 없다는 것을 명심해야 한다.
- ㅁ 공항에서 시내까지의 교통편: 리무진버스가 오전 5시부터 오후 11까지 15분 간격으로 운행하고 있으며 1시간정도가 소요된다. 택시도 1시간 소요되는 거리까지 100MYR정도에 해당하는 요금을 지불하면 된다.

② 항공스케줄

이번 출장에서는 이코노믹클레스를 이용하였으며 기타 정보는 아래와 같다.

날 짜	출발지	도착지	항공편
8월 21일	인천 11시 30분	쿠알라 룸푸르 17시 20분	말레이시아 항공 MH067
8월 21일	쿠알라 룸푸르 18시 55분	랑카위 19시 50분	말레이시아 항공 MH1452
8월 23일	랑카위 9시 50분	쿠알라 룸푸르 10시 45분	말레이시아 항공 MH066
8월 26일	쿠알라 룸푸르 1시	인천 8시 40분	말레이시아 항공 MH067

(5) 일정상의 세부보고

① 일정표

날 짜	장 소	교 통	시 간	세부일정	식 사
21(월)	인천 쿠알라	 MH067 MH1452	 11:30 17: 20 18:55 19:50	· 출발 두 시간 전 집결 · 인천 출발 · 쿠알라 룸푸르 '스빵' 국제공항 도착 · 쿠알라 출발 · 랑카위 도착 · 석식 후 호텔투숙 ※ HTL투숙	석: 한식
22(화)	랑카위	스피드 보트 칵테일 요트 크루즈	전일 18:00	· 무인도 섬 일주 관광 – 왕녀의 호수: 민물수영&물놀이, 사슴,이구아나가 노니는 야생의 섬으로 이동해 낚시를 하고 새우, 게 등의 해산물 식사 · 선셋 칵테일 요트 크루즈 – 붉은 빛의 황홀한 하늘을 향해 한 잔의 와인으로 축배를 들어보자!! 어디에서도 체험할 수 없었던 파도위를 달리며 하는 이색적인 체험 (그물망 수영, 트롤링 낚시, 와인, 칵테일, 위스키, 스넥 등 무료 제공)	조: 호텔뷔페 중: 해산물요리 석: 디너뷔페
23(수)	랑카위 ↓ Petaling Jaya 쿠알라	MH066	11:30 19:00 23:00	· 말레이시아 최대 수중테마유원지 관광 – 파도 풀장, 폭포 슬라이드 등 각종 수상 놀이시설을 갖춘 반다르 썬웨이 테마파크에서 지상과 수상을 넘나드는 놀이기구의 흥미를 만끽 – 말레이시아 전통식사와 함께 전통음악과 전통춤을 즐길 수 있는 스리말라유 레스토랑에서 럭셔리 식사 맛보기!! * 호텔 투숙	조: 한식 중: 자유식 석: 현지식

24(목)	쿠알라	전세차량	11:00 15:00 20:00	· 쿠알라 룸푸르 시내 투어 – 정원도시의 매력과 말레이시아의 활기가 넘치는 현대식 수도의 건물과 문화를 즐기기!! · 쿠알라 룸푸르 시외 투어 – 도시의 근교로의 여행 · 호텔 석식 후 자유시간 – 호텔 주위의 호수, 호수를 배경으로 또 다른 독립적인 하얀 비치와 수영장의 아름다운 리조트 야경 감상 – 호텔 부대시설(수영장, 사우나, Spa등) 이용	조: 한식 중: 자유식 석: 호텔뷔페
25(금)	쿠알라	전세차량	10:30 14:30 15:00	· 스릴 넘치는 래프팅 체험 – 빽빽한 정글 사이로 흘러내리는 급류에 몸을 실어 흥분의 도가니탕에 빠져볼까? 코스 완수 후에 수여되는 수령증의 희열과 감회는 덤으로!! · 호텔 도착 후 점심식사 – 해진 후 정원도시의 불빛 아래서 벌어지는 말레이시아의 다채로운 문화 혼성곡을 경험하고 투어 마지막 날의 잊지 못할 환상의 야경은 헤어짐의 선물로 간직하기!!	조: 호텔뷔페 중: 현지식 석: 한식
26(토)	쿠알라 인천	MH067	01:00 08:40	· 쿠알라 룸프르 출발 · 인천 도착 후 해산	

② 일정별 세부보고

〈1일차〉

□ 날씨: 맑음, 기온: 25~29˚C

■ 9시 30분까지 인천공항 3층 M과L 사이에서 집결하기로 했지만 고객들 중 3쌍의 커플이 10시 10분정도에 도착하는 바람에 예상보다 늦게 수속을 밟았고 그로 인해 고객들이 공항 면세점을 이용하는 시간이 30분 정도 밖에 없었다. 그리고 11시 30분 말레이시아 항공 067편을 탑승해서 인천공항을 출발하였다.

기내에는 한국인 승무원 1명이 타 있었고 말레이시아에서 다른 나라로 나가는 항공기는 일반석에도 LCD TV가 배치되어 있지만, 우리나라에서 말레이시아로 가는 항공기에만 LCD TV가 설치되어 있지 않았다.

기내식으로는 여러 가지의 음식이 나왔고 특히 눈에 띠는 것은 농협김치였다. 고객들은 거의 김치를 먹지 않았으며 후식으로는 아이스크림이 제공되었는데 식사보다 아이스크림이 고객들에게 더 좋은 반응을 보였다. 그리고 도착 2시간 전에는 샌드위치와 음료수가 제공되었고 17시 30분에 쿠알라룸푸르에 도착 후 공항 내 모노레일을 이용해 국내선청사로 이동을 해서 입국심사를 받은 후에 갖고 있던 국내선 보딩티켓으로 탑승 준비를 했다. 인천공항에서 랑카위까지 연결 체크인이 되므로 쿠알라룸푸르에서 따로 체크인을 할 필요는 없었다.

처음으로 쿠알라룸푸르 공항을 입국한 분들도 쉽게 찾아올 수 있게 사인보드가 대체적으로 잘 되어 있었다. 18시 55분에 랑카위로 출발하는 비행기에 탑승했고 랑카위까지는 1시간 정도 소요되었다.

"SDK투어" 피켓을 들고 있는 현지 한국인 가이드가 기다리고 있었으며 석식은 랑카위에 있는 우리나라 사람이 운영하는 한국관에서 낙지불고기 전골을 먹었는데 맛이 좋았다. 식사를 한 후 호텔로 이동하여 체크인을 하고 고객들이 묵고 있는 객실을 둘러본 후 2일차 일정에 대한 의논을 현지 가이드와 한 후 지정된 객실에서 휴식을 하며 1일차 업무를 마쳤다.

미팅장소

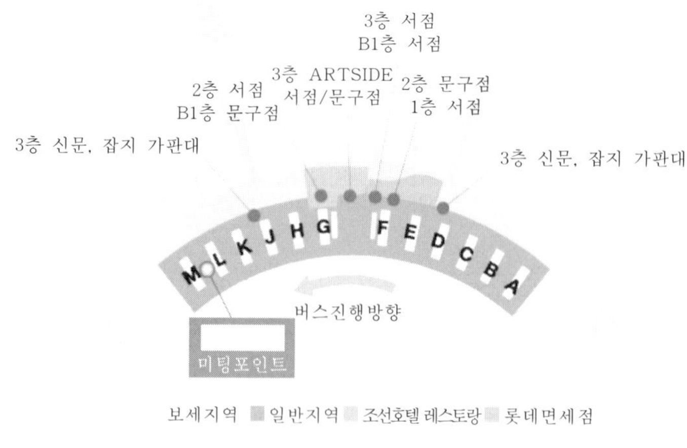

기내식

기내식

후식(아이스크림)

간식(샌드위치)

〈2일차〉

ㅁ 날씨: 구름조금, 기온: 24~31°C

■ 현지 시간으로 7시에 기상하여 조식은 호텔에서 뷔페로 하였고 9시부터 관광을 시작하였다. 먼저 스피드 보트로 랑카위 군도의 섬들을 돌며 관광을 하였고 중식은 야생동물 보호구역인 '큰 사자의 섬' 에서 석쇠에 현지인이 해변에서 구워주는 바다 새우와 게 그리고 전통 말레이식 꼬치 요리와 말레이 볶음밥을 먹었다. 시원한 맥주와 음료를 곁들여서 푸짐하게 점심을 먹을 수 있었고 고객들이 너무 좋아했다. 점심을 먹고 임산부의 섬이라 불리 우는 다양분팅으로 이동하여 전설이 전해 내려오는 호수에서 고객들은 수영을 맘껏 즐겼다. 이 섬의 물을 마신 여성은 임신을 한다는 전설에 신혼부부에게 인기가 많은 섬이다. 그리고 다

내리기 2시간 전에 기내식을 주었으나 모두 잠을 자고 있어서 거의 먹지 않았다. 일부 몇 명 고객들은 수면밴드를 착용한 채 도착할 때까지 잠을 청했다. 8시 40분에 인천공항에 도착하여 수하물을 찾고 서로 인사를 하며 말레이시아의 4박 6일의 관광을 끝냈다.

(6) 각 항목별 세부보고 및 평가

① 호텔평가

다른 고객들도 아니고 고객님들의 특성상 신혼부부이기 때문에 호텔에 대해서는 많은 신경을 써서 불편함을 최소화 했다. 이번에 고객들과 머물렀던 리조트의 등급을 자국의 기준에 따라 나누었다. 5성급 호텔로써 호텔에서는 고객님들의 불만이 없었고 특히 선웨이라군에서는 개인 집사들이 있어서 불편함없이 잘 지낼 수 있었다고 생각된다. 호텔과 시내, 다른 관광지와 거리가 멀지 않아서 고객들이 너무 좋아했다.

② 식사평가

- 기내식: 말레이시아 항공이라서 고객님들의 입맛에는 안 맞았다. 대부분의 음식을 남겼다.
- 현지식: 말레이시아 음식은 중국식 · 인도식 · 태국식 · 인도네시아 음식으로 나뉜다. 중국식은 젓가락을 사용하고 인도는 오른손을 사용해서 먹고 태국식과 인도네시아는 큰 숟가락과 포크를 사용한다. 우리는 현지식으로 인도식을 제외한 중국과 태국음식을 먹었는데 의외로 음식들을 잘 먹었다. 그리고 레스토랑에 들어가서 식탁위에 주전자 같은 것이 있는데 그것은 음식을 먹기 전 손을 씻는 물이었고 모르는 고객은 그것이 먹는 물인줄 알고 먹으려고 했었다.
- 한식: 랑카위 한국관에서 먹은 낙지불고기전골과 쿠알라에서 먹은 제육볶음을 고객들이 좋아했고 남자 고객들은 한식을 먹으면서 참이슬 소주를 한국 돈으로 만원에 구입하여 마시기도 했다.

③ 현지 가이드 평가

현지 한국인 가이드였으며 현지의 지식과 유머 있는 멘트로 손님들에게 지루하게 하지 않았고 관광지 이동시 중간 중간에 많은 웃음을 주었다. 남자 가이드로 여성고객들에게 많은 인기가 있었고 관광지에서 사진도 알아서 많이 찍어주면서 고객들을 편안하게 여행을 할 수 있도록 많은 것을 배려하였다. 또한 특별한 옵션 강요나 쇼핑 등의 횡포는 없었다.

④ 교통편 평가

다소 빽빽한 일정에도 불구하고 신혼부부들이 즐겁게 참가하여 행사일정에 큰 문제없이 대부분 만족스런 행사를 하게 된 요인은 교통편이 혼잡하지 않고 관광버스 시설도 대체적으로 좋았던 것 같다. 하지만 여행일정의 반 이상이 바다와 리조트에서 보낸 일정이라서 한 쌍의 신혼부부가 감기에 걸려서 이동 중에 애로사항이 많았던 것이 아쉬운 점이며 앞으로 출장업무 시에는 상비약을 필히 확보하여 고객의 건강에 조금 더 세심한 배려를 해야겠다.

(7) 주의사항

- ㅁ 말레이시아는 이슬람 국가이므로 집게손가락으로 사람을 가리키지 않는다.
- ㅁ 이슬람교도와 같이 식사를 할 때에는 돼지고기를 먹지 않는다.
- ㅁ 군중 앞에서 피부를 노출하지 않으며 사원에 들어갈 때에는 신을 벗는다.
- ㅁ 이슬람 국가에서는 왼손을 부정하게 생각하기 때문에 악수를 하거나 물건을 받을 때는 오른손을 이용한다.
- ㅁ 머리를 신성하게 여기므로 어린이의 머리를 쓰다듬거나 만지지 말아야 한다.
- ㅁ 일부다처제가 많으니 가족관계에 대한 이야기는 피하는 것이 좋다.
- ㅁ 주요 관광지 외에는 화장실용 휴지를 사용하지 않으므로 휴지를 미리 준비 하는 것이 좋다.
- ㅁ 수돗물을 마셔도 되지만 물을 사 먹거나 끓인 물을 마시는 것이 좋다.
- ㅁ 팁은 호텔이나 식당에서 값을 지불 시 포함되어 있기 때문에 따로 팁을 줄 필요는 없다.

(8) 전체행사의 문제점과 개선 건의 사항

말레이시아 4박6일의 전체행사 중 큰 문제는 없었지만 작은 문제들은 약간씩 있었다. 첫째 날에 한 쌍의 커플이 인천공항에 늦게 나와서 출국수속을 약간 늦게 밟았고 앞에서도 언급했듯이 당일 아침 2시간 전 고객들에게 연락을 주어야 할 것 같다. 또 설명회 때 말을 했지만 새로 바뀌어 진 기내 반입 물 규정 때문에 남성고객 중 헤어 왁스를 가방에 넣어가지고 와서 약간의 혼잡함이 있었으나 빠르게 대처하여 큰 문제는 없었다. 그리고 행사 중 2일간에 갑작스런 소나기로 인해 조금 차질이 있었다.

그 이외에는 일정표에 있는 그대로 행사가 진행 되었으며 이번 여행에서는 가이드가 쇼핑의 시간을 별로 안 주어서 고객들의 불평을 사기도 했었다. 신혼부부라는 특성에 맞게 부모님의 선물 등을 사야 했는데 시간이 없었다고 했다. 너무 많은 쇼핑을 강요해서도 안되겠지만 약간의 쇼핑 시간은 좋다고 생각 한다.

(9) TC 긴급 연락처

- HP: 010-0000-0000
- 사무실: 02-1111-2222
- E-mail: 00000@naver.com

4) 중국 출장보고서(시나리오)

(1) 상품명

북경, 상해, 소주, 항 주 6일

(2) 출장기간

2007년 5/3일부터~5/8일까지 (5박 6일)

(3) 방문지역

중국에 대표적인 지역인 북경, 상해, 소주, 항 주

(4) 행사인원 및 단체 특징

행사인원이 21명으로 산악회 동호회 10명과 골프모임단체 11명으로 구성된 인원이다.

(5) 출발시의 문제점 및 개선방안

① 여권분실

이번 고객들 중에 이와 같은 일들이 일어나지 않았지만 주의해야 할 고객이 1명이 있는 것 같아 주의토록 하겠다.

② 수하물 분실

시간에 쫓기다 공항버스에 조그만 한 쇼핑백을 두고 내린 고객이 있었지만 다행히도 중요한 서류가 없었기 때문에 별 문제는 없었다.

(6) 여행지 일반정보내용

① 여행 중 온도 및 기후

- 북경: 아침저녁으로는 선선한 날씨이지만 오후에는 30° 정도의 더운 날씨이다.
- 상해, 소주, 항주: 계속 비가 내리고 체감 온도가 낮다.
  (이 지역들은 체감 온도가 매우 낮아서 우리나라 한 겨울과 매우 흡사 했다.)

② 환율 정보

- 위안(구어체로 콰이로 사용되기도 한다.)
  1위안: 150원, 100위안: 15000원
  10위안: 1500원

③ 시차

- 중국과 한국은 1시간 차이가 난다.
  (한국이 중국보다 1시간 더 늦음.)

④ 쇼핑품목

- 골동품: 구입해서 가지고 갈 수 있는 것에는 붉은 도장이 찍힌 라벨이 붙어 있으며 고가품일 때는 출국시 세관심사대에서 영수증을 요구할 경우를 대비해 준비한다.
- 한방약: 개인별 건강진단을 받은 후 한약재를 구입하는 것이 좋다.

□ 공예품: 도자기는 징더진 자기, 베이징의 경태림 칠보자기가 유명하며 자수는 쑤저우의 비단과 양면자수가 유명하다.

□ 차: 발효차인 보이차, 우롱차, 녹차는 항주의 용정차가 유명하다.

⑤ 국민성, 종교, 예절 및 음식

□ 국민성: 좋은 관계를 가지면 지속적으로 갈 수 있지만 처음으로 만나는 사람에게는 조심스러워하면서도 대륙적인 기질을 가지고 있는 사람들로서 느긋하고 대범한 성격들이다.

□ 예절: 중국인들은 옛날부터 손님을 환대하는 관습이 있다. 따라서 손님으로 초대받았을 때는 혼자 가는 것이 좋으며 모르는 사람과 동행 했을 때는 좋은 이미지를 줄 수 없다.

□ 종교: 공산주의 국가라서 스스로 종교인이라고 하는 사람은 없지만 개방이 된 후에는 다양한 종교를 믿는 인구가 늘어나는 추세이다.

□ 음식: 지역마다 다양한 음식들이 있으며 날아다니는 것 외에는 무엇이든지 먹는다는 옛말과 같이 한마디로 요리문화가 수천년의 역사와 더불어서 발전되어 왔다고 할 수 있다.

(7) 현지공항 및 항공스케줄 정보

① 북경 국제공항

□ 북경 국제공항은 국내선과 국제선의 옆으로 나란히 배치되어 있다.

□ 1층은 도착 Floor 2층은 출발 Floor로 되어 있다.

② 항공 스케줄 세부보고

□ (항공 편수, 날짜, 여정, 소요시간)

CA124/4.23/ 인천 - 북경(약 2시간 소요)

CA124/4.24/ 북경 (1시간)

CA1855/4.25/ 북경 - 상해 (4시간)

CA1856/4.26/ 상해 - 소주(약 2시간 소요)

CA1857/4.27/ 소주 - 항 주(약 2시간 소요)

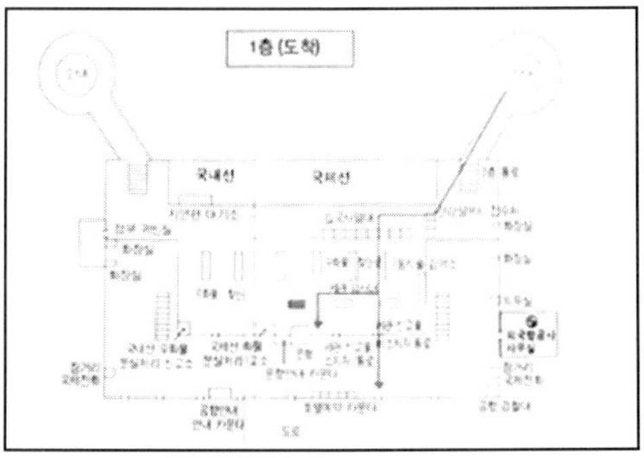

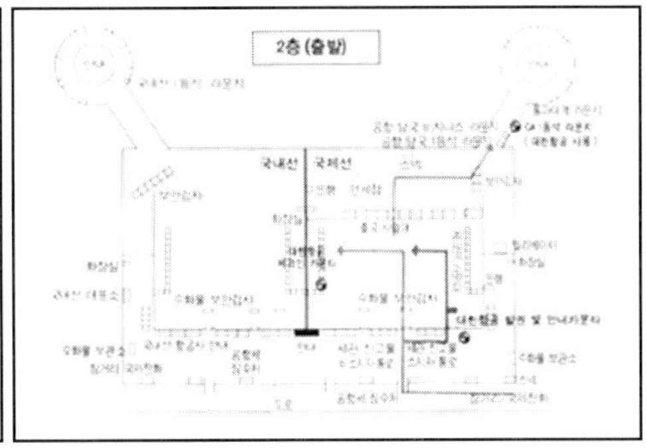

CA139/4.28/ 항 주 - 인천(약 2시간 소요)

(8) 일정상의 세부보고

① 5.3일(1일차)

10:30분에 북경 도착. 도착 후, 호텔에 짐을 푼 다음에 천단공원을 관람하고 저녁쯤에 서커스 관람을 하고 석식으로 오리구이를 먹고서 호텔에 투숙하였다.

② 5.4일(2일차)

조식 후 명13릉을 구경하고 명13릉 관광을 한 후에는 약 1시간을 달려 만리장성 입구에 도착, 케이블카를 타본 후에 만리장성, (중식)한식식당, 이화원을 관광하고 석식으로 훠궈 요리를 먹은 후 호텔로 이동하여 투숙하였다.

③ 5.5일(3일차)

조식 후에, 천안문 광장을 관광하고 중식으로 육을 먹고 자금성에 들려 관광을 한 후에 상해로 출발 및 도착하였다.

호텔 투숙.

④ 5.6일(4일차)

조식후에 임시정부 청사 견학 후 홍구공원을 방문하여 과거의 역사를 공부하는 시간을 가짐.(윤봉길 의사의 폭탄 투척 의거현장)으로 유명한 곳이다.

소주 도착후, 한산사 관광, 중식으로 딤섬을 하고 호구 사탑을 관람하였다. 저녁에 발 마사지를 받고, 호텔에 투숙하였다.

⑤ 4.27일(5일차)

조식후에 유원지 관광, 항주 도착해서 중식으로 차오판을 먹고 서호 관광을 하였다. 육화탑 견학후에 호텔 투숙하였다.

⑥ 4.28일(6일차)

조식 후에 공항으로 이동하여 인천공항 도착 후에 해산 하게 되었다.

(9) 각 항목별 세부보고 및 평가

① 호텔평가

- 광대 국제호텔: 우선 테이블 위에 광천수 물 2병이 서비스로 놓여 있고 난방 히타가 좋아 따뜻하였다. 룸 상태 역시 깨끗해 만족스러웠다.
- 천평 호텔: 외곽에 위치 했으나. 조용하고 로비가 넓어서 좋았다.
- 계산 호텔: 식사, 룸, 상태가 양호 했다.

② 식사평가

- 북경에서의 오리구이 식사는 형편이 없었고 종사원의 서비스 수준도 좋지 않았다.
- 다음날 북경에 위치해 있는 훠궈 요리를 먹었는데 이 요리는 냄비에 여러가지의 재료를 탕으로 만들어서 먹는 요리였다. 뜨거운 국물과 소면과 함께 먹어서 해장국으로도 좋았지만 밥에서 긴 머리카락이 나오고 맛은 짜고 직원들이 불만 가득한 표정도 좋은 편은 아니었다.
- 소주에서의 딤섬은 맛도 있었지만 서비스가 너무 좋았다. 북경 지역과는 다르게 인상도 좋고 친절하였다. 다양한 딤섬을 맞본 것이 좋았다. 먹어 본 딤섬 중에서 기억에 많이 남는 것은 단 호박 딤섬과 닭고기 딤섬이였다. 단 호박 딤섬은, 단 호박으로 쌓여져 있어 겉보기도 예뻐 보이지만 보이는 것과 맛이 크게 달라 보일 수도 있지만 겉과 마찬가지로 맛도 역시 일품이였다. 중국에서는 딤섬이 유명해서 다른 나라에서도 많이 사가지고 갈 정도라고 한다.

③ 현지 가이드 평가

- 북경 · 상해: 상냥하며 항상 웃는 얼굴로 말을 하였다.

□ 항주: 성실한 자세로 임하였다.

□ 소주: 차분하며 성실하였다.

④ 교통편 평가

차량이 수시로 바뀌어 약간의 불편함이 있었지만 관광지 이동 간에는 대체적으로 좋았던 것 같다.

(10) 주의사항

□ 예정, 일정, 스케줄은 미리 상세하고 명확하게 전달을 해야한다.

□ 고객의 건강 상태나 피로 정도에 유의하도록 해야겠다.
(안전사고 예방과 감기)

□ 어떠한 경우에서도 화를 내거나 신경질적인 태도를 보여서는 안 된다.

(11) 전체행사의 문제점과 개선 건의 사항

□ TC로서 손님과의 여행일정에 대한 시간을 정확하게 맞추어 주어야 되는데 도로 사정이 복잡한 관계로 관광지에서의 약속을 지켜주지 못해 미안했다.

□ 항공일정 관계로 5박 6일의 여행이 다소 지루해졌다. 손님들의 양해로 쇼핑장소를 5개소를 갔지만, 왠지 속이 편하지 않아 다소 불편한 출장 중의 하나였다. 다행히도 비가 계속 오고 날씨가 쌀쌀해 손님들이 쉽게 응해준 것이 그나마 이번 출장에서 복이라면 복일 것이다.

(12) TC 긴급 연락처

□ HP: 010-0000-0000

□ 사무실: 02-1111-2222

□ E-mail: 00000@naver.com

5) 이스라엘 출장보고서(시나리오)

(1) 상품명

성서의 살아있는 무대 이스라엘(성지순례)

(2) 출장기간

2007년 4월 23일~5월 3일 (9박 11일)

(3) 방문지역

이집트, 요르단, 이스라엘, 로마(성지순례특성상 이스라엘 이외 다른 나라도 포함)

(4) 행사인원 및 단체의 특징

목사님 4분, 전도사님 남 5분, 여 15분(기독교 단체)

(5) 출발시의 문제점 및 개선방안

다른 특별한 문제점은 없었지만 전도사님 두 분(여)이 기내에서 드시겠다고 자신들의 손가방 안에 음식을 몰래 넣어 타시려다가 세관검사대에서 걸려 어려움이 있었지만, 다행히 기독교 단체라서 특별한 조사를 하지 않고 약간의 주의와 설명을 들은 뒤 바로 비행기에 탑승할 수 있었다.

그러므로 비행기를 타기 전에 반드시 TC가 고객들에게 주의사항을 설명할 필요가 있다고 느꼈다. 특히 연령이 높으신 분일수록 설명을 한 후에도 확실히 알고 계시는지 TC가 지속적으로 확인해줄 필요가 있다고 생각한다.

(6) 여행지 일반정보내용

- 국명: 이스라엘(The State of Israel)
- 수도: 예루살렘
- 종교: 유대교, 회교, 기독교, 드루즈교도, 바하이교 등 소수 민족

- ㅁ 인접국: 요르단, 지중해, 이집트, 레바논, 시리아
- ㅁ 면적: 21,501 ㎞²(남한의 1/4.5크기, 1967년 이후 점령지역 제외).
- ㅁ 인구: 유대인 82%(500만명), 아랍인 18%(200만명)
- ㅁ 기타: 베드윈(2만5천명) 사마리아인(8천명)
- ㅁ 독립일: 1948년 5월14일
- ㅁ 지리: 이스라엘은 지리적으로 아시아, 아프리카, 유럽의 교차로에 있는 남북으로 좁고 작은 나라로 동경 34도 48분에서 35도 36분과 북위 29도 33분에서 33도 10분에 위치하며, 북쪽으로 레바논, 동북쪽에는 시리아, 동쪽에 요르단, 남서쪽에 이집트, 그리고 서쪽에는 지중해가 접해 있다.

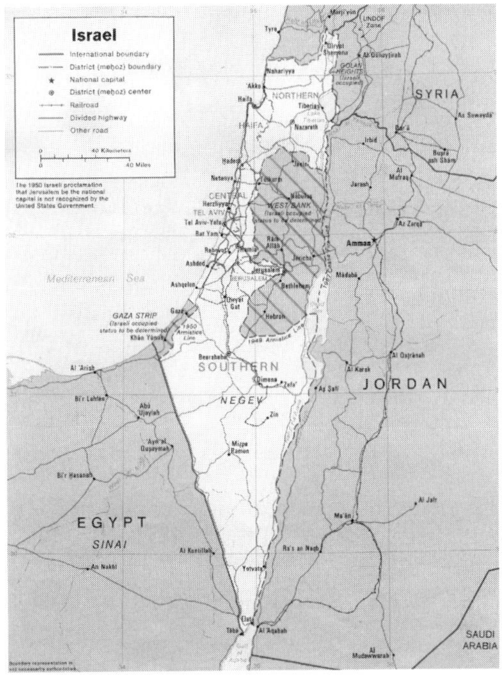

① 기 후

이스라엘의 기후는 온대성 기후와 열대성 기후로 뚜렷하게 교체되는 계절 현상을 보여주며 이번 출장기간의 기후는 1년 중 4월에서 10월(최저 16℃~최고26℃정도) 사이엔 덥고 건조한 긴 여름이 계속되는 날씨로서 무더 위에 조심해서 준비하는 것이 좋다. 11월에서 이듬해 3월(2℃~14℃정도)까지의 겨울은 온난하고 다습하다.

한편, 예루살렘, 사페드 등의 고원지대는 더욱 건조하고 서늘한 기후를 보이며, 겨울에도 간간이 내리는 우중에 밝은 태양이 비치는 것을 볼 수 있다.

② 환율 및 화폐정보

통화단위는 세겔(New Israel Shekel) 로서 1세겔=100 아골라, US$ 1=4세겔이다. 환전은 구좌를 개설하고 있는 은행이나, 우체국을 통해 환전을 하면 되고 우체국에서 환전 시 여권을 지참해서 하면 된다.

2002년 세겔이 US$ 1당 4.8까지 평가절하되었으나 이라크 전 종료 후 평가 절상되었는데 현재는US$ 1=4세겔 정도가 된다.

③ 시차 및 전압

- 시차는 한국시간 보다 – 7시간(섬머타임 시 8시간)
- 전압은 110V, 220V 겸용으로 사용가능함

④ 쇼핑품목

- 다이아몬드: 보석류에 해당하는 다이아몬드가 의외로 저렴한 가격으로 구입 가능함
- 성경책 및 성지순례 모조품: 관광객들에게 인기 있는 제품이다.

⑤ 국민성, 음식, 종교, 예절

- 국민성: 한 국가 내에서 민족성이 강하고, 역사적인 영향으로 역동적임이며 낙천적이다.
- 음식: 밀가루를 반죽한 음식들이 관광객들에게 인기 있다.
- 종교: 유대교 80만명, 기독교 5만명, 이슬람교 2만명 등의 순으로 나타나고 있다.
- 예절: 서양식 매너가 깊이 박혀 있는 국가로 여행객들에게는 친절하다.

⑥ Tip 제도

대부분 서비스 요금에 포함되지만 포함되지 않을 경우, 청구비용의 10%정도 가산해 주면되고 식당의 경우 서비스 요금을 거의 요구함.(약 1~2 불정도) 이발 · 미용시도 약 10-12%정도 서비스 요금을 지불해야 되며 주인이 직접 운영할 경우에는 서비스 요금을 줄 필요는 없다.

(7) 현지공항 및 항공스케줄 정보

① 현지공항

팔레스타인 테러 단체의 자살테러 공격이 계속되고 있는 관계로 공항 주변에는 군인들이 무장을 하여 다니는 것이 자주 목격되었다. 입국심사와 보안검사대에서 심사는 예상했던 것 보다는 심하지 않았다.

② 항공스케줄 정보

□ 출발: 4월 23일 인천에서 카이로행 KE 951 (MS9730) 22:30분 인천출발 (비행기간: 11시간30분) 석식은 기내식 두바이 경유(경유시간: 1시간 30분) 기내 숙박, 조식은 기내식

4월24일 07:40 이집트 카이로 도착

□ 5월 1일 이스라엘 텔아비브 항공 (AZ 811) 출발(16:15) 석식은 기내식

□ 5월 1일 이태리의 로마 공항 도착(18:55)

□ 5월 2일 20:05 로마 공항 출발(비행시간: 11시간)

□ 5월3일 14:05 인천국제공항 도착 후 해산

(8) 일정상의 세부보고(일정표 내용으로 세부보고서를 작성)

1일 4/23	인천 두바이	KE951 MS9730	20:00 22:30	· 인천국제공항 3층 9번 게이트 안 G카운터 9-12 사이에 있는 만남의 장소에서 집결해서 인원을 파악 함 · 인천 출발(비행기간: 11시간 10분) 석식은 기내식으로 함 · 두바이 국제공항에서 1시간 30분을 경유함 HOTEL - 기내숙박	석: 기내식
2일 4/24	카이로 시내산	전용 버스	07:40 20:00	· 카이로에 도착하여 명소 순례를 하면서 관광을 시작함 - 세계7대 불가사이 중 하나인 기자의 피라미드, 스핑크스, 예수님께서 피난 하셨던 아브사르가 기념교회(마.2:13/호.11:1), 이집트 박물관 등을 관광 후 성경의 출애굽기 23장에서 시작되는 모세의 춥애굽 경로를 따라 수에즈운하, 마라 의 샘, 르비딤을 경유, 시내산에 도착 · 석식 후 호텔 투숙	조: 기내식 중: 한 식 석: 호텔식
	시내산		08:00	· 호텔에서 조식 후 - 성카타린 수도원 방문(떨기나무, 이드로장인의 우물)	

□ 메이플 시럽: 단풍나무의 수액으로 만든 제품으로 퀘벡 지역에서 팬 케익에 끼얹어 먹거나 커피에 타서 먹는데, 선물가게, 관광지에서 판매한다.

□ 코위찬 스웨터: 추운지역인 캐나다는 방한의류가 잘 발달되어 있는 국가이다. 특히, 인디언 코위찬족의 수공예품인 코위찬 스웨터는 두툼한 양털로 만들어져 있어서 널리 애용하고 있다.

□ 소품종류: 우표, 암모니아 보석으로 만들어진 호박류, 소설 빨강머리앤의 배경이 된 동쪽해안지방의 프린스에드워드 섬을 관광 시에는 인형이 주요 관광 상품이 된다.

⑤ 국민성, 종교, 예절 및 음식

□ 국민성: 북아메리카의 약 3분의 1정도를 차지하는 넓은 국토면적에 우리나라 남한 전체 인구의 약 2분의 1밖에 되지 않는 인구를 가지고 있고 인구구성비율은 매우 복잡하며 현재 인종은 영국계가 약 43%, 프랑스계가 약 27%, 그 나머지는 인디언이나 이누잇족, 중국계, 그리스계, 한국계, 일본계 이민자 등으로 구성되어 있다. 공식적인 장소와 공항이나 도로 표지판 등에는 영어와 프랑스어가 같이 표기되어 사용하고 있고 이러한 역사적인 배경으로 말미암아 여행객들 뿐만 아니라 타인에 대한 이해가 너그럽게 형성되어 있다고 할 수 있다.

(7) 현지공항 및 항공스케줄 정보

① 현지공항

밴쿠버 국제공항(Vancouver International Airport): 캐나다 브리티시컬럼 비아주(州) 밴쿠버에 있는 공항이다.

□ 구분: 국제공항

□ 설립연도: 1931년 7월 1일

□ 소재지: 캐나다 브리티시컬럼비아주 밴쿠버

□ 부지면적: 1457만㎡

□ 터미널 규모: 여객 터미널 2동(18만 2665㎡), 화물 터미널 2동

□ 관제탑 높이: 35.6m

□ 활주로 길이: 3,354m×60m, 2,225m×60m, 3,030m×60m(3개)

□ 연간발착횟수: 34만 3068회(1997)

□ 여객: 1503만 9592명(1997)

□ 화물: 26만 773톤(1997)

□ 취항항공사: 33개 사

② 항공스케줄

□ 에어캐나다: 이번 출장 중에 타고 다닌 항공기는 에어캐나다로서 타사의 항공기와 다른점은 좌석 등급시스템이다. 좌석등급은 일반, 비즈니스, 퍼스트 클래스라고 하는 식의 구분이 없고 일반석 위로는 이그제큐티브 퍼스트 클래스라는 다소 복잡한 이름의 좌석 등급이 있을 뿐이다. 이름이 이그제큐 티브 퍼스트 클래스다 보니 많은 고객들이 퍼스트로 착각했지만 실제 에어 캐나다에는 전 노선에 퍼스트 클래스가 없다. 대신 퍼스트 클래스에서 제공하는 수준의 서비스를 비즈니스석의 요금으로 받을 수 있는 비즈니스석이 있을 뿐이다.

기내서비스는 나무랄데 없었지만 가격면에서 약간 비싼 편이었고 기내에서도 편안한 수면이 가능하도록 좌석간 공간을 최대한 보장한 이그제큐티브 퍼스트는 140~152cm의 넓은 전자 조정식 좌석 외에 개인용 8채널 비디오 스크린, 4코스의 정식식사, 개인용 팩스와 전화기 등의 확실한 서비스를 제공해주어서 좋았다. 그리고 특별 교육을 받은 승무원의 안내서비스도 수준급 이어서 좋았다.

출발항공편 AC064

도착항공편 AC063

(8) 일정상의 세부보고

① 일정표

날 짜	장 소	시 간	상세일정
8/1(1일)	인천국제공항	A.M 04:00	· 02:00시까지 3층 G게이트에 모이기로 했는데 2명의 고객이 A게이트에 있다가 늦게 온 연유로 약간의 차질이 있었지만 출발하는 시간에는 지장이 없었다. · 인천 국제공항 출발(AC064)

8/2(2일)	밴쿠버 국제공항	P.M 12:00	· 밴쿠버 국제공항 도착: 9시간 정도의 비행 끝에 도착해서 현지 가이드와 만난 후에 일정에 관한 미팅을 하고 곧 바로 공항의 입국심사대로 이동하였다. 관광 목적이었지만 기존의 한국인들이 밀입국 하려는 사건들 때문에 까다로운 심사를 받았다.
		03:00	· 호텔 도착: 우리들이 머물 곳인 호텔까지는 30분이 소요되었고 호텔직원들의 신속한 업무처리로 고객들이 객실로 입실하는데 어려움이 없었다.
	개스타운	05:00	· 벤쿠버에서의 1일차 관광은 개스타운을 시작으로 실시함 – 옷 가게, 카페, 갤러리가 밀집되어 있는 번화가에서 관광객들에게 유명한 증기시계를 관람 후 개스타운을 만든 개시책의 동상도 구경 · Shabusen에서 맛있는 저녁식사는 우리 관광객들이 즐겨 먹는 한식 및 일식 뷔페 레스토랑에서 먹었고 갈비, 불고기, 김밥, 초밥 등 우리 입에 익숙한 음식을 맛볼 수 있는 곳이었다.
	Burrad ST.	06:30	· 저녁식사 후에 호텔로 돌아와 고객들에게 안전교육을 시키고 객실로 돌려보낸 후 다음날 일정에 대해서 현지 가이드와 의견을 조율하고 취침에 들어갔다.
8/3(3일)		A.M 07:30	· 호텔 내 조식: 호텔에서 제공하는 모닝 콜에 의해 1시간 먼저 일어나 준비하고 식사가 준비된 식당에서 고객들을 기다리면서 내려오는 순에 의해 식사를 하고 호텔로비에서 09시에 출발하는 내용을 주지 시킴
	캐나다 플레이스	09:30	· 3일차 첫 일정으로 캐나다 플레이스에 가서 바닷바람을 가득 머금은 범선 모양의 웅장한 건물들을 관람
	India Grill	P.M 12:00	· 점심식사는 우리나라에서 맛보기 힘든 인도 요리로 식사를 함
	하버센터	01:30	· 점심식사를 한 후 하버 센터로 이동하여 관광을 함
	차이나타운	04:00	· 밴쿠버에서 가장 높은 빌딩의 전망대에서 밴쿠버 시내를 관람함 그리고 북미에서 세 번째로 큰 차이나타운을 관광함
	Aqua Riva	06:00	· 석식은 해산물, 파스타, 피자를 주로 하는 식당에서 함

			· 숙소로 이동하여 고객들을 객실로 돌려 보낸 후에 현지 가이드와 명일일정에 대해 의논함
8/4(4일)	스탠리 공원 Planet Hollywood 밴쿠버 미술관 해양박물관 Bishop's Grape Expectations	A.M 07:30 09:00 P.M 12:00 01:00 03:00 05:30 07:00	· 1시간 전에 먼저 일어나 준비 후에 호텔에서 조식을 하고 08시30분에 호텔을 출발하여 4일차 첫 일정으로 자연생태 그대로 보존되어 있는 스탠리공원으로 이동함 · 점심은 전형적인 미국식 햄버거와 음식이 나오는 식당에서 식사를 했음 · 점심식사를 한 후 전 세계 전통의 예술 작품을 감상할 수 있는 밴쿠버 미술관을 관광했다. · 거대한 모형의 선박과 직접선박을 만드는 과정을 만끽 할 수 있는 해양박물관 관광을 한 후, 클린턴 대통령이 방문해 식사를 했을 만큼 유명한 레스토랑에서 양식요리를 맛보았다. · 맥주나 와인을 직접 담글 수 있는 미니 양조장에서 고객들만의 맛을 음미할 수 있는 와인과 맥주를 양조해 보는 시간을 가진 것도 고객들은 대체적으로 좋 아했다. · 숙소인 호텔로 돌아와 고객들에게 당부의 말을 한 후 자유시간을 주고 현지 가이드와 5일차 일정을 의논 한 후 휴식을 취했다.
8/5(5일)	해리티지 공원 Seven seas seafood Restaurant TD스퀘어 데보니언 가든 캘거리 타워	A.M 08:00 10:30 P.M 12:30 01:30 04:00	· 1시간 전에 기상을 한 후 고객들이 식사하는 호텔 내 식당에 가서 고객들의 건강을 파악하며 조식을 하였다. · 해리티지 공원으로 이동하여 100여 년 전의 의상을 입은 사람들이 다니고 건물 사이에 증기 기관차와 구식 마차가 다니는 서부 개척 시대의 영화 속을 돌아 다니는 느낌을 받았다. · 낡은 배를 개조한 수상 식당에서 3대째 내려오는 식당에서 해산물 뷔페를 맛 볼 수 있었다. · 이름만 들으면 광장으로 착각하기 쉬우나 사실은 다운타운에 위치한 데보니언 가든이라는 넓은 쇼핑센터로 가서 고객들이 귀국 시에 가져갈 선물을 구입할 수 있도록 고객들의 요청에 의해 쇼핑이 이루어 졌다. · 캐나다의 3번째 높이로 캘거리의 상징이라고 할 수 있는 전망대에서 바라다 보는 광경은 드넓고 멋진

	Hoho Fast Food	06:40	장관이었다. · 석식은 한식 및 일식 레스토랑 뷔페로 식사를 하고 호텔로 돌아와 6일차 일정 에 대해서 현지 가이드와 의논을 했다.
8/6(6일)		A.M 09:00	· 1시간 전에 일어나 고객들을 점검하고 호텔 내 식당에서 조식을 하였다.
	캐나다 공예 박물관	11:00	· 직접 만든 공예품을 전시, 판매하는 곳인 캐나다 공예박물관을 관광함
	The Tea House Restaurant	P.M 01:30	· 스탠리 파크의 또 다른 전망대에서 관람을 함
	롭슨스트리트	03:00	· 다양한 레스토랑, 카페, 유명 브랜드 상점, 기념품 상점이 거리를 메우고 있는 곳을 관광함
	밴쿠버 공립 도서관	05:00	· 현지인은 물론 여행자들도 가볍게 들려 자료를 열람할 수 있는 밴쿠버 공립 도서관을 관람함
		06:40	· 캐나다 밴쿠버에서의 마지막 일정을 마무리하고 호텔 내 인터네셔널 뷔페에서 석식을 하며 고객들에게 체크아웃에 따른 행동요령을 교육시키고 수하물 수량을 파악한 후에 호텔직원들과의 마지막 정산을 하고 공항으로 출발했다.
	밴쿠버 국제공항	11:30	· 공항에 도착하여 현지 가이드와 마지막 인사를 하고 출국심사를 받은 후 밴쿠버 국제공항 출발(AC063)하였다.
8/7(7일)	인천국제공항	A.M 09:30	· 10시간의 비행 끝에 인천 국제공항 도착하여 입국심사를 받은 후 1층 출구에서 고객들과의 여행일정에 대한 의견을 나눈 후 작별인사를 하면서 이번 출장을 성공적으로 마무리 할 수 있었다.

※ 리무진 야경관광 (1인/USD 70)

② 관광지 정보

□ 개스타운

1867년 Jack Deighton이 정착하여 여인숙과 양조장을 경영했는데, 1960년대에 재건하여 19세기의 낡은 호텔이나 창고가 오늘날에는 19세기풍의 건물과 가로등을 볼 수 있는 관광지가 되었다.

Jack Deighton의 동상이 있는 메이플트리 광장이 개스타운의 중심지로서 200m 전방에서 물을 끓여 스팀엔진을 작동시켜 움직이는 세계 유일의 증기시계에는 15분마다 기적과 같은 소리로 캐나다 국가를 연주하는 모습을 보기 위해 많은 관광객들이 찾는 곳이다.

□ 하버센터

다운타운 일대와 밴쿠버 시내는 물론 그리우스 마운틴 등 근교의 산악지대까지 한눈에 볼 수 있는 밴쿠버 최고의 빌딩이며 해질녘부터는 붉게 물드는 노을과 별빛처럼 반짝이는 아름다운 밴쿠버의 야경을 감상할 수 있는 곳으로도 인기가 높다.

건물 지하에는 쇼핑센터와 푸드 코트가 모인 하버 센터몰 등이 있으며 전망대까지 불과 40초밖에 걸리지 않는 고속 엘리베이터는 벽을 타고 오르내리도록 만들어져 있어서 관광객들에게 짜릿한 즐거움을 선사한다. 특히 올라가는 동안 밴쿠버 시가지를 볼 수 있는 것이 또한 일품이다.

전망대 안쪽으로는 밴쿠버의 사계를 소개하는 극장이 있으며, 인류 최초로 달에 착륙한 닐 암스트롱이 방문한 기념으로 남긴 족적도 관광객들에게 인기가 있는 전시품이다.

■ 개관 - 여름철 08:30~22:30
- 겨울철 09:00~21:00

□ Planet Hollywood: 미국식 햄버거와 음식이 나오는 식당으로 음식보다는 할리우드 영화와 관련된 볼거리들로 꾸며진 실내 인테리어와 분위기를 구경하는 고객들의 모습이 인상적이었다.

□ India Grill: 우리나라에서는 좀처럼 맛보기 힘든 인도 요리 전문점으로 규모는 작지만 인도 스타일로 꾸민 소박한 실내 인테리어가 독특하였고 진한 맛의 인도 카레를 캐나다에서 먹어보는 것도 특별한 경험이었다.

□ Bishop's: 클린턴 대통령도 방문한 적이 있다는 유명한 레스토랑으로 주인이 요리책을 냈을 정도로 양식요리에는 정평이 난 식당이다. 규모는 작지만 촛불로 밝혀놓은 실내분위기가 우아하고 고급스러웠고 종사원의 서비스도 좋았다.

(10) 주의사항

① 캐나다 입국심사

입국심사는 대체적으로 까다로운 면이 있었다. 출발 전 확정일정표와 일정표상의 투숙 호텔명, 현지 연락처를 확인하고 입국심사시 당황하는 일이 생기지 않도록 해야 한다.

② 귀국일 변경 시 주의사항

귀국항공편은 귀국일 3일전까지 항공예약을 재확인하고 현지에서 재변경시 변경 비용과 재발권비용이 추가적으로 발생하며 참고로 그룹항공권과 일부항공권은 변경 불가한 항공권도 있다는 것을 유념해야 한다.

(11) 전체행사의 문제점과 개선 건의 사항

① 고객들에 대한 고른 관심

고객들이 현지 가이드가 어느 그룹에만 관심을 가지는 듯 보여 불쾌했다고 함. 앞으로 TC로서 책임감을 통감하고 모든 손님들에게 공평하고 지속적인 관심을 가지도록 현지 가이드 교육이 필요하며 회사차원에서 노력해야겠다고 생각함.

② 호텔 예약이 원만하지 못함

호텔예약이 원만하게 이루어지지 않아 고객들에게 지장을 줌. 호텔 예약을 담당하는 부서에서는 앞으로 사소한 부분에도 신경을 써 차질이 없도록 해야 함.

(12) TC 긴급 연락처

- □ HP: 010-0000-0000
- □ 사무실: 02-1111-2222
- □ E-mail: 00000@naver.com

7) 터키 출장보고서(시나리오)

(1) 상품명

형제의 나라를 찾아

(2) 출장기간

11박 13일(2007년 6월 1일~6월 13일)

(3) 방문지역

터키(동부 지역 포함, 7대 교회, 안디옥, 다소, 갑바도키아)

(4) 행사인원 및 단체의 특징

목사님 부부 20명으로 40대 10명, 50대 6명, 60대 4명으로 이루어져 있으며 해외여행은 13명으로 경험이 있는 고객들이 주류를 이루고 있다.

(5) 출발시의 문제점 및 개선방안

① 여권 분실

고객 중에 여권을 집에 두고 온 1명 때문에 걱정을 많이 했지만 집이 인천이라서 가족들이 시간 내에 가져와 다행이었다.

② 절도사고

공항에서 고객의 소지품을 노리는 절도범으로 인해 약간의 문제가 발생되었지만 소액의 금액이라서 다행이었다.

(6) 여행지 일반정보내용

① 여행 중 온도 및 기후

4계절이 뚜렷하며, 남서 해안지방은 제주도와 비슷하나, 동북부 내륙의 산간지방은 겨울이 영하 40도 이하까지 내려가는 차가운 대륙성 기후를 보이고 있다. 강우량은 겨울에 집중되어 있으며 연중 700㎜ 정도로 흡족한 편은 아니다.

이번 여행지역인 이스탄불은 21℃이며 안탈리야는 25℃, 이즈미르는 25℃내로서 비교적 여행지역으로서 좋다고 할 수 있다.

- ㅁ 흑해연안: 여름은 덥고 겨울은 온난하며, 비가 많다.
- ㅁ 남부지방: 여름은 덥고 건조하며 겨울은 추운 스탭기후이다.
- ㅁ 동부지방: 겨울은 길고 눈이 내리며 춥지만, 여름은 지내기 좋은 기후이다.
- ㅁ 동남부지방: 여름은 무덥고 겨울은 비가 많다.

② 환율 및 화폐정보

통화단위는 터키 리라(TL)로서 한국화폐로는 1한국화폐 1,000₩=1.45104 TL 정도, 1US$=1.33806 TL-2007년 5기준이다.

- ㅁ 인플레이션: 년40%-90% 정도
- ㅁ 지폐: 25만TL, 50만TL, 100만TL, 500만TL, 1000만TL, 2000만TL
- ㅁ 동전: 2만5천TL, 5만TL, 10만TL, 25만TL

환전할 수 있는 곳은 은행과 됴뷔즈(Doviz)라고 하는 환전소이다. 일반적으로 됴뷔즈에서 환전하는 것이 유리한 편이며 됴뷔즈는 시내에서 은행보다도 훨씬 많이 볼 수 있다. 위조지폐들이 대량으로 발견되는 경우도 있고 또 훼손된 지폐를 받으면 다른 곳에서 사용하지 못하는 경우가 있다.

③ 시차 및 전압

전기는 220V 사용, (플러그 모양도 한국과 동일) 시차는 GMT 기준으로 우리나라는 터키보다 7시간 빠르며, 서머타임 기간은 3월말부터 10월까지이다.

④ 쇼핑품목

- 카펫: 이스탄불에서 생산되는 실크 카펫과 카이세리 지방에서 생산되는 양모 카펫이 유명하다.
- 가죽제품: 회교국가 특성상 여성들이 많이 착용하는 실크 스카프, 목걸이, 반지 , 해포석(연한 흰색 돌) 등의 제품이 유명하다.

⑤ 국민성, 종교, 예절 및 음식

- 국민성: 체면과 무예를 존중하고 처음 보는 여행자들에게 정감을 가지고 있으며 길을 물어보는 낯선 사람들에게 친절하게 가르쳐 준다.
- 종교: 인구의 99%가 수니파 이슬람교를 믿으며 나머지 인구는 기독교인과 유태인으로 구분된다.
- 예절: 손님이 방문하면 예의를 갖추어 차를 대접하고 코란의 교리와 같이 친근한 표시로 악수와 양볼을 맞대고 인사를 한다.
- 음식: 아침에는 빵 두각과 스프, 차를 마시며 차안에 들어가는 향료에 따라 약간의 차이가 있다.

(7) 현지공항 및 항공스케줄 정보

① 현지공항

인천국제공항에서 이스탄불까지 아시아나 항공과 터키항공이 직항으로 운항하고 있으며 11시간 50분이 소요된다. 공항에서 시내까지 통상 40분정도가 소요되며 이용하는 호텔의 셔틀버스를 타고 갈 경우에는 편리한 점이 있다.

② 항공스케줄

- 1일차 OZ 553 15:15 인천 출발
  20:00 이스탄불 도착

〈현지 생활 언어〉

ㅁ 기본 터키어

안녕하세요	Merhaba	메르하바
감사합니다	Tesekür ederim	테쉐퀴르 에데림
부탁합니다	Lutfen	뤼트펜
괜찮습니다	Bir sey degil	비르 쉐이 데일
좋습니다	Cok iyi	촉 이이
반갑습니다	Hos bulduk	호쉬 불둑
모르겠습니다	Bilmiyorum	빌미요룸
알겠습니다	Anlad i m	안라듬
실례합니다	Affedersiniz	아페데르시니즈
예 / 아니오	Evet / Hay i r	이벳 / 하이르
도와주세요	Yard i m edin	야르듬 에딘
맛있게 드세요	Afiyet olsun	아피옡 올순
안녕히 가세요	Gule gule	귈레 귈레
예쁩니다	Guzel	귀젤
물론이죠	Tabii	타비비
있다 / 없다	Var / Yok	와르 / 욕

ㅁ 유용 터키어

■ 이 근처에 우체국이 있습니까?

Buralarda postane var mi?

부라라르다 포스타네 와르 므?

■ 어디에 공중전화가 있습니까?

Nerede telefon edebilirim?

네레데 텔레폰 에데빌리림?

■ 화장실이 어디입니까?

Tuvalet nerede?

투발렛 네레데?

■ 기차역은 어디에 있습니까?

Tren istasyonu nerede?

트렌 이스타스요누 네레데?

■ 가까운 곳에 은행이 있습니까?

Yak i nda bir banka bulabilir miyim?

야큰다 비르 반카 불라빌리르 미임?

■ 호텔이 어디에 있습니까?

Otel nerede?

오텔 네레데?

■ 영어 할 줄 아는 사람이 있습니까?

Burada ingilizce bilen biri var mi?

부라다 인글리즈제 빌렌 비리 와르 므?

■ 빈방 있습니까?

Bo? bir odan i z var mi?

보쉬 비르 오다느즈 와르 므?

■ 달러를 바꾸고 싶습니다.

Dolar bozdurmak istiyorum

돌라르 보즈두르막 이스티요룸

■ 이것이 무엇입니까?

Bu ne?

부 네?

■ 입장료가 얼마입니까?

Giris ̇uzreti ne kadar?

기리쉬 위즈레티 네 카다르?

■ 이것은 얼마입니까?

Bu ne kadar?

부 네 카다르?

■ 저는 한국인 입니다.

Koreliyim

코렐리임

관람 후 호텔로 돌아와 석식을 하고 고객들에게 마지막 일정에 따른 출국 절차를 설명하고 명일은 공항까지 가는 시간과 비행시간을 감안해서 05시에 일어나야 하는 불가피한 사정을 말하고 일찍이 잠자리에 들것을 권고했다.

- 항공권 예약 유무를 확인하고 현지 가이드와 그동안 일정에 대한 의견을 나눈 후 휴식을 취했다.

〈6일차〉

- 05시에 기상을 하고 05시 30분에 시드니공항으로 이동하여 현지 가이드와 작별의 인사를 나눈 후 08시에 대한항공편으로 출발하여 17시 40분에 인천국제공항에 도착하였다.
- 입국심사를 마친 후 1층 입구에서 고객들과 인사를 한 후 이번 출장업무를 마치게 되었다.

(9) 각 항목별 세부보고 및 평가

① 호텔평가

- 골드코스트 호텔: 서퍼스 파라다이스 해변 주변에 있는 호텔로서 고객들이 대체적으로 만족해했다. 부대시설도 좋았고 종사원들의 서비스도 양호했다.
- 시드니 호텔: 1급에 준하는 호텔이었지만 고객들이 대체적으로 만족하였고 특히 옥상에 있는 온수 수영장을 좋아했다.

② 식사평가

- 현지식: 스테이크와 바비큐 식사가 우리나라에서는 먹어보지 못한 음식이라서 그런지 고객들이 좋아했다.

ㅁ 한식: 찌게종류의 음식으로 고객들이 우리나라 찌게와 약간의 차이가 있음에도 불구하고 맛이 있었다.

ㅁ 호텔식: 랍스터 요리가 고객들에게 인기가 있었고 퀸즈랜드산 머드 크랩은 고객들이 처음으로 접해보는 것이라서 그런지 생소해 했다.

③ 현지 가이드 평가

현지 가이드의 자질은 뛰어났으며 호주에 대한 풍부한 내용을 바탕으로 중간 중간에 고객들을 잘 이끌어 갔다.

④ 교통편 평가

ㅁ 관광버스: 차량들이 대체적으로 영국계통의 버스들이 다수를 차지하였고 운전하는 기사들의 서비스 또한 친절한 편이었다.

일 정	세부사항	평 가
1일차	인천 공항에서 여행자와 만남. 한 가족이 공항에 늦게 도착함.	△
2일차	호주 브리즈베인 도착 후 현지 가이드와 미팅 후 차로 1시간 거리인 골드코스트로 도착해 호주 전통 문화 체험. 코알라 캥거루 관광. 씨푸드 저녁 식사 후 호텔로 가서 방 배정. 2인 1실. *여행자들은 호텔에 대한 불평 없었고, 건강 상태는 양호했다.	○
3일차	선택 관광을(무비월드 or 게잡이) 실시함. 2가족은 무비월드 신청. 1가족은 게잡이투어 신청. 1가족은 경비행기를 따로 원해 1인당 50,000원에 추가 요금 따로받음. * 무비월드에서 조능학생 한명 1시간 농안 잃어버림. 미아센터에서 아이 찾아 무사히 데려옴. T.C로써의 큰 실수를 함. 앞으로 더욱더 손님에게 관심을 갖고 일을 해야 한다고 생각함.	×
4일차	브리즈베인에서 국내선 이용 시드니 도착. 블루마운틴. 아쿠아리움 관광. 석식은 쇼 스펙타클 디너 크루즈에서 다양한 쇼를 보면서 식사를 하고, 호텔 도착. *여행자들 건강 상태는 양호했다.	○
5일차	시드니 동부 해안 관광과 제트보트 탑승 후 시드니 유명 명소인 오페라 하우스, 하버브릿지, 맥콰리포인트 관광 후 호텔에서 휴식 * 학생 한명이 건강 상태가 좋지 않아, 보호자 한분과 병원에서 진찰을 받은 후 , 호텔에서 휴식을 취하게 함. 다른 여행자들은 현지 가이드와 관광을 계속함.	△
6일차	호텔 체크아웃 후 손님들 모시고 시드니 공항에서 인천국제공항까지 무사히 도착. * 마지막 날은 모두 건강하게 한국에 도착.	○

- 택시: 우리나라보다 다소 비싼 요금을 지불하므로 많이 탈 때 이용하는 것이 좋다. 자유시간에 이용한 고객들의 이야기를 종합해 보면 우리나라보다 기사들의 자세가 좋았다고 했다.

(10) 주의사항

- 호주는 한국과 전력이 다르기 때문에 전력사용을 미리 주의해야 한다.
- 여권 분실 시 많은 불이익이 생기기 때문에 여권을 잘 관리해야 한다.
- 호주 도착 항공편을 탑승했을 시에는 출발 공항 면세품은 허용되지 않고 기내 면세품만 허용된다. 공항 면세품은 밀봉하고 영수증 첨부한 후 탑승구로 배달되는 것만 기내휴대가 가능하다.

(11) 전체행사의 문제점과 개선 건의 사항

- 이번 여행은 출발 전부터 약간의 문제를 갖고 시작했다. 여행 출발 전날 미리 모든 여행자들에게 사전 준비에 대한 전화를 하고, 인천공항으로 2시간 전에 오시라고 당부 말씀을 드렸음에도 불구하고, 한 가족이 교통체증의 문제로 30분전에 도착해서 탑승 수속을 못 할 뻔 했다.
- 둘째 날은 무사히 지나갔으나, 셋째 날 넓은 유원지인 무비월드에서 초등학생 아이가 다른 곳을 구경하다 일행들을 놓쳐서 2시간동안 잃어버렸다. 다행히도 미아보호센터에서 잘 놀고 있었지만 TC로써 손님들을 잘 모시지 못한 점. 그 어린이 여행자를 걱정한 부모들께는 매우 송구스러운 일이였다.
- 다섯째 날은 일정이 무사히 보내는 듯 했으나, 학생 하나가 감기 몸살로 인해서 보호자 한분과 함께 근처 병원에 가서 진료를 받은 후 일찍 호텔로 돌아왔다. 병원비는 회사와 통화 후 가입되어 있는 여행자 보험으로 해결 해 드리기로 했다.
- 이번 여행은 다른 여행 때와는 달리 사고가 조금 많았다. 손님들의 잘못은 TC로써 부주의했기 때문이라고 생각된다. 이번 여행을 계기로 더욱더 손님들을 잘 모셔야겠다고 사료되었다.
- 손님들의 여행 후 건의사항은 여행 시 제공되는 식사는 거의 현지식이였는데 한식을 조금 넣어주길 원했다. 그리고 관광지 관광 시 시간이 촉박하다며 자유시간을

넉넉히 주기를 원했다. 그 내용들은 참고하여 다음 여행 때부터는 이러한 사항을 고려하여 손님들의 의견을 반영해야겠다.

(12) TC 긴급 연락처

- HP: 010-0000-0000
- 사무실: 02-1111-2222
- E-mail: 00000@naver.com

9) 영국 출장보고서(시나리오)

(1) 상품명

신사의 나라 영국여행

(2) 출장기간

2007년 7월 6일~7월 10일(4박5일)

(3) 방문지역

암스테르담(경유) - 런던 - 옥스포드 - 에딘버러 - 맨체스터

(4) 행사인원 및 단체의 특징

손님은 총 10분으로 4명은 2커플이며 6명은 여행 동아리라는 곳에서 왔으며 2커플은 닭살이 심해 6명의 동아리 인원들의 눈총이 심했다. 여행 동아리 6분은 각자 짝을 지어서 돌아다녔다.

여행 동아리에서 한 분은 말이 너무 많아서 따발총이라는 별명이 몰래 지어지기도 하였다. 동아리 사람들이랑 커플들은 첫인사를 나눈 후 금방 친해져서 TC인솔자로서 안심이 되었다.

(5) 출발시의 문제점 및 개선방안

출발 2시간 전인 11시까지 올 수 있도록 설명회와 하루전날 전화로 했는데도 불구하고 여행 동아리 소속 고객 6명이 같이 모여 오는 관계로 30분정도 늦게 와서 걱정되었지만 별문제는 없었다.

(6) 여행지 일반정보내용

① 여행 중 온도 및 기후

영국은 하루에 4계절이 있다는 말이 있듯이 변덕이 심한 날씨로 유명하다. 한국과 같이 4계절로 구분하는데 3월부터 5월까지가 봄이며 이때의 평균기온은 6~11도 사이이고 여름은 6월부터 시작되고 평균기온은 14~20도, 가을은 9월부터 시작되며 평균기온은 7~14도로 조금씩 추워지기 시작한다. 겨울은 12월부터 3월 초까지로 평균 기온은 1~5도 사이이며 영국의 기상은 변화가 심하여 영국을 방문 하는 계절에 상관없이 따뜻한 옷과 방수 자켓을 준비하는 것이 좋다. 스코틀랜드와 남부 잉글랜드 사이에는 현격한 기온차이가 있을 수 있으나 멕시코 난류와 편서풍의 영향으로 대체로 온화한 날씨이다.

이번출장 중의 기온은 여름으로 30℃를 웃도는 날씨이기 때문에 여름철 건강관리에 필요한 준비를 해야겠다.

② 환율 및 화폐정보

화폐 Money: GBP(£) 〈환율 확인〉

1파운드는 100펜스이다. 50, 20, 10, 5 파운드 지폐가 발행되어 유통되고 있으며, 동전은 2파운드, 1파운드, 50펜스, 20펜스, 10펜스, 5펜스, 2펜스, 1펜스짜리가 사용 되고 있다.

현재 환율 1파운드 (GBP)=1837.12 원이며 1달러(USD)=0.505 GBP이다.

스코틀랜드에서는 스코틀랜드 1파운드 지폐가 아직도 통용되고 있으며 채널 아일랜드와 아일 오브 맨에서는 본토와는 다소 다른 주화와 지폐가 사용되지만 통화제도는 동일하다.

영국은 모든 통화의 은행권, 여행자 수표, 신용장 등을 무제한으로 반입하고 반출할 수 있고. 여행자 수표의 환전액수에도 제한이 없다.

③ 시차 및 전압

시차(Time Zone)는 세계 표준시인 GMT/UTC 0이며, 한국이 GMT +9이므로 한국이 9시간 빠르며, 3월 말에서 10월 말까지 서머타임이 적용된다(적용 시 8시간 차). 전기(Electricity)는 영국의 표준 전압으로 240V 50Hz이며 전기제품을 가져가실 경우에는 해당 제품이 사용가능한지 확인한 후 멀티어댑터를 구매하셔서 사용하면 된다.

④ 쇼핑품목

- 의류: 전통과 연결하여 옛날의 색을 많이 찾는 경우의 나라로서 버버리 (Burberry), 아쿠아스큐텀(Acquascutum) 코트에 발렌타인(Ballantyne), 프링글(Pringle) 모직제품이 유명하다.
- 도자기: 민튼(Minton), 로열 달튼(Royal Doulton) 등이 유명하다.

⑤ 국민성, 종교, 예절 및 음식

- 국민성: 겉으로 보기에는 차갑고 꼼꼼한 편이지만 인내심이 강하고 공손하다.
- 종교: 크리스트교가 65.9%이고 개신교가 53.4%, 카톨릭 9.8%, 정교회 1.0%, 이슬람교 2.6%, 힌두교 0.6%, 유대교 0.5%, 시크교 0.5%이며 무교 29.9%이다.
- 예절: 소개할 때 남자인 경우 Mr를 생략하고 성이나 이름으로 하는 것이 좋으며 여성인 경우에는 Mrs/Ms로 소개하는 것이 좋다. 인사말 대신에 악수로 대신하는 경우가 대부분이며 거친 동작과 적극적인 신체적인 접촉은 싫어하는 추세이다.
- 음식: 음식에 조미료는 대부분 생략하며 삶든가 오븐에 넣어 익히는 방법의 요리를 좋아한다. 특이한 것은 후추, 소금, 향신료를 사용해 먹는다.

(7) 현지공항 및 항공스케줄 정보

① 현지공항

- 암스테르담 공항: 경유하는 공항으로 세계에서 가장 편리하고 빠른 시간 내에 환승이 가능하며 규모는 유럽 공항답게 아시아 공항들처럼 웅장한 맛은 없지만 나름대로 특색이 있고 편리한 공항이다. 무엇보다도 공항 서비스가 좋았고 공항 이용객들을 위한 미술관, 마사지 미용실, 샤워실 등의 다양한 서비스가 있었다.

- 런던국제공항: 불특정 단체로부터 표적이 되어온 런던국제공항은 공항경찰의 삼엄한 경비로 사뭇 다른 분위기속에서 입국심사를 받아 여행의 한가로움을 느낄 수 없었지만 공항의 곳곳에 전통 있는 국가답게 정리정돈이 잘되어 있었고 직원들의 안내와 일처리 능력도 뛰어났다.

② 항공스케줄

- 2007년 6월 6일 (수) 14:50분 KL866
- 2007년 6월 10일 (수) 13:00 KL865

(8) 일정상의 세부보고

① 일정표

서울(인천) 암스테르담 런던	KL 866 KL 1027	· 인천출발(13:35) / 암스테르담 도착 (17:15) · 암스테르담 출발(19:00) · 런던 도착(19:15) 후 호텔 투숙 져리스 인 아일링턴 호텔 Jurys Inn Islington hotel
런던	대중교통	· 조식 (호텔식) · 조식 후 전일 자유여행 (대영 박물관,국회의사당, 버킹검 궁, 트라팔가 광장 등) 석식 Yorkshire Pudding (요크셔푸딩) · 호텔로 이동 후 휴식 Jurys Inn Islington hotel
런던 윈저 옥스포드	패스개시	· 호텔조식 후 햄튼코트로 향발 · 런던출발(0828) / 윈저 도착(0924) 후 반일자유관광 (윈저성,) 후 윈저출발 · 옥스포드 향발(1255)하여 옥스포드 도착(1346) 후 자유관광 (카팍스타워, 머턴 칼리지, 모들린 칼리지, 셸도니언 극장 등 보들레이언 극장) 후 호텔투숙 파크 레인 뮤즈 호텔 Park Lane Mews Hotel
옥스포드 에딘버러 런던, 맨체스터 암스테르담	패스사용	· 호텔 조식후 에딘버러로 출발(2010) / 런던 도착(1514) 런던 출발(1516) / 맨체스터 도착(2215) 미리 예약해둔 맨체스터 vs 토트햄 경기 관람 후 · 맨체스터 출발(1547) / 암스테르담(2451) 도착 〉 출발
인천		· 인천도착(1125)

② 일정별 세부보고

〈1일차〉

ㅁ 도착한 날의 암스테르담 날씨는 7℃로 가을 같은 날씨로 바람도 불며 여행하기 좋은 날씨였다. 점심식사를 한 후 오후7시에 암스테르담에서 다시 런던으로 출발하였다. 런던에 도착한 시간은 19:15분으로 피곤한 몸을 이끌고 바로 Jurys Inn Islington hotel에 투숙 하였다.

〈2일차〉

ㅁ 아침에 안개가 많이 끼어서 오늘 하루동안은 더울 거라는 예상에 얇은 옷차림으로 호텔에서 조식 후 대중교통을 이용하여 오전 10시부터 관광여행이 시작되었다. 제일 처음 가본 곳은 트라팔가 광장이며 묵었던 호텔 앞에 정류장이 있어서 바로 버스를 타고 30분 만에 도착 할 수 있었다. 1805년 '트라팔가르 해전' 의 승리를 기념하여 지어진 이름이며 중앙에 높이 약 50m의 넬슨 탑이 서 있었다. 관광지 주변에는 내 셔널 갤러리, 세인트 마틴 인 더 필즈 교회가 있고, 분수에는 수많은 비둘기가 명물중의 하나이었고 대부분의 관광객들은 사진을 찍느라 분주히 움직이는 관계로 이 곳에서 30분을 보냈다. 자유시간이 끝나고 다음 장소인 대영박물관으로 대중교통을 이용했는데 차가 많이 밀린지라 20분 거리를 40-50분이 소요되었다. 대영 박물관 (The British Museum)의 시작은 1753년 의사인 한스스론이 8만여 점의 소장품과 로버트 코튼 경, 옥스퍼드 백작의 장서를 공개하면서 시작되었는데 몇 년 후 영국 정부가 이들 자료를 구입하면서 1759년 세계 최초의 국립박물관인 대영박물관이 탄생되었다고 한다.

오후 1시정도가 대어 손님들을 이끌고 국회의사당 빅벤으로 향하였다.

국회의사당에 버스로 이동하여 20분 소요되었다. 1시간 30분 동안 자유시간을 할애 하여 고객들이 사진촬영을 할 수 있도록 해주었다. 위에 보는 것은 야경과 국회의사당의 모습이다.

국회의사당은 폭탄 테러 이후 입장이 어려워졌지만 방청 형식으로 입장이 가능하다. 매년 이곳을 방문하는 수백만명 관광객들의 시선을 사로잡는 것은 빅벤이었고 관광하는 시간이 4시를 향하고 있어 다음 장소로 빠르게 이동하였다. 이동방법은 기차를 이용하였고, 40분이 지난 후 버킹검 궁전에 도착하였다. 예상은 하였지만 사람들은 더워 보일정도로 많았다. 공개는 주로 여름철에만 행해지고 있고 버킹검 궁전이 관광객 들에게 유명하게 된 것은 앞뜰에서 행해지는 위병교대식을 보기 위함이다. 위병 교대식 때에는 많은 사람들이 몰려들기 때문에 미리자리를 잡아야 볼 수 있다. 행사가 끝나는 시간이 6시가 되어 석식을 먹으러 주위 식당에 들렀다. 식당에서 영국의 전통음식이라고 하는 푸딩으로 식사를 했는데 고객들이 맛있다고 만족해하였다. 저녁을 맛있게 먹고 버스를 이용하여 15분소요되는 Jurys Inn Islington hotel로 이동하여 휴식을 취하였다.

〈3일차〉

ㅁ 새벽부터 예상치 못한 비가 쏟아져서 하루 종일 내릴 것이라고 뉴스에서 나와 호텔 조식 후 아침 10시에 호텔 앞에서 모든 손님을 모시고 햄튼코트로 향하였다. 가는 방법은 기차를 이용하였고, 20분이 소요되었다.

다행이도 햄튼코트에 도착하니 비가 그쳐서 모든 손님들은 기분 좋은 마음으로 햄튼코트 궁전 안으로 입장했는데 궁전 안은 대부분 그림으로 장식 대어 있었다. 그림을 1시간 관람한 후 햄튼코트를 나와서 다음 장소인 윈저로 출발하였다.

기차로 30분이 소요되는 곳에 위치해 있었는데 12시가 되어 자유시간을 주었고 개인 점심시간을 갖도록 하였다. 1시간동안 점심시간으로 보낸 후 윈저성을 입장하여 둘러 보았다.

윈저성은 영국에서 가장 오래 된 왕의 거처로 11세기에 세워졌으며 성을 둘러보다 갑작스런 소나기에 모든 고객들은 황급히 비를 피해 실내로 들어갔지만 비는 그칠 것 같이 않아서 30분도 구경 못하고 다음 장소인 옥스퍼드로 출발하였다.

기차로 1시간 이동해 2시 30분경에 도착하였다. 기차로 이동 중에 소나기는 그쳤고 자유 관광으로 카팍스타워, 셸도니언 극장을 관람하였다. 카팍스타워는 세인트 마틴 교회가 있었던 곳인데 이곳은 19세기 말 교통량이 증가하면서 도로를 확장하게 되었는데 이때 사라진 교회자리에 일부 남겨진 탑이 카팍스 타워라고 한다. 카팍스 타워의 시계는 매시 15분 울리며. 타워 위로 오르면 옥스퍼드의 전경을 한눈에 볼 수 있으며 옥스퍼드에선 가장 높은 탑으로 유명하다.

원래 이 타워는 현재보다 더 높았는데, 위에서 지역주민들이 학생들에게 돌을 던져 학교측이 에드워드 3세에게 탄원서를 보내게 되었는데 이때 타워의 높이가 낮아졌다고 한다.

타워를 2시간 관람한 후 4시 30분경 날씨는 맑아지고 있었고, 셸도니언 극장으로 향하였다. 도보로 이동하여 15분 걸렸으며, 셸도니언 극장은 인파들이 몰리지 않아 관람하는데 어려움이 없었다. 노을이 지면서 6시경에 파크 레인 뮤즈 호텔 Park Lane Mews Hotel로 향하여 휴식을 취하였다.

〈4일차〉

ㅁ 우리나라와 같이 맑은 하늘이었고 호텔 조식 후 바쁜 일정에 맞추어 8시에 호텔 앞 주차장에서 기다리던 관광버스를 타고 우리나라 축구스타인 박지성의 경기를 보기 위해 바쁘게 움직였다.

에딘버러로 가는 기차를 타고 출발하였는데 시간은 30분 정도 걸렸으며, 도착하자마자 20분 간격의 기차로, 맨체스터로 이동하였다. 9시가 되어 맨체스터에 도착하였고, 매표소에서 미리 예약해둔 표를 받고, 경기장을 들어갔다. 박빙의 대결로 인파들은 엄청 북적댔으며, 고객들은 경기가 시작되자마자 곧 바로 경기 속으로 빠져 들어갔다.

경기가 끝난 후 맨체스터에서 암스테르담으로 출발하였다. 시간은 오전 12시 경이 되었고 공항에서 간단한 식사를 한 후 암스테르담에서 인천으로 향하는 비행기에 탑승하여 오후 1시에 출발하였다. 기내에서 고객들은 출발 때보다 귀국할 때가 더 지친표정으로 잠을 청하기도 하고 얼굴에 피로가 가득한 느낌을 지울 수 없었다. 다음날 오전 11시 15분경에 10시간동안의 긴 비행 끝에 인천공항에 도착하여 귀국수속을 마치고 고객들과의 작별인사를 한 후 해산하였다.

(9) 각 항목별 세부보고 및 평가

① 호텔평가

□ Jurys Inn Islington hotel: 첫째 날과 두 번째 날 묵었던 아일링턴 호텔은 별 4개짜리 호텔로 시내에서 6분 거리로 이동할 때에 편하여 손님들에게 좋은 호평을 받았다. 별 5개 호텔과 같은 로비와 식당과 객실은 손님들에게 아주 만족스러움을 주었다.

□ Park Lane Mews Hotel: 셋째 날 묵었던 호텔로써 별 4개 파크레인 뮤즈 호텔은 로비가 화려하고 식당도 규모가 컸지만 관광객이 많아 혼잡스럽기도 했다. 하지만

종사원들의 서비스 수준도 좋았고 가격도 저렴하였으며 불편한점 없이 고객 대부분이 만족해했다.

② 식사평가

- ㅁ 현지식: 영국의 전통음식인 요크셔푸딩을 고객들이 좋아했다.
- ㅁ 한정식: 해외에서 맛보는 찌게를 대체적으로 좋아했지만 맛은 없었다.
- ㅁ 기내식: 고객들 대부분이 좋아했다.

③ 현지 가이드 평가

영국출장에서 만난 현지 가이드는 전문가이드가 아니기 때문에 일정표상의 관광지에 대해서 잘 알지 못했다. 유학 온 학생들로서 용돈을 벌기 위한 목적으로 가이드를 했기 때문인지 어색한 모습이 곳곳에서 나타났고 고객들의 심정을 잘 이해하지 못해 TC 로서 애로사항이 많았다.

④ 교통편 평가

- ㅁ 관광버스: 차량과 에어컨 상태가 대체적으로 좋았지만 런던시내에서 교통체증 등으로 일정표에 나오는 시간을 지키는데 어려움이 많았다.
- ㅁ 지하철: 편도요금은 4.7파운드이며 지하철 실내 분위기는 좋았지만 탑승구 곳곳에 경찰들이 삼엄한 경비를 하는 바람에 약간의 긴장감이 감돌기도 했다.

(10) 주의사항

- ㅁ 영국의 치안 상태는 대체적으로 양호하지만 IRA의 테러 위협으로부터 완전히 해소된 것은 아니므로 주의가 요망된다.
- ㅁ 영국내의 관광지는 박물관 내부를 제외하고는 사진 촬영 제한이 없으며, 관공서 역

시 특별히 사진 촬영 제한 표시가 되어 있지 않는 한 자유롭게 외부 촬영 가능하다.

- □ 영국의 교통 체제(차량 핸들, 로터리, 회전 방향, 차량 주행 방향)는 한국과 반대이므로 여행자들은 도로 횡단 시 또는 차량 운전에 특히 유의할 필요가 있다.
- □ 폭발물 테러에 대비하여 경찰의 경비가 철저한 바, 주인 없는 가방이 도로나 공중전화박스에서 발견되면 비상이 걸리게 되므로 특히 신경을 써서 가방을 아무곳에나 내려놓고 다른 일을 보지 않도록 주의해야한다.
- □ Soho 지역에서 스트립 클럽 같은 곳에 잘못 들어가면 두들겨 맞고 돈도 몽땅 뜯기고 나오는 경우가 있으니 절대로 삐끼를 따라가지 않도록 주의를 한다.

(11) 전체행사의 문제점과 개선 건의 사항

유럽여행을 4박 5일로 다녀온다는 것은 힘든 일정이다. 좀더 기간을 늘려 볼 것을 고려해야겠고, 중식과 석식은 추가비용, 개인여비를 충분히 가져가게 해서 음식을 준비하고 먹을 수 있도록 권고를 해야 했는데 그렇게 하지 못해 아쉬움이 많다. 또한 고객들이 자유시간이 좀 부족 했던 관계로 아쉬움을 많이 가지는 것 같아 자유시간을 여행일정에 많이 넣도록 하는 것이 좋을 것 같다.

(12) TC 긴급 연락처

- □ HP: 010-0000-0000
- □ 사무실: 02-1111-2222
- □ E-mail: 00000@naver.com

10) 스위스 출장보고서(시나리오)

(1) 상품명

알프스산을 한눈에

(2) 출장기간

2007년 5월 20일~2007년 5월 27일(5박8일)

(3) 방문지역

인천 – 홍콩 – 취리히 – 루체른 – 인터라켄 – 융프라우요흐 – 체르맛 – 빙하특급 – 루가노 – 취리히 – 동경 – 인천

(4) 행사인원 및 단체의 특징

① 행사 인원

○○대학교 관광학과 동아리 학생 14명 + TC1명 + 현지 가이드1명

② 단체 특징

○○대 관광학과 동아리 학생들은 TC를 목표로 공부를 하고 있고 TC가 꿈인 학생들은 사람들에게 여행의 즐거움을 알려주고 정보를 주어야 하기 때문에 직접 다녀 보고 경험해봐야 한다는 취지에서 가게 되었다. 세부사항보다는 전체적인 스케줄이나 현지 가이드가 소개해주는 관광지에 대한 정보, 설명방법, 호텔, 관광지에서의 불편사항 등을 위주로 파악하여 보고자 이번여행에 동참한 것 같다.

(5) 출발시의 문제점 및 개선방안

날씨변화가 심한 스위스에 대한 주의 사항을 하지 않아 우산이나 따뜻하게 입을 수 있는 두꺼운 외투 등을 챙겨오지 못한 관광객이 있었다. 미리 공지를 하여 숙지하게 했어야 했는데 결국 우산이나 외투를 현지에서 사게 될 수밖에 없었다. 날씨에 대한 정보를 정확히 알아보고 공지를 해야겠다고 생각했다. 또 축제가 많은 스위스에서 축제기간을 피해 여행을 가게 된 것에 대해서 고객들이 아쉬워했고 다음출장에는 축제 기간을 미리 숙지해서 축제를 관람할 수 있도록 해야겠다. 또한 저녁과 점심은 개별적으로 하는 계획이었던 관계로 음식에 대한 공지를 제대로 해주지 못해 관광객들이 점심을 먹는 것에 대한 어려움이 있었다.

(6) 여행지 일반정보내용

스위스는 유럽 중부 내륙에 위치해 있으며 북쪽으로 독일, 동쪽으로 리히텐슈타인, 오

(10) 주의사항

□ 도난사고에 주의해야 한다.

스위스가 안전한 지역임에는 틀림없으나 이는 치안과 사회질서에 해당하는 말이며, 대중장소(공항, 기차역, 기차내, 정거장, 레스토랑 및 호텔)에서는 어느 나라와 마찬가지로 도난사고(소매치기)가 잦은 편이니 사전 유의하는 것이 바람직 하다.

※ 여권 등 분실 및 도난 사고의 70% 정도가 기차역과 기차 내에서 일어나므로 각별한 주의 필요하다.

□ 융프라우 등 산악지역 여행 시에는 현지 가이드의 조언에 따라 단체행동을 하고, 무리한 산행, 물놀이 등을 삼가야 하며 산악지역의 강들은 위에서 보는 것과는 달리 밑에는 급류가 흐르고 있으며, 빙하가 녹아서 흐르는 물이기 때문에 수온이 낮아 강물에 뛰어드는 것은 매우 위험하다.(심장마비 등 사망사례 빈번)

□ 수도물은 석회질을 다소 함유하고 있으나 음료수로 적합함.

□ 등산열차 및 케이블카 이용하여 높은 곳에 올라갈 때는 기압차 및 기온차가 크다는 점을 항상 유의하여 필요한 옷가지 등을 준비해 간다.

□ 관광 도중 사고가 발생한다든지 하여 문서에 서명할 경우 자신이 잘못하지 않는 내용에는 절대로 서명하지 말아야 한다. 그렇지 않을 경우 서명에 대한 책임을 지므로 원하지 않는 결과가 발생할 수도 있다.

□ 자기가 가지고 있는 돈을 여행일정에 맞추어 계획적으로 써야 한다.

유럽 각 국가들(동유럽은 제외한) 한국에 비해 물가가 높아 자신의 여행경비를 계획적으로 사용하지 않으면 예상보다 훨씬 많은 돈을 소모하게 된다.

□ 여행자들이 많이 이용하는 숙소는 여러 사람이 함께 자는 경우가 많기 때문에 항상 도난의 우려가 있으므로 중요품은 몸에 지니고 있어야 하며 양말이나 심지어 속옷까지도 분실우려가 있다.

□ 밤늦게 돌아다니지 말고 한적한 거리 및 골목을 주의하며 다녀야 한다.

밤늦게 도착할 시 환전에 대한 문제, 숙소 예약 관계(대부분 낮 시간대에 만원이 되는 경우 발생), 이동문제가 생기게 된다. 또한 도시 내에서의 뒷골목을 돌아다니는 행위는 위험하다.

(11) 전체행사의 문제점과 개선 건의 사항

스위스라는 국가를 TC로 처음 가보았는데 미숙한 점이 많았다. 전체적인 리더십을 발휘하지 못했고 나도 스위스에 대한 지식이 많지 않아 제대로 설명해 줄 수 있는 부분이 많이 있지 못했다. 이번 패키지는 가격이 저렴하다는 장점이 있어서 젊은이들이 찾았지만 대학생들이 원하는 일정들이 다소 부족했지만 TC가 꿈인 학생들에게는 배울 수 있는 유익함이 있어야 한다고 판단되어 이 패키지를 진행하게 된 것이다. 하지만 단체의 특징을 잘 살리지 못하고 여타의 다른 패키지와 비슷한 패키지가 되었다는 것을 부인하지 않는다.

다른 여행사들이 가는 지역이 아니라 새로운 관광지를 관광코스로 개발해 행사를 하면 좋겠다. 그리고 해외에 나가서 다른 사람에게 피해를 주는 행위는 좋지 않다는 것을 주지해야 겠다.

(12) TC 긴급 연락처

- HP: 01 · 0-0000-0000
- 사무실: 02-1111-2222
- E-mail: 00000@naver.com

11) 이탈리아 출장보고서(시나리오)

(1) 상품명

고대유적지 로마에서 휴식을

(2) 출장기간

2007년 5월 16일~2007년 5월 23일

(3) 방문지역

인천 - 로마 - 카프리섬 - 나폴리 - 피렌체 - 베네치아 - 밀라노

(4) 행사인원 및 단체의 특징

행사인원	○○대학교 의상디자인과 성인 11명 ∴ 총 14명 확정 · TC 1명 · 현지 가이드 2명 · 아동 / 유아 0명
단체특징	· 최고의 의상디자이너를 꿈꾸는 00대학 의상디자인과 11명. · 패션의 본 거장 이태리의 패션계의 흐름을 알아보고, 특히 패션의 거리로 유명한 피렌체와 밀라노에서 직접 눈으로 보고, 체험하는 일정이다. · 다양하고 개성이 강한 의상을 잘 소화하고, 우리나라에 비해 자유분방한 · 현지인들에게 큰 관심을 보임.

(5) 출발시의 문제점 및 개선방안

사전 설명회 때 충분히 이해를 했는지 인천국제공항에 집합하는 시간에 늦지 않고 고객들이 모여 주었고 여권이라든지 기타 준비물 또한, 차질 없었다.

(6) 여행지 일반정보내용

① 여행 중 온도 및 기후

이탈리아의 기후는 따뜻하고 4계절의 구분이 확실하여 전체적으로 우리나라의 기후와 비슷하다. 다른 점은 여름이 건조하고 겨울에는 비교적 비가 많이 온다는 점이다.

또 이탈리아는 남북으로 긴 나라이기 때문에 지역에 따른 기온차가 크다는 것에 주의한다. 사계절 모두 각각의 매력이 있어 일년 내내 언제 방문해도 즐겁지만 7, 8월은 성수기로 어디든 관광객으로 붐비므로 천천히 여행을 즐기고 싶은 사람들은 봄이나 가을이 좋다.

북위 36°~47°에 걸쳐 있어 일년 내내 온난한 지중해성 기후이며 7, 8월의 관광시즌에는 비가 거의 오지 않고 햇빛이 강하여 선글라스가 필수이며 우리나라에서보다 훨씬 강렬하다. 또한, 이번출장기간의 기온은 평균20℃ 안팎으로 비교적 여행하기에는 좋은 편이다.

월 별	1월	2월	3월	4월	5월	6월	7월	8월	9월	10월	11월	12월
최고평균	11	13	15	19	23	27	31	30	27	21	16	12
최저평균	3	4	7	9	12	16	19	18	16	12	8	4
평균	8.1	8.6	11.1	13.9	18.1	21.7	24.5	24.5	22.2	17.2	12.5	9.2
강우일수	10	10	9	9	8	5	2	3	6	11	12	12

② 환율 및 화폐정보

1991년 1월 1일 유로화 (C)가 11개국의 유럽 연합국에서 공식 화폐로 선포되었으며, 2002년 1월 1일부로 국내 화폐들이 완전히 대체되었다. 유로화에는 500, 200, 100, 50, 20, 10, 5 단위의 7가지 지폐와 8가지 동전이 있다. 동전의 한 면에는 공통적인 유럽 디자인이 있고, 다른 면에는 회원국의 국가적인 고유디자인이 표시되어 있으며 이태리 대부분의 대도시에서는 유로화로 대체되었으나, 지방이나 시골의 경우 리라 (£)로 표기된 경우도 있다.

호텔에서 환전 가능하나 환율은 다소 불리함. 상점에서도 달러가 통용되며, 호텔 보다 환율은 유리한 편이다.

□ 은행, 환전소(Cambio) 개점시간

- 은행(토, 일 휴무): 08:15~13:30, 15:00~16:00
- 환전소(개점시간 독립적 운영, 일부 토, 일 영업): 09:00~13:00, 15:00~18:00 또는 08:30~13:00,14:00~19:00

□ 화폐단위

- 지폐: 5, 10, 20, 50, 100, 200, 500 유로
- 동전: 1, 2, 5, 10, 20, 50 센트, 1, 2 유로

③ 시차 및 전압

□ 시차: 한국보다 8시간 늦다. 한국이 정오면 이탈리아는 새벽 4시이다. 단, 서머타

임 기간(3월 마지막 일요일부터 9월 마지막 일요일까지)에는 7시간 늦다.

- 전압: 전압은 220V 50Hz이며 프리볼트 한국 가전제품을 그대로 사용할 수 있으며, 주파수는 한국과 틀리므로 정밀제품은 변압기를 사용하는 것이 좋다.
  또한 플러그가 한국과 다르기 때문에 여행용 플러그를 구입해야 한다.(공항에서 판매함)

④ 쇼핑품목

이탈리아를 방문하게 되면 최고급상품에서부터 벼룩시장에서 볼 수 있는 말단제품까지 구입 가능한 쇼핑 코너가 즐비하다. 가죽제품, 의류 등은 세계적인 수준을 자랑한다.

⑤ 국민성, 종교, 예절 및 음식

- 국민성: 오랜 역사를 바탕으로 가족애가 강하고 낙천적인 성격이 대부분이다.
- 종교: 카톨릭이 98%로서 다수를 차지한다. 나머지는 기독교, 이슬람교 등이다.
- 예절: 출신지역, 직업과 계급 등에 의해 예절이 달라지는 경향이 강하고 타인에 대해서는 배타적이지만 잘못을 했을 경우에는 관대한 편이다.
- 음식: 소박하고 풍성하며 재료의 맛을 그대로 유지하고자 하는 경향이 있다. 대표적인 요리로 파스타(스파게티)와 피자 등으로 유명하다.

(7) 현지공항 및 항공스케줄 정보

① 현지공항

피우미치노 공항에서 로마의 관문격인 테르미니역까지 직행열차가 운행되고 있다. 06:27~22:00까지 1시간 간격으로 운행되며, 소요 시간은 약 30분, 요금은 1만 5000L. 테르미니 역은 지하철 A선과 B선이 교차하고 있어, 시내 곳곳으로 편리하게 이동할 수 있다. 지하철 운행 시간 이후에 도착한 경우에는 심야 버스를 이용한다. 공항에서부터 티부르티나 (Tiburtina) 역까지 하루 4회 01:15, 02:15, 03:30, 05:00에 출발한다. 소요 시간은 45분 정도, 요금은 7000L.

② 항공스케줄정보

비행시간　　비행시간: 11시간 35 분　　비행거리: 8968 Km(5579 Mile)

출국일정 05월 16(수) Seoul(Incheon) → Rome(Leonardo Da Vinci)

번 호	편 명	출발도시	도착도시	출발일자	출발시각	도착시각	경 유
1	대한항공 (KE 927편)	Seoul (Incheon)	Rome (Leonardo DaVinci)	5월 16일 (수)	09:00	01:10	-
2	대한항공 (KE5901편)	Seoul (Incheon)	Paris (Charles De Gaulle)	5월 16일 (수)	09:55	14:40	-
	에어프랑스 (AF2104편)	Paris (Charles De Gaulle)	Rome (Leonardo Da Vinci)	5월 16일 (수)	16:05	18:10	-
* KE5901편은 AF 267 - AIR FRANCE 항공기로 운항 됩니다.							
3	대한항공 (KE 901편)	Seoul	Paris	5월 16일 (수)	13:50	18:25	-
	알리탈리아 항공 (AZ 329편)	Paris	Rome	5월 16일 (수)	20:10	22:15	-

귀국일정 05월 23일(수) Rome(Leonardo Da Vinci) → Seoul(Incheon)

번 호	편 명	출발도시	도착도시	출발일자	출발시각	도착시각	경 유
1	알리탈리아항공 (AZ7714편)	Rome (Leonardo Da Vinci)	Amsterdam	5월 23일 (수)	20:10	14:05	-
2	대한항공 (KE 928편)	Rome (Leonardo Da Vinci)	Seoul (Incheon)	5월 23일 (수)	14:00	07:30	-
	대한항공 (KE 926편)	Amsterdam	Seoul (Incheon)	5월 23일 (수)	18:50	12:35+1	-
3	루프트한자항공 (LH3845편)	Rome (Leonardo Da Vinci)	Frankfurt	5월 23일 (수)	14:45	16:45	-
	대한항공 (KE 906편)	Frankfurt	Seoul (Incheon)	5월 23일 (수)	19:45	13:00+1	-

로마의 레오나르도 다빈치 공항이나 밀라노의 말펜사 혹은 리나테 공항으로 입국하게 된다. 한국에서 이탈리아(로마)로 가는 직항노선은 대한항공과 알리탈리아항공이 있다. 이 밖에도 에어프랑스, 네덜란드항공과 알리탈리아항공을 이용해 파리나 암스테르담을 경유하여 갈 수도 있다.

(8) 일정상의 세부보고

① 일정표

일 자	도 시	교통수단	시 간	일 정
1일차 16일	인천	[KE] 972	[09:00]	· 인천 출발 기내식 후 휴식
2일차 17일	로마 (바티칸)	전용버스	 [12:00] [13:00] [18:30] [07:00] [10:00] [12:00] [18:30]	· 중식 / 기내식 · 로마 레오나르도 다빈치 공항 도착 – 현지지원의 공항영접 및 호텔이동과 여행일정에 대하여 현지직원 담당가이드 브리핑 청취 후 카톨릭의 본산인 바티칸시국으로 이동 · 바티칸시국/바티칸박물관 · 산피에트로성당 · 베네치아광장/ 캄피돌리오/ 로마공회장 /콜로세움/ 트레비분수/스페인광장/판테온 등 관광 · 석식 / 호텔식 · 호텔투숙/ 자유 시간
3일차 18일	폼페이 (아말피)	전용버스 페리	[07:00] [10:00]	· 호텔식 뷔페 조식 후 관광 · 폼페이 – 나폴리를 경유하여 폼페이 탐방 – 나폴리 역 – '모로베베렐로' 항구 · 카프리 섬 (페리 이용료 포함:15유로) – 아나카프리 ※ 선택관광 카프리 푸른동굴: 20유로 몬테솔라로 리프트: 7유로 (1인용 20~30분 소요)

	카프리섬 포지타노 아말피		[12:00] [18:30]	· 중식(자유식) 후 포지타노 이동 · 포지타노(전용버스) – 포지타노 관광, 자유쇼핑(주요산물: 레몬) · 아말피(전용버스) – 아말피 해안 해수욕 · 나폴리 이동 · 석식 / 한식 · 호텔 투숙 / 자유 시간
4일차 19일	피렌체	ES: 기차 전용버스	[07:00] [09:30] [12:30] [19:00]	· 호텔식 뷔페 조식 후 체크아웃 /피렌체 출발 – (ES이용료 포함: 60유료) – 나폴리 – 피렌체 ES: 3시간소요 · 피렌체 도착 / 중식(한식)후 쇼핑몰 투어 · 피렌체 유명쇼핑몰/자유쇼핑 – THE MALL, PRADA, FENDI – 일반가격의30%~70% 할인가격(도매 안됨) · 두오모 성당 / 산타마리아노벨라성당 / 아카데미아 미술관 / 베키오 다리 / 칼차이우올리 거리 / 미켈란젤로 광장 관광 · 석식 / 이태리식 마짱꼴레(해물코스요리) · 호텔투숙/ 휴식
5일차 20일	베네치아	전용버스	[07:00] [13:00] [18:30]	· 호텔식 뷔페 조식 후 체크아웃 – 피렌체 – 베니스 약 270KM 약 4시간 소요 · 중식(뷔페식) 후 베네치아 관광 · 산마르코대성당 / 두칼레 궁전 / 탄식의 다리 / 산타루치아 / 베니스 대운하 투어(곤돌라 탑승) 무라노 섬 가면 · 유리공예품 자유 관광/ 자유 쇼핑 베니스 곤돌라 포함. (50유로) · 자유 관광(무선 수신기가 제공) · 석식 / 이태리 정통 스테이크 · 호텔 투숙 / 휴식
			[07:00] [13:30]	· 호텔식 뷔페 조식 후 체크아웃 – 베니스 – 밀라노 약 285KM 약 4시간 소요 – 중식(한식) 후 밀라노 관광 · 밀라노대성당 / 스포르체스코 성 / 산타마리아 델레

6일차 21일	밀라노 로마	전용버스 라이언 에어 [JT]	 [18:30] [20:00]	그 라치에 / 스칼라 극장 / 국립미술대 브레라대학 거리 관광 · 빅토리오/ 엠마누엘레 패션거리 · 몬테나폴레오네(Montenapoleone) · CORSO COMO 10 – 정상의 디자이너들의 옷들이 나 잡지 패션관련 서적 등이 전시 · 자유 관광 / 자유 쇼핑 · 석식 / 이태정통 퐁듀 요리 · 밀라노 말펜자 공항 출발 – 로마 레오나르도 다빈치 공항 도착 · 호텔 투숙 / 휴식
7일차 22일	로마	전용버스 [KE] 928	[07:00] [12:00] [14:00]	· 호텔식 뷔페 조식 후 체크아웃 – 로마시내 자유관광 / 쇼핑 · 중식 / 이태리 정통 피자, 스파게티 · 레오나르도 다빈치 공항 – 인천국제공항 출발 · 출국수속 / 세금정산 / 기내식 후 휴식
8일차 23일	인천	[KE] 928	[07:30]	· 인천국제공항 도착

② 일정별 세부보고

〈1일차〉

ㅁ 07시까지 인천국제공항 3층 G와H테이블사이에서 만나기로 약속을 설명회 때 해서 그런지 고객들이 한명도 늦지 않았다. 출국 준비 및 탑승에 관련된 수속을 마친 후 09시에 KE972편으로 출국을 했다.

〈2일차〉

ㅁ 중식은 기내식으로 하고 로마의 레오나르도다빈치 공항에 현지시간으로 13시에 도착하여 입국수속을 마치고 현지 가이드와 만나 의견을 조율하고 곧바로 관광버스로 탑승하여 버스 안에서 고객들에게 이번여행에서 가이드업무를 수행할 현지 가이드를 소개하고 간단한 인사를 한 후 첫번째 관광지인 카톨릭 성지 바티칸 시국으로 갔다. 차례로 바티칸박물관, 산피에트로성당, 베네치아광장, 캄피돌리오, 로마공회장, 콜로세움, 트레비분수, 스페인광장, 판테온 등을 차례로 관광을

하고 숙소인 HOSIANUM PALACE HOTEL에서 석식을 하며 고객들과의 의견을 나누고 자유시간을 통해 휴식을 취했다. 고객들을 객실로 돌려보내고 현지 가이드와 명일 일정에 대해서 의견을 나눈 후 호텔에 모닝콜을 부탁한 후 잠자리에 들었다.

〈3일차〉

□ 고객들보다 1시간 먼저 일어나서 준비를 한 후 고객들과 같이 식사하는 뷔페식당으로 가서 조식을 하고 중간 중간에 고객들의 건강을 체크인 하면서 08시 30분에 호텔 정문에서 관광버스로 3일차 일정이 진행됨을 주지시켰다. 나폴리에서 폼페이를 관광하고 카프리섬까지 페리로 이동하며 지중해 바다의 정경을 감상할 수 있었다. 점심을 한 후 포지타노로 이동하여 관광과 쇼핑을 하며 휴식을 잠깐 동안 취한 후 아밀피 해수욕장에서 해수욕을 하며 즐거운 시간을 보낸 후 나폴리로 이동해 근처식당에서 한식으로 식사를 했고 HOLIDAY INN HOTEL로 이동해 객실을 배정시킨 후 객실사용에 대한 안내를 하고 객실로 올려 보냈다. 현지 가이드와 명일일정에 대한 의견을 나누고 휴식을 취했다.

〈4일차〉

□ 07시에 호텔 뷔페로 조식을 하고 09시 30분에 피렌체로 이동하여 12시 30분에 도착했다. 중식은 한식으로 하고 쇼핑몰에서 자유롭게 고객들의 요구에 부흥해서 그런지 많은 유명한 제품을 구매했다. 그 후에 두오모 성당과 산타마리아노벨라성당, 아카데미아 미술관, 베키오 다리, 칼차이우올리 거리, 미켈란젤로 광장을 차례로 관광을 하고 석식은 이태리식 마짱꼴레(해물코스요리)로 했다. LONDRA HOTEL에서 투숙을 하고 고객들은 휴식을 취하며 자유시간을 보내게 한 후 현지 가이드와 명일일정을 이야기 한 후 고객들의 이상 유무를 확인하고 잠자리에 들었다.

〈5일차〉

□ 07시에 뷔페로 식사를 하고 09시에 출발하여 4시간이 소요되는 베니스에 13시에 도착해서 중식을 하고 산마르코대성당, 두칼레 궁전, 탄식의 다리, 산타 루치아, 베니스 대운하를 곤돌라를 탑승하며 관람 한 후 석식은 이태리 정통 스테이크로 하고 TEREL ALEXANDER PALACE HOTEL에 투숙을 했다.

〈6일차〉

□ 07시에 뷔페로 식사를 하고 09시 30분에 출발해서 미라노에 4시간 후인 13시 30분에 도착해 한식으로 점심을 한 후 밀라노대성당, 스포르체스크성, 산타마리아 델레 그라치에, 스칼라 극장, 국립미술대 브레라대학 거리 등의 순으로 관광을 했다. 고객들의 요청에 의해 쇼핑시간을 좀더 할애하고 석식은 18시 30분에 이태리 정통 풍듀요리로 한 후 HOSIANUM PALACE HOTEL에 투숙을 했다. 현지 가이드와 마지막 일정인 명일 내용을 이야기하고 항공기 예약 유무를 확인 후 휴식을 취했다.

〈7일차〉

□ 07시에 기상을 하고 호텔에서 식사를 한 후 곧바로 로마시내에서 관광하는 요령과 레오나르도 다빈치 공항에 13시까지 도착할 수 있도록 교육시킨 후 고객들에게 자유시간을 주었다. 공항에 도착한 고객들은 한사람도 빠짐없이 시간을 준수하여 주었고 고객분 중에는 오전에 로마시내를 돌아다니면서 여러 가지 좋은 체험을 했노라고 하면서 특히, 중식으로 스파게티를 먹은 것이 기억에 남을 것이라고 했다. 귀국수속을 마치고 현지 가이드와 작별 인사를 한 후 14시에 KE928항공편으로 귀국길에 올랐다.

〈8일차〉

□ 기내에서 고객들은 이번여행에 대한 만족감으로 여러 가지 관광지 관람을 통해 얻은 내용들을 이야기하는 분과 피곤해서 잠을 청하는 고객들도 있었다. 07시 30분에 인천국제공항에 도착하여 입국수속을 끝마치고 1층 로비에서 고객들과 마지막 작별인사를 한 후 하나님 은혜 가운데서 출장업무를 무사히 마칠 수 있었다.

□ 주요관광지 정보

■ 숙소정보

· HOTEL HOSIANUM PALACE – 로마 ★★★★

로마 Venezia 광장에서 50M 떨어진 곳에 위치하는 이 호텔은 주변 쇼핑몰이나 관광지까지 도보로 이동이 가능한 위치이다. 노란색 외관의 건물로 객실은 총 28개이고 에어컨, 미니바, 위성 TV 등의 시설들이 잘 갖추어져 있다. 꼭대기 층에는 테라스가 있어 전망을 감상할 수도 있으며 금연실 이용도 가능하다. 체크인은 오후 2시부터 할 수 있고 체크아웃은 정오까지 해야 한다.

호텔주소: Via dei Polacchi, 23 [PostCode:00186] - ITARY	
전화번호: Tel: 39 - 06 - 6971 - 91 / Fax: 39 - 06 - 6971 - 9064	
부대시설	객실시설
장애자용 시설 세탁시설 / 서비스 리무진서비스 Tour Service 바 / 라운지 무료신문서비스 회의실	에어컨 위성TV 직통전화 헤어드라이어 다리미 미니바/냉장고 금연객실 무료조간 커피메이커, 티포트

· HOTEL HOLIDAY INN - 나폴리 ★★★★

Capodichino 국제공항과도시까지 2km/1,2miles 떨어져 있으며, 가까운 기차역까지 1km/0,6miles 떨어져 있다. 4성급 호텔로서 330개의 객실이 있으며, 2개의 레스토랑, 바, 피아노 바, 주차시설및 발렛서비스, 세탁서비스, 스파, 사우나, 수영장, 피트니스센터, 13개의 미팅룸, 3개의 보드룸, 4개의 비즈니스 스위트룸이 있다.

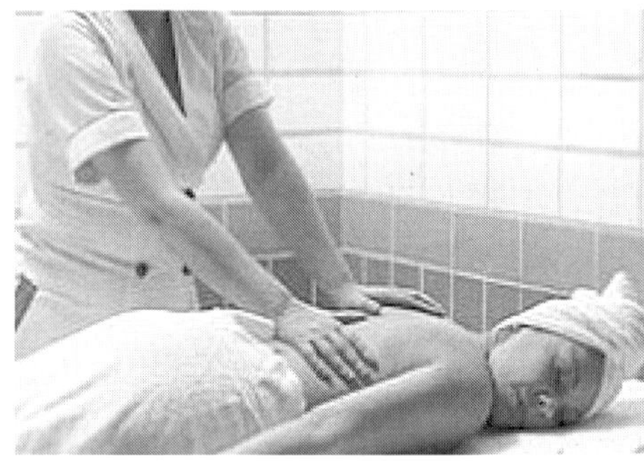

호텔주소: Centro direzionale, Isola e/6 80143 Naples, [PostCode: 80143] - ITARY		
전화번호: Tel: 39 - 081 - 225 - 0111 / Fax: 39 - 081 - 225 - 0683		
부대시설		객실시설
		에어컨
비즈니스센터	Baby Sitting	TV 위성TV
피트니스센터	포터서비스	인터넷Access
헬스클럽	주차시설	직통전화
실내 수영장	룸서비스	헤어드라이어
사우나	바/라운지	자동알람
레스토랑 2	셔틀버스: 공항	미니바/냉장고
세탁서비스		Safety Box
		커피/차

· HOTEL LONDRA - 피렌체 ★★★★

피렌체의 중심의 Piazza Santa Maria Novella 근처에 위치한 Londra Hotel은 전반적으로 심플한 가운데 우아한 멋이 느껴지는 호텔로서 넓고 아늑한 객실과 고급스럽고 다양한 부대시설 그리고 친절한 서비스를 제공하는 전형적인 4성급 호텔이다. 총 158개의 객실은 Classic Room, Superior room, Junior room, Executive room으로 나누

호텔주소: Via Jacopo Da Diacceto 16/20, Florence [PostCode:50123] - ITARY		
전화번호: Tel: 39 - 055 - 27390 / Fax: 39 - 055 - 210682		
부대시설		객실시설
비즈니스센터	주차시설	에어컨
피트니스센터	룸서비스	위성TV
사우나	환전서비스	직통전화
레스토랑	바/라운지	헤어드라이어
장애자용 시설	무료신문서비스	라디오
세탁시설 / 서비스	회의실	다리미
포터서비스		미니바/냉장고
		Safety Box

어져 있으며, 위성 TV, 미니 바, IDD 전화, 오디오 시스템, 에어컨, 라운지, PC/Modem 단자, 헤어 드라이어 등의 편의시설이 준비되어 있다.

이외에 뷔페 및 피렌체 전통음식 그리고 해외의 별미를 맛볼 수 있는 레스토랑 등 다양하고 폭넓은 서비스와 부대시설을 제공하고 있어 관광 또는 비즈니스 고객 모두가 만족할 만한 시간을 보낼 수 있는 곳이다.

■ 관광 정보

· 바티칸 (Vatican)

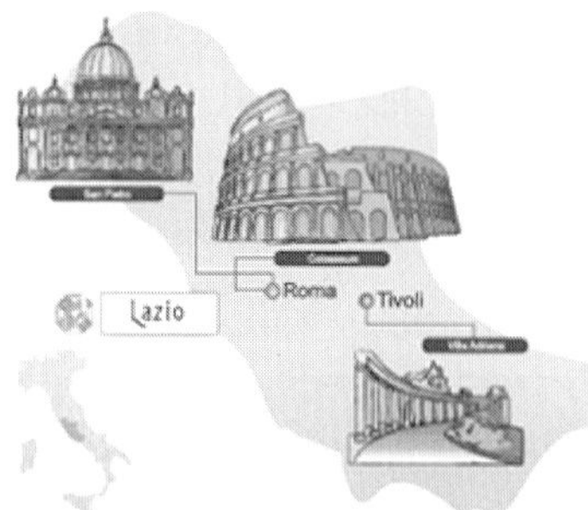

이탈리아의 수도인 로마 안에는 바티칸이라는 또 하나의 국가가 있다. 세상에서 가장 작은 독립국으로 잘 알려져 있는 이 곳은 전세계 카톨릭의 총본산이라는 성스러운 의미 외에도 미켈란젤로의 불굴의 명작인 "천지창조"와 라파엘로의 "아테네 학당" 등 책에서만 볼 수 있었던 훌륭한 예술작품들을 직접 감상할 수 있는 이탈리아 미술의 보고이기도 하다.

· 산피에트로성당(San Pietro)

성베드로대성당이라고도 한다. 가톨릭의 총본산으로서 유럽 역사에 중요한 역할을 하였다. 기원은 성(聖)베드로의 무덤 위에 세워진 4세기의 바실리카식 성당으로 거슬러 올라가며, 16세기 미켈란젤로를 비롯한 당시의 대표적 건축가들에 의해 전성기를 맞은 르네상스 양식으로 재건되었다.

· 베네치아광장(Piazza Venezia)

빅토리아 임마누엘2세 기념관이라고도 불리워지는 이곳은 이탈리아 초대 국왕인 빅토리오 엠마누엘 2세의 즉위를 기념해서 세운 것으로써, 베네치아 광장 남쪽에 세워져 있으며, 정면의 기마상이 엠마누엘 2세이다. 계단 서쪽에 세워진 동상중 우측은 '조국애의 승리', 좌측은 '노동의 승리'를 나타내고 있다. 건물 제일 높은 층의 상부에는 이탈리아 주요 도시의 상징이 올려져있고 양측의 커다란 두개의 문위에는 네마리의 말이 끄는 마차가 보인다.

· 캄피돌리오(Campidoglio)

캄피돌리오는 고대 로마 발상지(제우스 신전 위치)로써 16C경 미켈란젤로가 광장을 설계하였고, 현재 로마시청이 있다. 또한 고대로마 유적 박물관(Capitoline 광장)이 위치하고 있다.

카피 톨리노 언덕에 있는 광장으로 바닥이 기하학적 무늬로 장식되어 있는 이 광장은 르네상스 양식의 중후한 건물들로 둘러싸여 있다.

좌우에 있는 건물들과 함께 미켈란젤로가 설계한 광장으로, 왼쪽에 있는 건물이 카피톨리노 박물관, 오른쪽의 건물은 콘세르바토리 궁전이 있다.

· 로마공회장(Foro romano)

로마시내의 베네치아 광장과 콜롯세움 사이에 펼쳐진 큰 광장은 로마 시대 시민들의 생활 중심지였다. 포리 임페리얼 거리에서 안으로 들어서면 바로 오른쪽에 서 있는 원주가 에밀리아의 바실리카이다. 기원전 179년에 세워진 금융의 중심지로서 은행이 있었으나, 410년의 서고트족의 로마 점령때 화재를 입었고, 그 때 녹은 화폐흔적이 아직도 남아 있다.

· 콜로세움(Colosseum)

정식으로는 '훌라비오 원형극장(圓形劇場)' 이라고 한다. 훌라비오 황제 때 세워진 것으로 베스파시아누스 황제가 착공하여 80년 그의 아들 티투스 황제 때에 완성하였다. 중세에는 '거대한 건축물' 이란 뜻으로 쓰였다.

제정기(帝政期) 로마의 복반은 로마 시민의 오락시설로서, 여기에서는 글라디아토르(劍鬪士)의 시합, 맹수연기(猛獸演技) 등이 시행되었다.

· 폼페이(고대 유적 구덩이)

고대 폼페이의 유적지는 79년 화산 폭발이 있었던 베수비오산 아래에 있는 드넓은 지

역이다. 돌과 화산재에 묻혀 있던 이 도시는 1748년에서야 발굴 작업이 시작되었고, 그 당시 모습 그대로의 도시가 드러났다. 모든 건물들은 보존되어 있었고, 간혹 그림과 조각이 가득한 건물도 있었다. 이 곳에서는 과거의 숨결이 아직도 생생하다.

· 카프리 섬

나폴리에서 20마일 정도 떨어진 곳에 하늘빛의 만밖으로 불쑥 솟아있는 작고 아름다운 섬 카프리는 나폴리를 찾아온 모든 여행객들에게 특별한 유혹으로 다가온다. 따사롭고 온화한 카프리의 기후는 나폴리에서 일몰시의 한기를 느끼는 것과는 달리 급격한 기온의 변화없이 한결같다. 여름에는 당일 여행객으로 붐비니 조용한 카프리섬의 정취를 느끼고 싶은 이들은 봄이나 가을에 카프리를 방문하도록 하자.

· 산타마리아노벨라성당(Chiesa di Santa Maria Novella)

1456~1470년에 건축가 알베르티가 완성한 산타 마리아 노벨라 성당의 파사드. 우아하고 아름답게 균형잡힌 비율과 색대리석판을 사용한 장식이 특징인 건물이다.

· 베키오 궁전

1298년에 착공하여 몇 번에 걸친 개수를 하여 16세기에 현재의 모습이 되었다. 1540년에 내부를 코시모 공작 1세가 개조했는데, 개조 작업은 바사리가 하였다. 일찍이 피렌체 광화국(토스카나 공화국)의 청사였던 건물로, 현재도 시청사로 사용되고 있다. 궁전 오른쪽에 있는 입구로 계단을 올라가면 대청으로 들어간다. 대청 양쪽 벽면은 바사리와 그 일파가 그린 메디치의 전투장면이 있다. 3층에는 기를란다요의 로마 영웅들의 프레스코화가 있고, 그 밖에 마키아벨리의 초상화, 프란체스코 1세의 방, 지구의 방 등 옛날 피렌체의 부와 힘을 느낄 수 있는 유물들이 많다.

· 산마르코대성당 (Basilica San Marco)

산마르코성당의 건축양식은 비잔틴 건축의 대표적인 양식으로 유명하다. 외부와 내부를 뒤덮듯 장식된 모자이크 벽화는 12~17세기에 계속적으로 만들어진 것으로서 미술사적으로도 귀중한 자료로 되어 있다. 내부는 그리스 십자형 위의 다섯 개의 큰 원천정으로 되어 있으며, 여기에 성마르코의 업적을 말해주는 12~13세기의 그림을 비롯하여 티치아노의 바탕그림에 의한 모자이크 등이 장식되어 있다.

· 산타 루치아(Santa Lucia)

리알토(Rialto) 구역

· 산 시메오네 피콜로(San Simeone Piccolo) 성당

18세기에 건축된 로마의 판테온(Pantheon)에 기원을 둔 돔형 지붕이 아름답다.

· 폰다코 데이 투르키(Fondaco dei Turchi)

17~19세기의 터키상들이 살았고, 현재는 국립 역사 박물관으로 사용되고 있다.

· 산 스타에(San Stae) 성당

화려한 바로크 양식의 조각들로 전면이 장식되어 있고, 인기있는 콘서트 장으로도 사용되고 있다.

· 카 페사로(Ca' Pesaro)

오늘날 현대 미술 갤러리와 오리엔탈 박물관으로 사용되고 있는 거대한 바로크 양식의 궁전이다.

· 리알토(Rialto) 다리

베니스 상업의 심장부로 입문하는 다리

· 무라노 섬

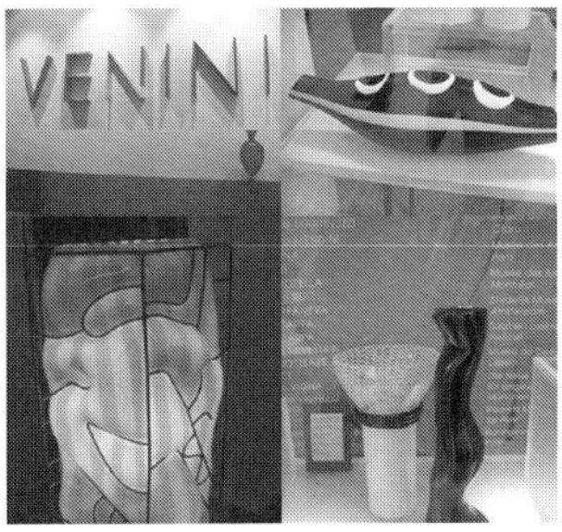

- 무제오 베트라리오(Museo Vetrario): 유리세공 박물관
- 팔라쵸 귀스티니아니(Palazzo Giustiniani): 역사적인 유리세공품을 감상할 수 있다.
- 산타마리아에 도나타(Santa Mariae Donata): 7세기 준공, 비잔틴 모자이크로 유명

· 베니스의 유리세공

베니스의 유리 세공 기원은 천년 전으로 거슬러 올라가는데, 유리세공의 장인들은 파이프를 이용해 입으로 직접 부는 방식과 기계를 사용해 임의로 불어서 만드는 방식을 모두 사용한다. 전통적인 세공 방식인 유리를 입으로 직접 부는 세공은 베니스인들이 동양인들(페니키아인, 시리아인, 이집트인)과 무역을 하면서 들여온 것으로 추정되어 진다. 이들 나라들은 예부터 유리를 직접 불어 세공해 온 나라들이었다. 이후 이 같은 방식이 더욱 발달되면서 베네치아의 세공법은 다른 유럽의 어느 나라보다도 정련되고 세련된 제품을 생산하게 되었다.

오늘날 베니스의 유리생산은 절정을 이루어, 세계에서도 품질과 형태가 유명하다. 전통적인 유리 세공업은 오늘날 무라노의 가장 중요한 산업으로 변하였으며, 아버지에서 아들로 이어지는 전통적인 장인 기술로 세계인들에게 많은 사랑을 받고 있다.

· 밀라노대성당(Duomodi Milano)

밀라노 대성당은 높이 157m, 너비 92m에 이르는 거대한 고딕양식의 성당이자 세계에서 가장 유명한 건물로 통하고 있다. 5개의 문중 중앙문은 천국의 문으로 불린다. 특이한 것은 이 성당에 있는 모든 문은 안쪽으로 열리게 되어 있다는 것. 이는 '교회가 모든 것을 포용한다' 라는 의미라고 한다.

밀라노 대성당은 내부의 스테인글라스와 장미창이 유난히 아름다운 것으로 정평이 높다.

· 스포르체스코성

15세기 중엽 밀라노 대공 프란체스코 스포르체스코가 세운 것으로 브라만테, 다 빈치 등 이 건축에 관여했으며, 근대 성채의 전형이라고 일컬어졌으나 제2차 세계대전 중 폭격으로 파괴되어 현재의 건물은 그 후 개축한 것으로 성 안에는 고미술박물관(Museo d' Arte Ant ica)이 있다. 기원전의 고미술품으로부터 고대 로마, 중세, 르네상스 시대까지의 작품이 진 열되어 있는데 최고 걸작은 미켈란젤로의 《론다니니의 피에타》라는 미완의 대리석상이다.

· 산타 마리아 델레 그라치에(Santa Maria delle Grazie)

1492년 초기 고딕 양식으로 지어졌다. 물론 천재 건축가들의 작업으로, 도나토 브라만테(Donato Bramante)는 롬바르디아 르네상스의 걸작인 고상한 설교단을 세웠고, 같은 시기에 레오나르도 다 빈치(Leonardo da Vinci)가 연결되어 있는 식당에 "마지막 만찬"을 그려 넣었다.

· 몬테 나폴레오네(Montenapoleone)

패션의 거리: 밀라노 두오모 성당을 구경하고 빅토리오 엠마누엘레 쇼핑가를 천천히 산책고 나면, 1호선 산 바빌라 역 옆쪽에 또 하나의 밀라노 명소가 있다.(3호선 Montenapoleone 역에서 하차해도 된다.)

이른바 명품 거리로 일컬어지는 "몬테 나폴레오네(Montenapoleone)" 거리인데, 이태리의 유수한 의류, 보석 명품들의 본점은 물론, 세계의 명품샵이 산재해 있는 거리이다.

이 지역은 몬테 나폴레오네 거리를 중심으로 산 안드레아, 델라 스피가 거리 등에 걸쳐 수십 개의 상점들이 늘어서 있어, 여름, 겨울 정기 세일 때에는 상점 밖에 줄 서 있는 많은 관광객들의 모습을 볼 수 있다.

→ 피렌체 근처의 THE MALL, PRADA, FENDI.

→ 밀라노 근처의 SERARAVALLE(도매만됨), FOX TOWN, 팩토리스토아 등

일반가격의 30~40%에 달하는 할인율로 원하는 물건을 저렴하게 구할 수 있다.

가능한한 오전 중에 도착하셔야 물건이 많으며, 시간의 여유를 갖고 고를 수 있다.

투어코스는 피렌체, 밀라노 2곳에서 각각 출발하며 개인적인 투어를 원하는 고객이 있는지 미리 알고 있어야 한다. 투어는 이탈리어가 능숙한 현지 가이드의 안내와 최근 쇼핑정보를 얻을 수 있다. 명품을 좀 더 저렴한 가격에 구하고 싶은 고객에게 권장한다.

여하는 등 그동안 정계 · 마피아간 유착관계가 지속되어 왔으나, 92.2 밀라노 검찰의 부정부패 수사 이후 마피아 등 범죄조직의 세력이 현격히 약화되었고 이탈리아 남부와 북부 지역간 격심한 소득차이를 보이고 있으며, 나폴리 등 남부는 로마, 밀라노 등 중 · 북부 소득의 60~70%에 불과하지만 이 지역에서 관광객에 대한 테러 행위는 거의 없다.

- □ 오토바이를 탄 2인 1조의 소매치기단이 관광객의 핸드백을 날치기 하는 경우가 있는 관계로 관광 시 가능한 핸드백보다는 허리에 전대를 차는 편이 좋음.
- □ 야간 유흥업소가 적은 편이지만 바가지 요금의 위험이 있으므로 유흥업소 출입을 삼가 해야한다.

(11) 전체행사의 문제점과 개선 건의 사항

패션이란 주제로 여행상품을 처음으로 시도해 보는 과정에서 많은 어려움이 있었지만 그에 걸맞은 상품으로 효용가치를 높이기 위해 먼저 패션에 대한 지식과, 이탈리아 현지의 패션관광 루트를 알아야 하는 TC로서 많은 어려움이 따랐다. 보다 전문적인 여행상품 기획과 단순한 여행패키지 TC도 좋지만 이번 기회에 트랜드 전문TC 육성도 필요하다고 생각된다.

이번 여행일정 중에 고대로마의 영광을 보기 위해 세계 각국에서 많은 여행객들이 몰려 들었고 박물관 같은 경우는 많은 인파로 인해 우리보다 먼저 온 관광객들이 입장하지 못해서 우리관광객들도 한 시간 이상 줄을 서고 대기해야 하는 상황이 벌어졌다. 생각지 못했던 터라 우리 고객들의 불만이 나오기도 했다.

현재까지의 여행상품은 관광지, 숙박, 음식 등과 같은 단편적인 면이 강한 편이지만 이제는 다양한 상품을 출시하여 고객들의 욕구를 채워줌으로써 여행계층을 넓혀나가는데 일조해야겠다.

(12) TC 긴급 연락처

- □ HP: 010-0000-0000
- □ 사무실: 02-1111-2222
- □ E-mail: 00000@naver.com

12) 오스트리아 출장보고서(시나리오)

(1) 상품명

음악의 고장 오스트리아를 찾아 떠나는 여행

(2) 출장기간

2007년 7월 24일~2007년 7월 29일(5박 6일)

(3) 방문지역

빈 – 린츠 – 잘츠브르크 – 빈

(4) 행사인원 및 단체의 특징

음악을 전공하는 대학생들이 주축이 되어 있어서 대체적으로 이번 여행에 대한 기대가 높다.

(5) 출발시의 문제점 및 개선방안

① 문제점

고객 한분이 교통체증으로 출발시간보다 늦게 왔지만 출국심사에 지장은 주지 않았다.

② 개선방안

공항에 늦지 않도록 집합 1시간 전에는 올 수 있도록 수배담당자가 충분한 교육을 했어야 했지만 그렇게 하지 못해 잘못된 것 같다. 앞으로는 TC업무를 수행하는 인솔 예정자에게 사전 설명을 잘해주면 좋겠다.

(6) 여행지 일반정보내용

① 여행 중 온도 및 기후

오스트리아의 여름 평균 기온은 20~25℃로 관광하기에 제일 좋은 환경을 자랑하고 있다. 따라서 날씨로 힘든 경우는 없겠지만 아침저녁으로 기온 변화가 심할 수 있기 때문에 긴 옷 하나 정도는 준비하는 것이 좋겠다. 이번 출장 중에는 최저 7℃에서 최고 26℃가 될 것으로 판단되며 습도는 70%가 될 것으로 여행에는 무리가 되지 않겠다. 북부는 온대성 기후, 동부는 대륙성 기후, 서부는 해양성 기후로, 지역에 따라 기후가 다르지만 전체적으로 겨울을 제외하고 온화하다. 여름의 평균 기온은 20~25℃로 그다지 덥지 않아 관광하기에 별 어려움이 없다. 겨울의 평균 기온은 - 5℃ 정도인데, 알프스 지대는 -20℃ 이하로 떨어지기도 하므로 혹한에 대비해야 한다. 또 전국적으로 겨울철이 우기여서 10~12월에 걸쳐 많은 비가 내린다.

11월에 첫눈이 내리기 시작해 3월까지는 많은 눈이 내리므로 스키 등의 겨울철 스포츠를 즐길 수 있다.

연간평균 기온(℃)

	1월	2월	3월	4월	5월	6월	7월	8월	9월	10월	11월	12월
빈	-1.4℃	0.3℃	4.3℃	9.6℃	14.5℃	17.7℃	19.6℃	18.9℃	15.1℃	9.7℃	4℃	0.3℃
잘츠부르크	-1.6℃	-0.1℃	3.9℃	8.2℃	12.9℃	16℃	17.9℃	17.3℃	14.1℃	9℃	3.5℃	0.1℃
린츠	- 1.9℃	-0.2℃	4℃	9℃	13.8℃	17℃	18.7℃	18℃	14.6℃	9℃	3.2℃	-0.7℃

오스트리아의 날씨(잘츠부르크)

7월 24일	7월 25일	7월 26일	7월 27일	7월 28일	7월 29일
흐림	맑음	맑음	맑음	맑음	구름조금
최저7℃	최저10℃	최저11℃	최저12℃	최저13℃	최저12℃
최고17℃	최고24℃	최고26℃	최고25℃	최고25℃	최고25℃
습도76%	습도71%	습도70%	습도72%	습도71%	습도68%

② 환율 및 화폐정보

통화단위는 2002년부터 유로(Euro)로 통화되며 주화는 1, 2, 5, 10, 20, 50 유로센트와 1, 2 유로 등의 8종이며 지폐는 5, 10, 20, 50, 100, 200, 500 유로 등의 7가지고 명확한 구분을 위해 지폐별로 색깔을 다르게 사용하고 있다. 관광 중에는 100유로 이상의 고액지폐는 자제하고 최고 100유로짜리로 환전해서 사용하는 것이 좋은 방법이 될 수 있다.

1EURO=1273.17원(2007.6.30기준)

③ 시차 및 전압

- 시차: 우리나라보다 8시간 늦고 서머타임(3월 마지막 주 월요일부터 9월 마지막 주 월요일)이 실시되면 7시간이 늦어진다는 것을 고객들에게 필히 교육이 이루어져야 한다.
- 전압: 220V에 50Hz를 사용하며 플러그는 둥근 2개의 핀이고 호텔에서는 플러그 어댑터를 필요로 하는 고객들에게 제공하기 때문에 사용에는 불편함이 없다.

④ 쇼핑품목

오스트리아의 특상품은 프티푸앙, 과자, 도자기, 크리스탈, 민족의상 등이며 가격흥정이나 쇼핑백을 준다든지 하는 경우가 없기 때문에 쇼핑을 원할 때는 쇼핑백을 미리 준비해야 한다. 이번여행기간에 바겐세일(1,2,7,8월)이 이루어지기 때문 쇼핑을 하기에는 좋은 경우가 되겠다.

⑤ 국민성, 종교, 예절 및 음식

- 국민성: 순박하고 외국인들에게 친절하며 특히 개와 고양이 등의 애완동물을 사랑하고 음악에 대한 애착이 강한 민족이다.
- 종교: 가톨릭교 78%, 무교 8.6%, 루터교 4.8%, 이슬람교 2%, 유대교 0.2%, 그리스도교 2.7% 순으로 되어 있다.
- 예절: 낯선 사람과도 눈웃음으로 인사를 할 수 있을 만큼 여유로움이 많은 국민으로 관광객들에게는 관광하기에 좋은 곳이라고 할 수 있다.
- 음식: 오스트리아인들의 아침식사는 커피와 코코아, 잼, 롤 빵으로 시작해서 점심은 스프, 감자, 야채, 샐러드 등으로 하고 오후에는 샌드위치, 패스트리, 커피로 하고 저녁은 차가운고기와 야채, 계란, 샐러드, 치즈로 식사를 한다. 특히 맥주와 와인 커피를 좋아한다.

식사시 왼손에는 포크, 오른손에는 나이프를 쥐는 대륙스타일이며 통상적으로 웨이트가 안내하지 않기 때문에 스스로 자리를 찾아가 앉아야 한다.

(7) 현지공항 및 항공스케줄 정보

① 현지공항

비엔나국제공항은 세계적인 규모를 자랑하는 공항은 아니지만 처음 오는 여행객들에게 편안함을 안겨 줄 수 있도록 배치가 되어 있고 공항에 근무하는 직원들의 서비스 수준 또한 양호한 편이다. 서울에서 비엔나까지의 거리는 5,142마일이고 소요시간은 11시간 30분이며 파리를 경유 시에는 2시간, 로마를 경유할 때는 2시간 40분, 런던을 경유할 때는 2시간 35분 정도가 소요된다.

② 항공스케줄

출 국

비행편명	출발	도착	출발시각	도착시간
KE937	인천	빈(비엔나)	08시 15분 (한국시각 01:15)	11시 45분 (한국시각 18:45)

입 국

비행편명	출발	도착	출발시각	도착시간
KE938	빈(비엔나)	인천	07시 05분 (한국시각 14:05)	23시 55분 (한국시각 16:55)

(8) 일정상의 세부보고

① 일정표

날 짜	장소 및 시간	상세일정
1일차 7/24	인천 비엔나	· 06시 15분에 3층 A와B사이에서 만남 · 08시 15분(현지시간 01시15분)에 KE937편으로 인천국제공항 출발 · 11시 45분(현지시간, 한국시간 18시 45분)에 비엔나 국제공항 도착 · 입국수속 후 호텔이동, 중식(현 지식), 베토벤하우스, 베토벤 산책길, 슈베르트 생가, 모차르트 하우스, 국립오페 라 극장관람. 석식(한식)후 곧 바로 호텔로 돌아옴

2일차 7/25	비엔나	· 07시 30분에 호텔조식 · 09시에 관광지로 이동 · 요한스트라우스 집, 아우가르텐 공원을 관광 후 점심(한식), 오후에는 구왕궁, 대통령 공관, 빈 소년 합창단 교회 관람하고 석식(현 지식) · 호텔로 돌아와 휴식
3일차 7/26	비엔나 린츠	· 08시에 호텔 조식 · 린츠에서 안톤브루크너 생가, 린츠성 박물관을 관광 후 점심(현지식), 삼위일체 기념비를 관광 · 저녁은 호텔에서 하고 휴식을 함
4일차 7/27	린츠 잘츠브르크	· 08시에 호텔조식 · 09시 30분에 잘츠브르크로 이동(열차) · 11시에 잘츠브르크 도착 후 점심(한식)을 하고 모차르트 생가, 시내관광, 음악축제 순으로 관광을 함 · 저녁은 현지식으로 하고 호텔로 돌아와 휴식
5일차 7/28	잘츠브르크 비엔나	· 09시에 조식후 마리오테르 극장으로 이동하여 공연 관람 후 점심을 한 후 비엔나로 이동 · 하이든 생가를 관광하고 석식은 현지식으로 함 · 호텔로 돌아와 휴식을 함
6일차 7/29	비엔나 인천	· 05시에 일어나 미리 준비한 도시락으로 함 · 07시 05분(한국시간 14시 05분)KE938편으로 출발하여 23시 55분(한국시간 현지시간 16시 55분)인천국제공항에 도착

② 일정별 세부보고

〈1일차〉

ㅁ 공항에서 버스를 타고 30분 거리에 있는 호텔에 도착한다. 호텔체크인 후 중식으로 현지식을 먹는다. 밥을 먹고 바로 '하일리겐슈타트의 베토벤하우스' 와 '베토벤 산책길' 을 걷는다.

전용버스를 타고 30분 정도의 거리에 있는 '누스도르프 거리의 슈베르트 생가' 를 둘러본다. 이 곳은 일반 아파트처럼 생겼기 때문에 찾기가 수월하다. 그 후 '피가로 하우스가 작곡된 모차르트 하우스' 에도 들러 구경한다. 다시 버스로 이동을 해서 '빈 국립음대' 와 '빈 시립음대' 를 둘러본다. 여기서 시간이 좀 지체되어서 다음 장소인 '국립 오페라 극장' 에 좀 늦게 도착하였다. 공연이 시작된 지 20분이 지나서야 입장했다. 석식으로는 한식을 먹었다. 8시 25분쯤 호텔에 들어와 휴식을 취하였다.

· 호텔주소: Esterhazygasse 33, vienna
· 전화번호: 43 - 1 - 588 - 70
· 상세위치: Westbahnhof station: 1Km
· 객실타입: Standard 싱글1개
· 호텔조식: American buffet breakfast
· 호텔요금: (1인당)총 199,100(2박)

〈2일차〉

□ 아침 7시에 먼저 일어나서 손님들에게 모닝콜을 해 준 후, 7시 40분경에 호텔조식을 먹는다. 밥을 먹고 9시 쯤 전용버스를 타고 '아름답고 푸른 도나우강 요한스트라우스의 집' 을 방문한다. 그리고 '빈 소년 합창단의 집이 있는 아우가르텐 공원' 에도 들러 구경한다. 중식은 한식당에 가서 먹는다. 점심을 먹고 버스로 '하이든과 브람스 기념관' 을 방문한다. 자세히 둘러본 후 '구 왕궁, 총리 공관, 대통령 공관, 빈 소년 합창단 교회' 를 차례대로 방문한다. 둘째 날도 방문할 곳이 많다 보니 예정시간보다 호텔에 도착 하는 시간이 한 시간 정도 늦춰졌다. 석식으로는 현지식을 먹었다. 그 후 손님들은 휴식을 취하고 T/C인 나는 현지 가이드를 만나서 내일 있을 일정이 지체되지 않게 상의를 했다.

〈3일차〉

□ 8시쯤 호텔 조식 후, 열차를 타고 빈에서 린츠로 이동한다. 약 190Km로 이동 시간은 2시간 10분 정도 걸린다. 가까운 거리가 아니기 때문에 교통비가 비싼 오스트리아에서 기차요금을 아끼기 위해서는 포어타일 카드(Vorteils karte)가 필수다. 포어타일 카드는 26세 이하 18.10 유로, 26세 이상은 93.70유로가 필요하다. 여기다 18유로만 더 내고 포어타일 카드 플러스를 신청하면 유럽 전체에서 동일한 혜택을 받을 수 있다.
제일 먼저 교회음악과 교향곡의 아버지 '안톤브루크너 생가' 를 방문한다. 이곳은 현재 공연장으로 사용되고 있다. 앞쪽 공원과 뒤쪽 강변에는 린츠 시민들의 휴식처이기도 하다. 그 후 '린츠성 박물관' 으로 이동해 구경한다. 구경을 한 후, 점심 식사는 야외 한 레스토랑에서 현지식으로 먹는다. 마지막으로 '삼위일체 기념비' 를 방문해서 구경 후, 호텔로 이동해서 체크인 후, 저녁은 호텔식으로 먹는다.

〈4일차〉

ㅁ 8시 호텔 조식 후, 9시 30분쯤 유로익스프레스 열차를 이용해서 모차르트의 고향 잘츠부르크로 이동한다. 11시에 잘츠부르크 중앙역에 도착했다. 점심은 한식으로 평소보다 좀 일찍 먹었다. 식사 후 '모차르트 생가', '잘츠부르크 시내관광'을 한다. 4시간 정도 관광을 한다. 저녁은 호이리게 비엔나 전통음식을 먹는다. 호이리게는 오스트리아 전통의 포도주 선술집으로 매년 새로 생산되는 포도주를 음미할 수 있으며, 오스트리아 전통 농가 음식을 맛 볼수 있다. 저녁을 좀 일찍 먹은 후 '잘츠부르크 음악축제'를 관람한다. 호텔 체크인 후 휴식을 취한다.

· 호텔주소: Lasserstrasse, 47
· 전화번호: 43-662-873388
· 객실타입: Standard 1개
· 호텔조식: breakfast buffet
· 합계요금: (1인당)총 220,000(2박)

〈5일차〉

ㅁ 전 날, 좀 무리한 스케줄 때문에 손님 몇 분이 늦게 일어나셨다. 그래서 일정이 조금 늦춰졌으나 5일차에는 관광할 곳이 별로 없기 때문에 큰 무리는 없었다. 호텔 조식 후, 마리오테르 극장으로 이동한다. 1시간 짜리 공연(Best of Mozart)을 관람한다. 중식은 한식으로 한다. 유로 익스프레스 열차를 이용해서 다시 빈으로 이동한다. 다시 전용버스를 이용해 40km 떨어진 작은 마을 '로라우 하이든 생가', '아이젠슈타트 하이든의 집'을 방문한다. 이 곳에는 하이든 초상뿐만 아니라 하이든이 직접 쓴 노트를 볼 수 있었다. 버스를 타고 빈 중심가에 있는 호텔로 이동한다. 석식은 현지식으로 한다.

〈6일차〉

ㅁ 아침 7시 비행기를 타야 하기 때문에 새벽에 일어나서 미리 손님들께 모닝콜을 해 준 후, 바로 공항으로 이동한다. 아침 식사는 공항 안에서 간단하게 해결한다. 그

곳에서 나를 포함한 손님들은 현지 가이드와 인사를 나눈다. 중식과 석식은 기내식으로 해결한다. 한국 시각으로 밤 11시 55분 비행기로 인천공항에 도착했다. 내가 초보 가이드임에도 불구하고 너무 고마워하시는 것 같았다. 그래서 나도 감사하다는 인사를 하고 각자 해산했다.

□ 관광지 정보

■ 슈베르트 생가: 1797년 슈베르트가 태어난 곳으로 악보와 그의 안경 등이 전시되어 있다. 1월 1일, 5월 1일 12월 25일을 제외한 매주 화요일부터 일요일까지 오전 9:00-12:15분까지 문이 열려 있고 오후는 13:00-16:30까지 문이 열려 있다.

■ 오페라 극장: 제2차 세계대전으로 큰 피해를 입었으나, 1955년 가을 복구하여 세계 최신의 시설과 객실 2,200석을 갖춘 대극장으로 발전하였다. 전속 오페라극단은 매년 여름 잘츠부르크의 축제오페라극단으로 세계적 명성을 떨치고 있다.

■ 하이든과 브람스 기념관: 빈 시내 하이든 가세(Haydngasse) 19번지에 자리잡고 있다. 브람스 기념관은 이전에 요 하네스 브람스가 살던 빈 국립대학교 공과대학 근처의 집이 무너지자 유품을 하이든 기념관 2층의 방 하나에 옮겨놓은 것이다. 이곳에서 하이든은 교회음악을 작곡하고 베토벤을 가르쳤다.

■ 국립 오페라 극장: 르네상스 양식의 극장으로 1869년에 건

립되었다. 유럽 3대 오페라 극장 중의 하나로 공연 횟수는 파리 · 밀라노보다 약 3배 이상 많은 것으로 알려져 있다. 장려한 외부에 어울리게 내부도 고블란의 태피스트리와 모차르트의 마적을 주제로 한 프레스코화로 장식되어 화려한 분위기를 느낄 수 있다.

- 모짜르트 하우스: 비엔나의 중심 슈테판 성당 뒤에 있어 찾기는 쉽지만 골목이라는 점과 일반 아파트 내에 위치해있다. 모짜르트가 1784~1787년까지 살았던 집으로 피가로의 결혼식을 여기서 작곡 했다. 베토벤, 하이든 등의 음악가들이 모차르트를 만나기 위해 자주 방문했던 곳이다.

- 잘츠부르크 음악제: 매년 7월에서 8월까지 1개월 동안 모차르트가 태어난 잘츠부르크에서 개최되는 음악제로 1877년부터 1910년 사이에 8회에 걸쳐 개최된 모차르트제가 그 시초가 됐다. 이곳에서 공연을 보려면 적어도 6개월 전에는 표를 예매해야 한다. 표가 워낙 비싸기 때문에 미리 계획해야 가서 볼 수 있다.

(9) 각 항목별 세부보고 및 평가

일 정	세부사항	평 가
공항	손님 중 한 분이 늦게 도착하였다.	6
기내	비행기멀미 손님이 2분 계셨는데, 약을 챙겨가지 못해서 다른 손님이 가져오신 걸로 대체했다.	6.5
호텔	비교적 깔끔한 편이었고 편의 시설도 잘 갖추어져 있었다. 호텔 종업원들도 항상 밝은 얼굴로 대해주었고, 친절했다. 그래서 손님들도 만족해했다.	8
식당	현지식이나 특식이 손님들 입맛에 맞았다. 물도 우리나라와 별다를게 없었다.	7.5
잘츠부르크	원래 잘츠부르크 음악제를 당일 예약하면 티켓이 없는데 미리 예약을 해놓아서 10명 모두 음악제를 관람할 수 있었다.	8.5
현지 가이드	오스트리아의 음악에 대해서 많이 알고 있기 때문에 손님들과도 공감가는 얘기를 많이 나눌 수 있었고, 손님들도 만족해했다. 쇼핑을 할 때라던지 특별한 강요는 없었다.	9

공항에서는 손님이 거의 비행기 시간에 딱 맞추어 오셔서 다른 손님들이 걱정을 많이 했다. 다행히도 비행기 탈 때에는 별 다른 지장이 없었다. 기내에서는 딱히 까다로운 손님도 안 계셨다. 하지만 비행기 멀미를 하는 손님이 2분 계셨는데, 가이드인 내가 약을 챙겨가지 않아서 다른 손님이 가져오신 멀미약을 드렸다. 다음부터는 이런 약도 꼼꼼히 챙겨야겠다.

호텔에서는 공항에서의 거리와 호텔 시설, 청결도 모두를 손님들께서 만족해 하셨다. 종업원들의 손님을 응대하는 태도도 친절하고 좋았다. 그래서 모두 만족해 할 수 있었다.

식당에서는 음식도 입에 맞고 우리나라와 별 다를 게 없었다.

잘츠부르크에서는 음악제를 구경해야 하는데, 그 음악제가 워낙 유명한 음악제라서 티켓을 몇 달 전에 먼저 끊어야 볼 수 있다. 미리 예약을 할 수 있어서 관람하기에 편리했다. 손님들도 이 상황에 대해서 아주 만족해했다.

현지 가이드는 손님들에게 무리한 요구를 하지 않았고, 여러 가지로 도움이 많이 되는 이야기를 해주었다. 그래서 손님들도 현지 가이드에게 너무 고마워했다.

(10) 주의사항

특별한 주의사항은 없고 약속시간을 잘 지켜달라고 주의한다. 다음은 오스트리아 여행 시 주의해야 할 점으로 식당이나 열차 안에서 큰소리로 이야기하는 것은 삼가해야 하며 금연 장소 뿐만 아니라 식당에서도 디저트를 다 먹을 때까지는 금연해야 한다. 쇼핑을 할 때에는 점원에게 물건을 꺼내달라고 해서 보는 것이 예의이다.

(11) 전체행사의 문제점과 개선 건의 사항

① 문제점

- □ 공항에서 손님 한 분이 늦게 오셨다.
- □ 비행편이 직항이라서 상품가격이 대학생들에게는 부담이 됐다.
- □ 비행기 멀미가 있는 손님을 챙겨주지 못하였다.
- □ 한식으로 식사를 몇 번 하였는데 좀 더 오스트리아 전통음식을 맛보게 해주지 못하여 아쉬웠다.
- □ 조금 빡빡한 일정 때문에 피곤해 하시는 손님들이 몇 분 계셨다.

② 개선사항

- 공항 모임 한 시간 전쯤 손님들께 미리 전화를 해본다.
- 시간이 좀 걸리고 번거롭더라도 비행기 가격이 좀 싼 항공사를 알아본다.
- 멀미를 예방할 수 있는 방법을 찾고, 비상약품도 더 신경 써서 챙겨둔다.
- 인터넷을 통해서 오스트리아 음식문화에 대해 좀 더 알아보고 한국사람 입맛에 맞는 음식을 찾아본다.
- 멋진 곳이 많은 만큼 여행지 일정을 신중하게 하고, 손님들이 너무 피곤하지 않게끔 무리한 일정표를 짜는 일은 피한다.

(12) TC 긴급 연락처

- HP: 010-0000-0000
- 사무실: 02-1111-2222
- E-mail: 00000@naver.com

13) 브라질 출장보고서(시나리오)

(1) 상품명

삼바의 나라 브라질

(2) 출장기간

2007년 6월 11일~2007년 6월 16일(3박 6일)

(3) 방문지역

LA - 상파울로 - 리오

(4) 행사인원 및 단체의 특징

외국어를 전공하는 대학생들로서 연령대가 20세 5명, 군대갔다 온 23세가 2명으로 구성된 7명으로 단조로운 단체이다.

(5) 출발시의 문제점 및 개선방안

출발 2시간 전에 모이기로 했지만 젊은 대학생들이라서 그런지 늦은 사람 하나도 없이 제시간에 왔으며 그로인해 짧은 시간에 입국 수속을 받을 수 있었다. 면세점을 이용할 수 있는 시간을 넉넉하게 주었지만 고객들이 면세품목에 대하여 한도액이 있다는 것을 모른 체 US2000을 넘는 물건을 사서 과세를 징수 당했다. 학생들이라서 면세한도액에 대하여 교육을 하지 못했는데 앞으로는 학생이라도 기본적인 면세점 이용방법을 가르쳐 드려야 하겠다.

(6) 여행지 일반정보내용

① 여행 중 온도 및 기후

넓은 국토를 소유한 나라로서 11월에서 4월까지는 여름이고 5월부터 7월까지는 겨울로 북쪽으로 갈수록 날씨가 더우며 남쪽으로 가면 싸늘한 날씨를 느낄 수 있다. 아마존지역은 연평균기온이 25~27℃이며 연간 3,000mm 이상의 강우량을 보이며 브라질 남부지방은 5월부터 9월까지 사바나기후에 속해 19~28℃ 정도이며 2,000mm 이하의 강우량을 보인다. 이번 출장기간 동안 상파울로 주변의 기온은 가을이 끝나기 전의 날씨라고 할 수 있는 10~20℃이내로서 대체적으로 맑은 날씨를 보여 관광하기에는 좋은 날씨라고 할 수 있다.

② 환율 및 화폐정보

통화 단위는 레알(BRL, Real, R$)로 지폐는 R$ 1, 2, 5, 10, 20, 50, 100이며, 동전은 1C, 5C, 10C, 25C, 50C, R$ 1 등이 있다.

1레알 (BRL)=486.05원

1달러(USD)=1.93레알 (BRL) ☞ 6월10일 현재 환율 ☜

③ 시차 및 전압

- 시차: 12시간
- 전압: 전압이 표준화되어 있지 않지만 몇몇의 중요 호텔에서는 220V를 쓰고 보통 110/120V를 많이 사용한다. 60Hz이다.

④ 쇼핑품목

□ 가죽제품: 악어, 뱀 등의 소가죽이 대부분이지만 핸드백, 깔개, 벽걸이, 벨트, 지갑이 관광객들에게 유명하다.

□ 목각제품: 자카란다나 엠부이야 등의 나무를 사용한 인형, 식기, 벽걸이 등이 유명하다.

□ 애벌구이 식기 및 인형: 인디오 무늬의 식기 등이 유명하다.

□ 보석, 귀금속: 아쿠아마린, 아메지스도, 마노, 알렉산드라이트, 도루마린 등의 제품이 유명하다.

⑤ 국민성, 종교, 예절 및 음식

□ 국민성: 낙천적인 사고방식을 가지고 있으며 논쟁이 있을 경우 우발적인 사고(총기 소유 자유) 등에 유념해야 한다.

□ 종교: 세계에서 로마가톨릭 신자가 가장 많은 편이지만 인디언과 아프리카 계통의 국민들은 전통신앙도 동시에 믿고 있다. 종교인 수는 카톨릭(80%), 기독교(11%) 기타 토속종교 등이다.

□ 예절: 타지인에 대한 차별성 행동은 없지만 축구에 대한 애착이 강하기 때문에 특정 축구팀에 대한 비난과 같은 행동은 자제해야 한다.

□ 음식: 브라질의 음식은 우리나라에서도 흔히 접할 수 있는 음식들이 즐비해서 여행 중의 음식에 별 문제는 없다. 식당에서 만날 때는 항상 고급 식당을 예약하며 식사 도중에는 편한 마음으로 가벼운 주제로 얘기하는 것이 좋으며 상대가 먼저 비즈니스 얘기를 꺼내지 않는 한 먼저 비즈니스 얘기를 하는 것은 좋지 않다. 또한 그들은 음식을 먹을 때 소리내며 먹는다든가 트림을 하는 것을 무척 싫어한다. 그들은 식사 전에 먼저 손을 씻으며 손으로 음식을 집는 일은 거의 없다. 따라서 포크와 나이프를 사용하되 음식을 먹을 때나 음료수를 마실 때는 냅킨을 이용하는 것이 좋다. 식사 후나 공개석상에서 이쑤시개를 사용하는 것은 예의 바른 행동이 아니며 부득불 사용해야 할 때는 다른 손으로 가린다. 상대방을 파티나 식사에 초대할 때는 음식이나 음료수를 가져오라든가 제 시간에 맞춰오라든가 또는 파티가 언제 끝날 것인지를 사전에 알리는 것은 예의가 아니다.

을 찌르는 듯했다. 브라질에 출장을 두 번째 온 거지만 여름에 온것은 처음이라 겨울의 날씨가 약간은 낯설기도 하고 시원하고 좋기도 했다.

상파울로에 도착하자마자 바로 리오를 가기 위해 브라질에서의 첫 비행을 했다. 1시 간정도 비행 후 우린 바로 성동투어의 피켓을 들고 있는 현지 가이드를 만나 바로 짐을 싣고 조식을 먹으러 인근 시내로 향했다. 역시나 한국 사람이라 아침은 든든하게 밥을 먹어야 할 것 같아 아침은 한식전문점인 '불고기브라더스' 로 갔다.

그리고 난 뒤 우리는 SAVOY OTHON 호텔에 가서 짐을 먼저 풀었다. 2시간 뒤에 1층 로비에서 만나기로 했다. 다행이 브라질의 날씨에 대하여 철저하게 교육을 해서인지 다들 춥지 않게 입고 왔다. 브라질은 우리나라와 거의 반대라서 우리나라가 여름일 때에는 브라질은 겨울이다. 우린 리오데자네이로 전세 차량으로 이동하였다.

시드니, 나폴리와 함께 세계3대 미항으로 꼽힌다는 브라질의 리오데자네이로 정열의 나라 브라질 리오의 상징인 이 "Christ the Redeemer"는 표고 704 m 절벽 위에 독립 100주년을 기념하여 1931년에 세워졌다. 높이 38m, 양팔 길이 28m의 그리스도상 이 높이 8m인 대좌위에 서 있다. 머리의 길이가 3.75m에 손바닥 하나의 크기만도 3m이고 무게가 1.145톤에 이른다고 한다.

코르코바도의 약 700미터 언덕에 등산 전차를 타고 예수동상을 보러가고 있다. 한화로 100원도 되지 않는 저렴한 경비로 좋은 경험도 했다며 사진도 찍고 다들 행복해했다. 천천히 동상주변을 둘러보며 사진도 찍고 외국인들과도 대화를 나누웠다. 역시나 외국어 대학생이라서 인지 유창한 외국어 실력들이 나왔다. 내려올 때에는 걸어서 주변 풍경을 느끼며 호텔로 와서 석식을 먹었다. 석식은 호텔 디너였다. 다들 배부르게 먹고 자유 시간으로 브라질에서의 2일을 보냈다.

〈3일차〉

□ 날씨: 맑음, 최저기온: 16, 최고기온: 25

■ 8시에 모닝콜 한 뒤 우리는 11시까지 조식 후 1층 로비에서 만나기로 했다. 조식은 가볍게 먹었다. 생각보다 일찍 나와서 바로 출발하였다. 다들 브라질이 무척 마음에 든다며 매번 일정이 기다려진다고 했다. 이번에 가는 곳은 코파카바나 해안이다. 얼핏보면 우리나라 부산 해운대 같지만 막상 가보면 전혀 다르다.

리우데자네이루의 세계적인 관광지 · 휴양지로, 코파카바나 해안으로 더 잘 알려져 있다. 활처럼 완만하게 굽은 약 5km의 백사장에는 희고 검은 모자이크 모양으로 치장한 산책길을 따라 고급 호텔 · 아파트 등이 늘어서 있다. 또 동서쪽 거리에는 상점 · 나이 트클럽 · 바 · 극장 등이 줄지어 늘어서 있고, 1년 내내 세계 각지에서 몰려드는 관광객들로 북적거린다. 특히 카니발이 열리는 2월에 관광은 절정을 이룬다. 해변에 도착 후 해변에 있는 시원한 바람이 들어오는 바비큐레스토랑에서 점심을 먹고 바다를 즐겼다.

그리고 난 뒤 우리는 근처 번화가를 거닐며 수많은 행위예술가들과 화가들을 보며 브라질의 문화 수준을 만끽할 수 있었다. 아울러 저녁엔 보사노바와 쌈바 등 브라질의 음악에 매료 될 수 있는 레스토랑으로 가서 저녁을 했다. 늦은 저녁에 호텔로 돌아 와서 브라질에서의 마지막 밤을 청했다.

〈4일차〉

ㅁ 날씨: 맑음, 최저기온: 11, 최고기온: 20

- 7시 모닝콜로 기상하여 조식은 한국식 된장찌개와 김치찌개가 준비되었다. 조식 후 10시까지 호텔로비로 모든 짐을 챙겨서 모이기로 했다. 브라실에서의 마시막 날이라서 모두들 정신이 없었다. 그래서 인지 약속시간보다 늦게 체크아웃을 한 뒤 브라질에서의 마지막 일정인 이과수 국립공원으로 전세 차량으로 2시간가량 이동하였다. 14시경 국립공원에

도착한 우리는 점심식사를 샌드위치로 간단하게 먹고 국립공원에서 헬리콥터를 타고 관광을 했다. 일인당 60불이지만 40분정도라 충분히 경치를 만끽할 수 있었다.

1939년 국립공원으로 지정되었다. 총면적 492㎢ 브라질과 아르헨티나 국경에 위치한 세계 최대 폭포로 나이아가라의 2배라고 한다. 브라질과 아르헨티나의 국경을 이루고 있는 이과수강의 양안에서 떨어지는 대소 약 257여개의 폭포로 이루어진 이구아수 폭포는 빅토리아 폭포, 나이아가라 폭포와 더불어 세계 3대 폭포 가운데 하나로 꼽힌다. 이 폭포와 그 주변 정글은 브라질과 아르헨티나가 각각 국립공원으로 지정하고 있다. 두 공원 사이는 폭포 아래 강 위로 건설된다리로 연결되어 있다. 아르헨티나 쪽은 1984년, 브라질 쪽은 1986년에 유네스코(국제연합교육과학문화기구)의 세계유산 목록 가운데 국립공원으로 등록되었다.

마지막으로 아마존 강을 가려고 마지막 정비를 했다. 전세버스를 타고 1시간가량 걸려 이동한 뒤 도착한 그곳 아마존강이었다. 유역면적 705만㎢. 유역면적과 유량으로 보아 세계 제1위이다. 페루 안데스산맥에서 발원하여 처음에는 북류(北流)하다가 나중에 동류하여 브라질 북부를 관류한 다음 적도상(赤道上)의 대서양으로 흘러든다. 아마존 강은 지구의 허파라고 불리기도 할 정도로 그 규모가 엄청나며 수목 또한 방대했다. 아마존강에서 우리는 2시간 동안 배를 타고 강을 따라 흘러갔다. 물따라 우리도 동화되어 지구의 허파를 눈으로 보며 가슴으로 숨 쉬었다. 사진도 찍으며 배를 탄 뒤 우리는 공항으로 향했다.

마지막 일정까지 사고 사례없이 안전하게 공항까지 배웅해준 가이드와 인사를 한 뒤 우리는 마지막 수속을 밟았다. 수속을 마치고 피곤해서 인지 면세점을 뒤로 하고 바로 탑승을 했다.

(9) 각 항목별 세부보고 및 평가

① 호텔평가

이번 출장기간에 머물게 된 Savoy Othon 호텔은 12층 건물에 현대식으로 지어진 시내중심에 있는 호텔로서 154개의 객실과 레스토랑, 바, 커피숍, 휘트니센터 등을 보유한 호텔투어리스트나 비즈니스맨들에게 모두 적합한 호텔이었다. 공항도 쉽게 갈 수 있는 장점도 있었다. 하지만 젊은 학생들이라서 그런지 앞에서 언급한 것 같이 좋은점을 가지고 있으면서도 불구하고 아무래도 기대에 미치지 못했었던 것 같았다. 이런 부분은 앞으로 단체들을 살펴보고 예약을 하는 것이 좋겠다고 생각한다.

② 식사평가

- 기내식: 고객들의 취향에 맞는 식사를 제공해준 것 같았다.
- 호텔식: 대체적으로 양호한 편이었다.
- 현지식: 관광 중의 식사는 양호했지만 종사원들의 근무자세는 문제가 있는 편이었다.

③ 현지 가이드 평가

한국인 2세인 관계로 말을 잘했고 통역하는데 아무런 불편이 없을 뿐 더러 맛있는 식당과 경치가 좋은 곳을 추천해 고객들이 식사를 하는데 불편함이 없었다.

④ 교통편 평가

다소 장시간을 이동해 온것만큼 기대를 많이 했는데 그렇게 되지 않아 아쉬워하는 모습이었다. 또한 우리나라와 반대에 위치한 곳이라서 그런지 관광버스 이동 중 피곤해 하는 고객들이 많았다. 관광버스 시설과 기사의 친절은 대체적으로 양호했고 기후와 시차 적응에 힘들어하는 모습이 엿보였다.

(10) 주의사항

브라질은 세계 5위의 인구와 면적을 가진 나라로 천혜의 아름다운 자연과 풍부한 지하 자원 등 잠재력이 무한한 나라이고, 사람들이 여유가 많고 친절하지만 80년대 이후부터 금융위기(IMF) 발생, 심한 인플레이션, 실업률 증가, 고금리 정책 등 여러 요인으로 경제가 악화되면서 상파울루, 리오데 자네이로와 같은 대도시를 중심으로 강도, 납치행위 등 범죄가 급격히 증가하고 있으므로 여행자들이 시내를 관광하며 다닐 때 안전수칙으로 다음과 같은 사항을 TC로서 고객들을 교육시켜야 한다.

현지인의 눈에 띠지 않는 검소하고 간소한 복장을 착용하는 것이 좋으며, 일몰 후에 시내 중심가나 한적한 곳을 홀로 산책하거나 이동하는 것을 삼가야 하며 특히, 고가의 목걸이, 귀걸이, 시계 등은 착용하지 않는 것이 좋다.

거리의 걸인이나 부랑자들에 의한 소매치기나 절도 등의 범죄가 많이 발생하므로 공원이나 광장, 시장 등의 공공장소에서 각별히 유의해야 한다. 자동차로 이동시 적색신호 등에 정지할 때에 무장 강도를 만나는 경우가 있으므로 운전 중 차문은 반드시 잠그고 창문은 열지 않는 것이 좋다. 만약에 권총이나 칼 등 흉기를 소지한 강도를 만났을 때에는 절대로 반항하지 말고 요구하는 대로 응하는 것이 좋다.

(11) 전체행사의 문제점과 개선 건의 사항

외국어 대학생들이라 큰 사고 사례는 없었지만 3박 6일이어서 그런지 비행시간이 생각보다 많아 걱정을 많이 했지만 젊은 고객들이라서 그나마 다행이었다고 생각한다. 사전에 미리 비행시간과 브라질 기후 조건을 잘 가르쳐 드려서인지 비행 중에 충분한 휴식을 취하였고 기후도 우리나라와 완전히 반대라서 무조건 뜨거운 정열의 나라라고 오해한 고객들이 많았지만 교육 덕분에 좋은 출장이 되었다. 앞으로도 다른 어느 나라로 출장을 가게 되더라도 이와 같이 사전 교육이 중요하다는 것을 깨달았다.

(12) TC 긴급 연락처

- □ HP: 010-0000-0000
- □ 사무실: 02-1111-2222
- □ E-mail: 00000@naver.com

14) 네덜란드 출장보고서(시나리오)

(1) 상품명

히딩크의 나라 네덜란드

(2) 출장기간

2007년 6월 10일(일요일)~2007년 6월 15일(금요일) 4박 6일

(3) 방문지역

인천 - 암스테르담(2) - 헤이그(1) - 파사펠트(1) - 기내 - 인천

(4) 행사인원 및 단체의 특징

출발 인원은 15명이며 연령은 20대가 12명, 30대가 1명, 40대가 2명으로 구성된 단체로서 특성은 2002년 월드컵을 계기로 네덜란드에 대한 강한 인상을 심어준 히딩크 감독의 고향에 대한 열정이 가득한 사람들로서 이번 여행을 통해 다시 한번 그날의 함성을 기억하고자 하는 취지에서 출발하는 고객들이 대부분이다.

(5) 출발시의 문제점 및 개선방안

하루 전에 전화로 고객들에게 미팅시간을 알려주고 당일아침에 다시 확인전화를 해서 그런지 늦게 오신 고객은 없었지만 비행기를 처음 타보신다는 고객 한분은 짐을 너무 많이 가져오셔서 수화물 오버차지를 내신 바람에 TC로서 약간의 당황을 했지만 별다른 문제는 없었다.

(6) 여행지 일반정보내용

① 여행 중 온도 및 기후

네덜란드 여름은 시원하고 겨울은 비교적 포근한 서안해양성 기후를 나타낸다. 여름의 평균기온은 17℃, 겨울은 2℃정도로 1년 내 온화한 기후를 나타내며 연평균 강수량은 700mm 정도로 여름과 가을에 비가 많은 편이며, 안개가 많고 강한 서풍이 1년내 불어온다. 이번 출장 중의 온도는 17℃에서 28℃ 이내로 여행하기에 약간의 더운 날씨가 되겠다.

② 환율 및 화폐정보

네덜란드 통화 단위는 길더(G; guilder)이며, Dfl, fl(원래는 더치 플로린 Dutch florin)으로 표기하기도 한다. 보조 단위는 센트(ct; cent). 1G는 100ct이다. 지폐는 5, 10, 20, 50, 100, 200, 500EURO 7가지가 있고, 주화는 1 · 2 · 5 · 10 · 20 · 50CENT, 1 · 2EURO의 8종이다. 주화의 앞면은 유럽 대륙을 상징하는 기본 문양으로 통일되어 있고, 뒷면에는 네덜란드의 여왕 베아트릭스의 초상이 들어가 있다.

③ 시차 및 전압

- 시차: 네덜란드는 매년 서머타임을 적용하고 있으므로 서머타임이 적용 될 때는 한국과 7시간 차이나지만 다시 해제할 때는 8시간 차이가 난다. 즉, 보통 4월에서 9월까지는 7시간 차이가 나고 10월~3월까지는 8시간 차이가 난다.
- 전압: 대부분 지역은 220V, 50Hz이지만 호텔 등은 110V인 곳도 있다. 플러그 방식이 우리나라와 같아 한국에서 가지고 간 전자제품을 사용할 수 있지만, 전류가 달라서 제품이 제 기능을 다하지 못할 수도 있다.

④ 쇼핑품목

네덜란드에서 생산되는 다이아몬드는 세계적인 수준이며 관광객들 누구나 다이아몬드 공장을 방문하고 싶어 할 정도로 유명하다. 특히 커스터 다이아몬드는 영국왕실 왕관에 들어갈 정도로 명품이라고 할 수 있다.

특산품으로 은세공품, 나막신, 델프트 자기, 고다치즈, 에담치즈, 스모크 치즈, 마컴 자기 등이 유명하다.

⑤ 국민성, 종교, 예절 및 음식

- 국민성: 네덜란드인의 예절성은 세계적으로도 유명하며 고호, 렘브란트, 반 아이크 등의 화가들이 있고 자원이 부족하여 열심히 노력하지 않으면 살기가 힘들 정도로 근면성과 실리성으로 무장한 국민이다.
- 종교: 종교 분포율은 가톨릭 31%, 신교 21%, 이슬람교도 4.4%, 그 외 3.6%, 무종교40%로서 현재 네덜란드의 종교는 옛날과 비교해 그 영향력이 매우 줄어 들었고, 다른 종교간의 적대감도 줄어들었으며 카톨릭교도와 신교도 사이의 오래된 적대감도 일상생활에서는 이미 사라졌다.
- 예절: 오랜 종교 분쟁으로 고초를 겪은 국민들로서 타 지인에 대한 적대감보다 친절한 인상으로 대하며 다양한 인종들이 서로 협조하며 잘 지내고 있다.
- 음식: 네덜란드 사람들은 빵을 주식으로 하고 감자를 이용한 요리들이 많이 발달되어 있다. 세계적인 낙농업 국가답게 독특한 유제품들이 많은데 하우다 치즈는 세계적으로 유명하며 또한, 푸딩과 요구르트의 중간쯤 되는 플라도 네덜란드의 독특한 유제품이라고 할 수 있다. 네덜란드 요리 중에서 빼놓을 수 없는 것이 하링(청어)요리인데, 이것을 빵에 넣어서 브르제스라는 오픈 샌드위치를 만들어 먹는다.

  또한, 네덜란드에서는 인도네시아 음식점이 많이 있는데, 과거에 인도네시아가 네덜란드의 통치를 받던 시절에 인도네시아의 음식문화가 역으로 네덜란드에 유입되었음을 알 수 있다. 나시고렝(볶음밥), 바미고렝(볶은 국수), 룸피아(빵의 일종), 사테(맵게 양념한 땅콩 버터 소스의 고기 꼬치), 삼발 울렉(인도네시아 고추장) 등은 오늘날 네덜란드인의 식탁에도 자주 등장하는 대중적인 음식이 되었다. 네덜란드인들이 즐겨 먹는 간식으로 다음과 같다.

  - 비터발은 맛좋게 다진 고기를 작은 공모양으로 구운 것이라는 뜻이고 고기완자는 속에 다진 고기와 으깬 감자를 섞어 넣어 파삭파삭하게 튀겨진 비터발로 이쑤시개를 사용해 겨자소스에 찍어, 주로 칵테일파티의 안주로, 또는 저녁식사 전의 간식으로 애용이 된다.
  - 크로켓은 시가 모양으로 생긴 다진고기와 으깬 감자튀김으로 먹기도 하지만 샌드위치처럼 빵 속에 넣어 겨자소스를 쳐서 먹기도 한다. 크로켓은 비터발과 똑같은 재료를 사용하지만 크기만 다를 뿐이다. 어느 간이식당에서 쉽게 주문을 할 수 있다.

(7) 현지공항 및 항공스케줄 정보

① 입국 절차

암스테르담 스키폴 공항의 터미널은 이동하기 편하며 승객과 방문객을 위한 최상의 시설을 보유하고 있다. 빌딩에서 그대로 길을 찾을 때 공항의 모든 표지는 색깔에 따라 구분 되며 노란표시는 환승 창구와 관문들, 녹색표시는 스키폴 공항이 제공하는 다양한 편의 시설로 안내한다.

- ㅁ 게이트: 공항에 도착하면 도착 표시를 따라 라운지로 이동한다.
- ㅁ 출입국 관리국: 표시를 따라 이곳을 통과 하면서 여권과 사증을 제시한다.
- ㅁ 수하물 수취: 수화물 집하장으로 이동 한다. 모니터 화면에서는 비행편 번호를 확인한 후 화물을 수화물 벨트에서 찾을 수 있다. 화물 운반 수레를 무료로 이용할 수 있다.
- ㅁ 세관신고: 신고할 물건이 없거나 수화물에 녹색 띠가 붙어 있다면 녹색창구로, 신고할 물건이 있으면 붉은색 창구로 들어가면 된다.

② 환 승

스키폴 공항에서의 환승은 빠르고 쉽다. 스키폴 공항은 하나의 터미널로 이루어져 있어서 비행기 환승 시 터미널을 바꿀 필요가 없으므로 check-in 수속을 받을 필요가 없다. 수화물은 자동으로 연결 항공편으로 가기 때문에 세관을 통과할 필요가 없다.

- ㅁ 게이트: 공항에 도착하면 모니터 화면에서 환승을 위한 탑승 시간과 관문 번호가 표시된 "환승 정보"를 확인한다. 이미 연결편의 탑승권을 소지하고 있으면 모니터에서 변동 사항을 확인 하고 곧장 이동하면 된다.
- ㅁ 환승 창구: 공항 도착 시에 연결 항공편의 탑승권을 소지하고 있지 않으면 스크린이 안내하는 환승창구에서 새로운 탑승권을 받은 후 주변의 가까운 환승 창구의 위치를 알기 위해 모니터 화면의 도면을 보면 된다.
- ㅁ 탑승 관문: 이동하는 각 통로의 입구에서는 비행기의 탑승 관문을 표시하는 모니터 화면을 볼 수 있다. 이동 도보 벨트를 이용하면 공항 내에서 더 빨리 이동할 수 있다.
- ㅁ 입국카드, 세관신고서는 작성 불필요: 비행기에서 내려 곧바로 자동 보도를 타고

가면 1층으로 내려가는 에스컬레이터가 있고 바로 입국 이민국 카운터가 보이며, 간단한 절차로 통과하면 바로 Baggage Reclaim Hall이 나온다. 모니터를 통해 번호를 확인한 후 짐을 찾고 세관심사대를 통과하면 된다. 세관에서의 면세품 허용 범위는 주류 반입한도 알코올 농도 15도 이하 2ℓ, 알코올농도 15도 이상 1ℓ 담배는 400개피 또는 시가 100개 또는 잎담배 500g, 향수 50g이며 통화의 반출 · 반입에는 제한이 없다. 타 국가와 마찬가지로 세관 신고물품이 있는 경우에는 붉은색 출구로, 신고물품이 없는 경우에는 녹색 출구로 나가면 된다.

③ 탑승한 항공기정보

탑승한 항공기인 네덜란드항공은 1966년부터 일본을 경유한 노선을 우리나라로 운항한 이래 1984년부터 매월 첫 주 1회 취항을 거쳐 2000년 4월부터 서울~암스테르담 노선을 주 5회 운항하고 있다. 한국지사는 서울특별시 중구 태평로 1가 중후빌딩 5층에 있다.

- ㅁ 기내에서 이용할 수 있었던 편의시설
  - ■ 개인용 비디오: 승객이 원하는 영화를 원하는 시간에 시청할 수 있는 시스템이 설치되어 있었다. 모든 클래스의 좌석 뒤에 장착되어 있는 스크린에서 다양한 영화, TV 프로그램, 모든 연령이 즐길 수 있는 비디오 게임 및 비행 정보를 확인 할 수 있었다.
  - ■ 이메일 및 문자 메시지: 어떤 종류의 휴대폰이나 이메일 주소로도 문자 메시지를 전송할 수 있으며 좌석에서 바로 답장을 받을 수 있었다.
  - ■ 개인용 전화: 쌍방향 리모콘 겸용 핸드셋을 뒤집으면 전화로 사용할 수 있고, 한쪽으로 신용 카드를 긁으신 후 사용 가능하였다.
  - ■ Holland Herald: 모든 KLM 항공편에 제공되는 기내 잡지 Holland Herald에서 기내 엔터테인먼트 목록을 확인 할 수 있었다.
- ㅁ 기내식은 전반적으로 양호한 수준이었다.

기내안내도

- 월드 비즈니스 클래스
- 이코노미 클래스
- 접이식 팔걸이형 좌석(복도측)
- 코트룸
- 화장실
- 갤리

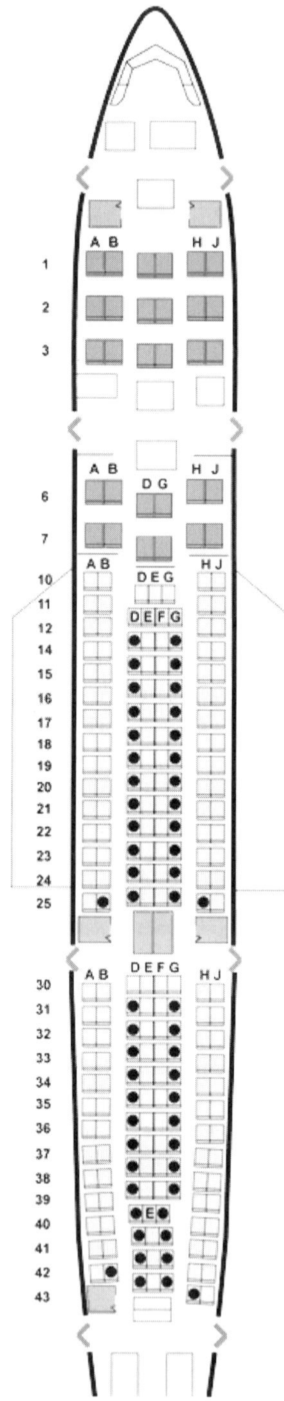

에어버스 A330~200
상세 설명

- 날개폭: 60.30m
- 길이: 58.37m
- 평균 운항 속도: 880km/h
- 최대 운항 거리: 10,700km
- 최대 탑승객 수: 251
- WBC/유럽 셀렉트 평균 좌석 길이: 60inch
- 이코노미 평균 좌석 길이: 31inch

④ 항공스케줄 세부보고

날 짜	출발지	도착지	항공편	좌 석
6월 10일	인천 12:55분	암스테르담 18:30분	네덜란드 항공 KL866	이코노미클래스
6월 14일	암스테르담 18:40분		네덜란드 항공 KL865	이코노미클래스
6월 15일		인천 13:00분	네덜란드 항공 KL865	이코노미클래스

(8) 일정상의 세부보고

① 일정표

날 짜	장 소	교통편	시 간	일 정	식 사
1일차 6/10(일)	인천공항 3층 암스테르담	네덜란드 항공 (KLM)	11:30 17:10 18:30 20:00	· 탑승수속 후 곧 바로 비행기에 탑승 · 암스테르담 스키폴 공항 도착 · 암스테르담시에서 한식으로 식사 · 호텔에 체크인 후 휴식	· 기내식: 파스타, 케이크 · 석: 한식 · 조: 호텔뷔페 · 중: 팬케이크, 오믈렛 · 석: 호텔식
2일차 6/11(월)	암스테르담	전차 및 관광버스	07:00 09:00 10:00 12:30 13:30 18:00	· 기상후 조식 · 관광출발 · 안네 프랑크 하우스, 반 고흐 박물관을 관광 · 점심 · 헤이네켄 맥주공장 등을 관광 · 호텔에 도착 후 휴식 및 식사	· 조: 호텔뷔페 · 중: 팬케이크, 오믈렛 · 석: 호텔식
3일차 6/12(화)	암스테르담	관광버스	07:00 09:00 12:30 19:00	· 기상 후 조식 · 관광출발: 암스테르담 박물관, 싱겔 꽃시장 관광 · 점심식사 후 관광 – 잔세스칸스 풍차마을 관광 · 호텔에 도착 후 석식	· 조: 호텔뷔페 · 중: 현지식 · 석: 호텔식
			07:00	· 기상 후 조식	

한 조건의 렌트 요금이 있으며, 수동변속기가 달린 차가 일반적이므로, 자동변속기가 달린 차는 많지도 않고, 가격도 훨씬 비싸다는 것을 미리 생각해야 한다. 하루 40길더에서 150길더까지의 요금이 적용되며, 계약 조건에 따라 기본 주행거리를 초과한 Km 당 요금을 따로 지불해야 하기도 한다.

〈3일차〉

ㅁ 날씨: 2007년 6월 12일(화)

	구름많음
기온(c)	18/22
습도(%)	80%
풍속(m/s)	4m/s

■ 아침 7시 모닝콜을 시작으로 호텔에서 뷔페로 조식을 먹은 후 9시까지 관광준비를 하고 9시에 암스테르담 박물관으로 출발하여 9시 50분에 박물관에 도착하였다. 암스테르담의 과거부터 현재까지의 역사를 한눈에 볼 수 있어 좋다고 고객님들이 좋아 했고 11시에 박물관에 나와 근처에 위치한 싱겔 꽃시장에 잠시 들렸다. 5분에서 10분 사이에 다 돌아 볼 수 있는 정도의 크기지만 네덜란드의 국화인 튤립과 각종 꽃들이 많이 있어서 여행의 지친기분을 한결 풀어 드릴 수 있을 것 같아 꽃시장으로 향했다. 다음 일정인 풍차의 마을로 출발하기에 앞서 12시 30분에 네덜란드의 유명한 레스토랑인 '도리어스'에서 식사를 하였다. 가격은 조금 비싸지만 네덜란드의 전통 음식을 맛볼 수 있는 기회여서 누구도 불평하는 고객이 없었다. 식사를 마치고 오늘의 하이라이트인 잔세스칸스로 출발하였다. 잔세스칸스는 풍차의 마을로 유명한 관광지로서 고객들이 좋아했고 5시반까지 동화 같은 풍경의 마을을 관람 한 후 호텔로 돌아왔다. 7시에 호텔에 도착

하여 호텔식뷔페로 저녁을 하고 3일차 일정을 마쳤다. 저녁 9시경 고객 2명이 홍등가에 다녀온다고 이야기를 해서 몇 가지 주의해야 할 내용들을 알려 드린 후 보냈는데 새벽 1시에 고객들이 무사히 호텔에 들어오시는 것을 보고 잠자리에 들었다.

〈4일차〉

ㅁ 날씨: 2007년 6월 13일(수)

	흐림
기온(c)	17/21
습도(%)	74%
풍속(m/s)	5m/s

헤이그 시내 관광지

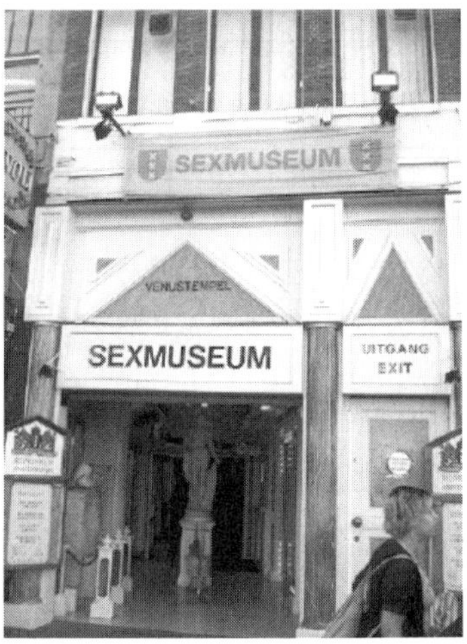

로 우리 관광객들을 먼저 음식을 먹게 해주는 등 말이 많고 유머 있는 사람은 아니지만 해박한 지식과 묵묵히 자기 일에 최선을 다하는 모습을 보여 TC인 저를 비롯하여 관광객들 모두 '다시 만나보고 싶은 현지 가이드'로 별명을 만들어 주었다. 인상 또한 호감형 인상이여서 여성 고객들이 연락처를 물어 보는 등 인기가 대단하였다. 그리고 헤어지는 날에는 관광객들이 돈을 모아 티셔츠를 전달하며 다음을 기약하였다.

④ 교통편 평가

마지막 일정인 파사펠트에 가는 것을 TC의 입장으로서 교통도 좋지 않고 볼거리도 얼마 없는 관광지라 다른 곳으로 대처하고 싶었지만 관광단체의 특성상 다녀 올 수밖에 없었다. 하지만 관광객들이 크게 기뻐하여 저도 기분이 좋았다. 열차와 전차, 관광버스 등의 상태는 좋았고 기사의 자세도 대체적으로 좋았다.

(10) 주의사항

- 동양인을 봤을 때 유럽의 다른 국가들은 'Are you Japanese?' 또는 'Are you Chinese?' 라고 물어보며 일본인 또는 중국인을 생각하지만 네덜란드는 'Are you Korean?' 이라고 물어볼 정도로 우리나라에 우호적이다.
- 네덜란드는 365일중에 거의 200일은 비가 오거나 흐리다. 하지만 비가 자주 오진 않지만 여행 시 항상 우산을 휴대하는 것이 바람직하다.
- 네덜란드는 공중화장실이 많지 않은 편이다. 카페나 쇼핑센터 등지에 관리인이 있는 화장실이 많은데, 화장실 이용 시 관리인이 약간의 팁을 요구하기도 하니 고객들에게 미리 숙지 시켜드려 당황하는 사례가 없도록 해야겠다.
- 암스테르담, 로테르담 등과 같이 외국 관광객, 불법체류자가 많이 거주하는 대도시에서는 소매치기, 절도 등에 대한 각별한 주의가 필요하며 특히 기차역, 관광지 등에서 소매치기를 조심해야겠다.

(11) 전체행사의 문제점과 개선 건의 사항

네덜란드 4박 6일의 전체행사 중 큰 문제는 없었지만 출국 전 고객의 심리적 불안감을 적절히 대처하지 못하고 당황한 저는 TC로서 더욱 책임감을 가지고 평소 교육에 대한 필요성을 절실히 느꼈다. 상황발생시 대처하는 교육을 강화할 것을 건의하여 저 같은 실수를 되풀이 하지 않도록 해야겠다. 레스토랑에서 음식의 특성을 알려주어 고객들이 입맛에 맞는 음식을 시키도록 유도 하는 것 또한 사소하지만 TC의 능력이라고 생각했다. 전체적인 여행일정은 고객들의 호응을 얻으며 순조롭게 진행됐지만 마지막 날 호텔에서 정전사고 및 호텔 측의 성의 없는 대응으로 여행의 마무리가 좋지 않았다. 앞으로는 이러한 불친절한 호텔을 체크하여 여행상품을 계획할 때 수배하지 않는 것이 좋다고 생각한다.

(12) TC 긴급 연락처

- HP: 010-0000-0000
- 사무실: 02-1111-2222
- E-mail: 00000@naver.com

15) 러시아 출장보고서(시나리오)

(1) 상품명

러시아 여행

(2) 출장기간

06년 7월 16일 일요일부터 06년 7월 21일 금요일까지

(3) 방문지역

인천 - 모스크바 - 상트페테르부르크 - 인천

(4) 행사인원 및 단체의 특징

총 인원 10명, 중 · 고등학교 때부터 친구인 22살 남자친구 8명(8짜 팀)과 대학을 다니면서 알게 된 친구 23살 여자 2명(자두 팀)이며 특징은 2팀이 출발했기 때문에 전체적으로 2팀이 친하게 지내며 저의 인솔에 아주 협조적인 팀이었습니다.

(5) 출발시의 문제점 및 개선방안

모든 승객이 항공에 탑승하고 출발하려 했으나 엔진 시동이 꺼지는 바람에 1시간 정도 출발이 늦춰졌다. 손님들 대부분이 흥분상태인 어수선한 분위기에서 출발을 했다.

(6) 여행지 일반정보내용

① 여행 중 온도 및 기온

러시아의 기후는 그 위치와 면적, 지형 등에 따라서 크게 달라진다. 광대한 영토의 대부분이 중위도 또는 고위도에 위치하고 한랭한 지역이 많을 뿐 아니라 해양의 영향도 많이 받고 있다. 러시아는 동서로 길 뿐 아니라 남북의 폭도 특히 넓어 남북의 기온 차도 현저하게 크다.

흑해 연안의 얄타 지방은 1월의 평균 기온이 3.7℃인 반면, 북쪽 끝의 첼류스킨 곶 지방은 더운 날이 거의 없다. 특히 베르호얀스크에서는 기온이 −67.8℃까지 내려간 일이 있어 북반구의 한극이라 일컬어지고 있다. 대륙성 기후로서, 모스크바 부근은 겨울 평균기온 영하 10도, 여름 평균기온은 영상16도에 이른다.

서쪽의 유럽 러시아 지역은 여름인 7월의 경우 등온선 분포는 거의 위도와 평행하는 양상을 보이는데, 북극해 도서지방은 0℃,북극 해안은 5~10℃, 시베리아 일대는 15℃ 전후, 유럽 러시아 지역은 20℃에 육박하는 기온분포를 보인다.

러시아에서 여행하기 가장 좋은 계절은 5~7월의 초여름이다. 거의 매일 상쾌한 날씨에 상트페테르부르크와 무르만스크에서는 백야도 볼 수 있다. 시베리아의 경우는 7~8월이 아주 좋다. 최상의 아름다운 자연을 느낄 수 있는 때이다. 러시아는 여름다운 여름, 겨울다운 겨울을 느끼기에 아주 좋은 곳이다. 이런 계절의 묘미를 즐기기 위해 여름여행의 최적기라고 할 수 있는 7월로 이번 일정표를 잡았다.

② 환율 및 화폐정보

러시아 화폐의 단위는 루블(Rouble),1루블은 100코페이카(Kopeck)이다. 현재는 1, 5, 10, 50 코페이카와 1, 2, 5루블짜리 주화 5, 10, 50, 100, 500, 1000, 5000 루블 지폐가 유통되고 있다. 하지만 코페이카는 우리나라의 1원이나 5원처럼 거의 사용되지 않고 있다.

③ 시차 및 전압

ㅁ 한국과의 시차: 5시간. 한국이 오전 5시 일 때 러시아는 오전 12시.

ㅁ 전압 및 주파수: 전압은 220V, 50Hz지만 우리나라 전기제품의 코드는 맞지 않아 현지에서 구입하거나 빌려서 쓴다.

④ 쇼핑품목

주요 쇼핑품목은 호프로마도, 호박보석, 코사크족 세공, 마토로시카 인형, 캐비아, 파레후의 보석상자, 모피, 코냑 등이며 백화점과 칼라닌 거리, 아르바트 거리 등에서 구입할 수 있다.

⑤ 국민성, 종교, 예절 및 음식

ㅁ 국민성: 무뚝뚝하고 러시아의 기후만큼 냉랭하지만 대체적으로 책임감이 많은 편이다.

ㅁ 종교: 러시아 정교를 많이 믿고 회교, 가톨릭, 개신교순이다.

ㅁ 예절: 여성인권이 상대적으로 강한나라로서 여성들의 사회진출에 따른 여성위주의 예의범절이 강하며 타인에 대한 배려도 있는 나라이다.

ㅁ 음식: 러시아의 음식문화는 귀족과 평민으로 크게 구분 할 수 있는데 귀족들은 유럽의 귀족들이 즐기는 음식습관을 가지고 있지만 평민들은 자신들의 고유음식 문화를 지켜 왔는데 이것이 오늘날의 러시아 음식문화로 자리 잡게 되었다. 유명한 음식으로 곡물로 만든 까샤, 냉육, 자꾸스까, 피로그, 펠메니, 샤슐릭, 캄포트, 스메타나, 케피르 등이다.

(7) 현지공항 및 항공스케줄 정보

① 현지공항

ㅁ 모스크바 국제공항: 모스크바에는 5개의 공항이 있고 입국심사대를 거쳐 밖으로 나오는데 걸리는 시간은 타 국가의 공항보다 많이 지체되기 때문에 여유 있게 시간을 가지는 것이 좋다.

ㅁ 풀코보 국제공항: 모스크바국제공항 다음으로 큰 공항으로 페테르부르크시의 남쪽 20Km지점에 있다.

② 항공스케줄 세부정보

항공편수	날 짜	여 정	소요시간	기내 서비스 순서
KE929	16JUL	ICN - LED	9HR 30M	음료&칵테일 → 점심식사 → 기내판매 → 영화 → 음료 → 저녁식사
FV111	20JUL	LED - SVO	1HR 10M	음료&칵테일 → 기내판매
FV136	21JUL	SVO - LED	1HR 20M	음료&칵테일 → 기내판매
KE930	21JUL	LED - ICN	8HR 40M	음료 → 저녁식사 → 기내판매 → 영화 → 음료 → 아침식사

□ 인천 - 페테스브르크 - 인천

■ 1시간을 늦게 출발하여서 처음에 고객들이 많이 흥분하고 짜증을 냈지만 시간이 지나면서 대한항공의 서비스에 만족을 하면서 흥분을 가라앉히셨다. 대한항공의 기내서비스 순서는 "음료&칵테일 → 점심식사 → 기내판매 → 영화 → 음료 → 저녁 식사"였다. 외국항공을 이용해 본 고객들은 다른 나라의 항공들보다 서비스에 많은 만족감을 가졌다. 특히 고객들이 좋아했던 것은 스튜어디스가 한국사람이라 외국어를 하지 않아도 된다는 것과 기내식사도 한국 사람의 입맛에 맞는 비빔밥과 비빔국수였던 것을 만족하셨다. 또 기내 대형화면을 통해 최신 영화와 각종 단편물, 실시간 비행정보(에어쇼)를 시청하실 수 있었고, 또한 각 좌석의 헤드폰을 이용하여 클래식, 팝송, 가요 및 세계음악 등 다양한 장르의 음악을 선택하여 감상하실 수 있었다.

그러나 소요시간이 9시간 이상이여서 고객들은 5시간이 지난 후부터 가만히 계시기 힘들었는지 이곳 저곳을 돌아다녔다. 어떤 고객은 복도를 돌아다닐 때 비행기가 잠깐 '쿵' 하는 바람에 넘어지셨는데 넘어지면서 머리를 의자에 부딪치기도 했지만 다행히 가벼운 타박상이라 다행이었다.

□ 페테스브르크 - 모스크바

■ 풀코보 항공을 이용하는 고객들에게는 먼저 이용했던 대한항공보다 서비스도 좋지 못하고 또 오디오 시스템과 좌석 등에서 많이 불편해 했다. 그리고 음료를 시킬 때 손님들이 러시아스튜어디스의 말을 잘 이해하지 못해 잘못된 주문을 하는 경우도 있었다. 좋았던 점은 비행시간이 1시간 30분 이내여서 지루함을 들 수 있었다.

(8) 일정상의 세부보고

① 일정표

일 정	지 역	교통편	시 간	일 정	식 사
1일차 7/16 (월)	인천 성페테스부르크	KE929 전용버스	14:50 19:50	· 인천국제공항출발 · 폴코보국제공항도착 · 호텔 이동 후 휴식	기내식: 샌드위치 호텔식: 뷔페
2일차 7/17 (화)	성페테스부르크	전용버스	07:00 09:00 12:00 13:00 17:00 21:00	· 기상 후 조식 · 국립에르미따쥐박물관, 피의사원, 카잔성당 관광 · 중식(팔도강산) · 넵스키 대로 및 시내, 청동기 마상 등을 관광 · 석식 · 호텔이동 후 휴식	조식: 호텔섹 중식: 한식 석식: 현지식
3일차 7/18 (수)	성페테스부르크 쉬킨	전용버스	07:00 09:00 14:00 15:00 18:00	· 기상 후 조식 · 에카제리나 궁전, 여름정원 등을 관광 · 중식 · 푸쉬킨 동상 관광 · 호텔로 이동 후 석식	조식: 호텔식 중식: 현지식 석식: 호텔식
4일차 7/19 (목)	성페테스부르크	전용버스	07:00 09:00 12:00 13:00 17:00	· 기상 후 조식 · 성 이삭성당, 로스트랄 등대, 오로라호 등의 관광 · 중식 · 패트로파블로프스크 요새와 시내 관광 · 석식 후 호텔로 이동	조식: 호텔식 중식: 현지식 석식: 현지식
5일차 7/20 (금)	성페테스부르크 모스크바	FV111 전용버스	04:00 07:20 10:20 13:00	· 기상 후 관광버스에서 준비한 도시락으로 조식 · 비행기로 이동 · 모스크비공항에 도착 후 크레믈린궁전, 붉은광장 관광 · 중식 후 모스크바 시내 관광, 굼 백화점을 차례로 관광함	조식: 도시락 중식: 현지식 석식: 호텔식

			18:00	· 호텔로 이동 후 석식	
6일차 7/21 (토)	모스크바 성페테스부르크	전용버스 FV136 KE930	07:00 09:00 12:00 13:00 15:35 16:55 20:30	· 기상 후 조식 · 볼쇼이극장, 모스크바대학 등을 관광 · 중식 · 아르바트거리, 시내관광 · 공항으로 이동 · 성페테스부르크 공항으로 이동하면서 석식 · 인천으로 출발	조식: 호텔식 중식: 현지식 석식: 도시락 기내식: 생선요리
7일차 7/22 (일)	인천	KE930	10:30	· 인천국제공항 도착	

② 일정별 세부보고

〈1일차〉

ㅁ 14시 50분 KE 929편을 타고 성페테스부르크로 출발. 페테스부르크 폴코보공항 19시 50분 도착 후 현지 가이드와 미팅을 한 후 호텔로 이동. 호텔에 도착한 시간은 21시였다. 내일 아침 9시부터 일정이 시작되는데 8시에 아침식사를 하기 위하여 7시에 모닝콜을 하기로 했다. 호텔 체크인 후 자유 시간을 가졌다.

〈2일차〉

ㅁ 어제 저녁에 약속한 것과 같이 7시에 호텔 측을 이용하여 모닝콜을 했다. 고객들 대부분이 8시 전 · 후로 조식을 했지만 두 명의 22살 남자손님들은 늦잠을 자서 조식은 하지 못했다. 다행이 9시 미팅 때는 늦지 않게 왔지만 자신들의 늦잠으로 조식을 못한 거 가지고 나에게 해결해 달라고 조금 때를 썼다. 그래서 어제 말했듯이 손님의 잘못으로 손해를 본 것은 제가 해결해 드릴 수 없다고 말했는데도 계속 말을 해서 좀 짜증이 났다. 9시 10분에 모든 고객이 전용버스에 올랐고 처음으로 피의사원으로 출발했다.
피의 사원 관람을 마치고 버스를 타고 카잔성당으로 이동을 했다. 카잔성당은 투박하면서도 웅장했고 고객들은 특별히 아름답다고 여기지는 않았지만 투박하면서도 웅장한 모습이 멋지다고 고객들이 이동구성으로 말씀하셨다. 점심은 한식을 먹는다고 하자 처음에 고객들이 러시아에서 무슨 한식이냐고 말씀을 하셨지만 식사를 한 후에는 그런 말이 없었다. 청동기 마상을 보러 버스를 타고 이동하였다. 우리가 다음 관광지인 넵스키 대로로 이동하기 위하여 버스에 탑승했을 때 갑자기 비가 쏟아지기 시작했다. 조금 지난 후에 비가 그칠 줄 알았지만 비가 오랫동안 왔다. 그래서 고객님들에게 양해를 구하고 예정보다 1시간 빠른 7시에 석식을 먹으러 이동하였다. '사마르칸트'는 메뉴 하나에 2000원~4000원쯤 하는데 양이 많았고 육식을 좋아하는 고객님들은 만족해 했다. 석식은 1시간 30분 정도 한 후 9시 정도에 호텔에 도착하여 자유 시간을 가졌다.

〈3일차〉

ㅁ 어제와 같이 아침 7시에 고객님들에게 모닝콜을 하고 8시부터 식사를 했다. 고객들 중에 늦게 나온 분이 있었는데 왜 그런 가 봤더니 어제 일정을 마치고 호텔 근처에서 술을 사와서 드셨던 것이다. 그래서 고객들에게 최대한 많은 관광을 즐겁게 해드리려고 노력하는데 이렇게 시간약속을 어기시면 곤란하다고 따끔하게 말씀드렸다. 모두들 미안해하는 표정이였다. 우리는 첫번째 관광인 예카제리나 궁전으로 출발했다. 대부분의 고객들은 좋아 했다. 그 중 빼놓을 수 없는 아름다운 예술작품이 바로 호박 방이다. 이 방은 귀한 보석으로 여겨지는 호박만으로 사방 14미터, 높이 8미터의 방 전체를 장식, 세계에서 가장 호사스런 방이란 평을 받고 있다고 했다. 이 호박 방을 관람할 때 고객들은 남녀 상관없이 모두 다 가지고 싶어 하는 눈치였다. 고객들은 모두 만족하셨다.

버스를 타고 여름 정원으로 이동하였다. 어제 비가 와서 여름 정원을 관람하기에 아주 좋았다. 시원한 분수와 아름다운 녹색이 너무 멋있었다. 고객들은 여기서 가장 많은 사진을 찍으셨고 나 역시 단체 사진을 찍어드리느라 힘들었지만 기분이 좋았다.

2시 쯤 늦은 점심을 먹고 오늘의 마지막 푸쉬킨 동상을 보러갔다. 고객들에게나 나에게나 그렇게 특별한 일은 없었다.

푸쉬킨 동상을 관람하고 호텔로 돌아와 호텔 조식 후 자유 시간을 가졌다.

〈4일차〉

ㅁ 어제와 같이 07시에 조식을 시작했다. 어제 말씀을 드려서 인지 아침 미팅시간에

늦으신 분이 단 한분도 계시지 않았다. 좋은 출발이었다. 근데 끝까지 좋지는 못했다. 성 이삭 성당에서 한 손님이 낭패를 당했다. 러시아인이 한국말 하면서 다정히 다가와 손가락에 색실을 걸어주고는 갑자기 정색을 하며 우리나라 돈으로 만원을 내라고 협박을 했다. 그리고 손님 한분이 거의 동시에 소매치기를 당했지만 현지 가이드의 도움으로 모두 찾을 수 있었지만 왠지 안 좋은 일들이 겹쳐서 걱정이 많이 되었다. 그래서 이후부터는 고객님들에게 충고사항을 더욱더 강조했다.

모든 일정을 마치고 8시 쯤 숙소에 들어가 자유 시간을 가졌다.

〈5일차〉

- 4시에 모닝콜을 하고 서둘러서 공항에 6시에 도착해 비행기를 타고 모스크바로 날아갈 때 대부분의 고객님들은 잠이 들었다.
  모스크바에 도착해서 우리는 크레믈린 궁전으로 갔다. 고객님들이 아침 일찍 일어나서인지 모두들 피곤해 하셨다. 관광을 잘못 하신 것 같다.
  점심 식사 후에 우리는 굼 백화점에서 쇼핑을 했다. 여자 두 분이 쇼핑하는데 30분 늦게 오는 바람에 일정에 차질이 오기도 했다. 붉은 광장을 노을이 졌을 때 갔는데 정말 멋진 광경이었다. 붉은색 노을과 광장이 만나서 장관을 펼치고 있었다. 추운 러시아인데도 피부가 따듯함을 느꼈다. 고객들도 정말 러시아에서만 볼 수 있는 광경이라며 즐거워 하셨다.
  석식 후에 피곤함을 달래기 위하여 7시부터 자유 시간을 가졌다.

〈6일차〉

- 7시에 모닝콜을 했고 8시 조식 그리고 9시에 미팅을 했다. 서울로 돌아가는 날이기 때문에 모든 짐을 싸서 버스에 싣고 볼쇼이 극장으로 출발하였다. 볼쇼이 극장의 외벽을 보고 모스크바 대학을 견학한 후 점심식사를 하고 아르바트 거리를 관광하고 공항으로 이동하여 모스크바에서 성페테스부르크로 가서 그곳에서 인천으로 출발했다.

〈7일차〉

- 인천에 도착해 수화물을 모두 찾았는지를 확인한 후 밖으로 나와 고객들과 작별인사를 드리면서 이번 출장을 마무리하게 되었다.

□ 관광지 정보

■ 국립에르미따쥐박물: 러시아가 세계에 자랑하는 초일류 미술관으로 페테르부르크에 와서 이곳을 보지 않고 간다는 것은 서울에 와서 남산을 안보고 갔다는 것과 같다고 할 수 있을 정도로 이 도시의 제일 가치 있는 문화유산이기도 하다.

이곳은 런던의 대영 박물관, 파리의 루부르 박물관과 함께 세계 3대 박물관으로 손꼽힌다. 그리고 일반인에게 공개되지 않는 지하 보물실에는 제정러시아 시대의 각종 보석과 장신구, 왕관 등이 보관되어 있다.

미술관의 규모가 광대하기 때문에 목표를 정해 놓지 않으면 에르미타쥬의 미아가 되기 쉽다. 원래 인기가 있는 곳이기에 시즌에는 내국인 뿐 아니라 외국인 여행객의 참관이 많아 2개의 출구를 줄을 서서 입장하고, 내부에서도 줄을 서서 다녀야 할 정도이다.

■ 넵스키 대로와 그 주변: 구 해군성에서 알렉산드르 넵스키 수도원까지 4.5Km에 걸쳐 뻗어있는 거리가 넵스키 대로이며 톨스토이나 도스토예프스키의 작품에도 등장하는 곳으로 유명한 거리이다.

■ 청동기마상: 청동기마상은 쿠테타로 남편을 죽이고, 황제자리에 오른 독일출신인 예카테리나 2세가 표트르대제의 후계자라는 것을 과시하기 위하여 1782년 역시 프랑스의 조각가 파르콘에게 이 동상을 만들도록 하였다. 이것은 러시아 최초의 기념동상으로 푸쉬킨의 서정시 〈청동의 기사〉에서 그 이름을 따온 것이다. 지금도 마르스 광장의 꺼지지 않는 불과 함께 페테르부르크의 젊은이들이 결혼식이 끝나면 이곳을 방문하여 꽃다발을 바치고, 사진을 찍을 정도로 표트르대제에 대한 존경과 사랑을 짐작할 수 있는 곳이다. 1825년 12월 청년 장교를 주축으로 한 전제정치에 대한 러시아 최초의 반란이 이곳에서 일어났던 곳이기도 하다.

■ 카잔성당: 카잔성당은 1801년부터 10여년간에 걸쳐서 무명의 농민 출신 건축가

바로니힌에 의해 세워졌다. 석고 대리석으로 1m정도씩 이어서 올라간 94개의 코린트 양식의 기둥에 서 있다. 성당 안은 조국 전쟁에서 빼앗은 107개의 프랑스 군기가 장식되어 있다. 19세기 말 경부터 혁명 때까지 성당 앞 광장은 학생들의 집회 장소였으나 지금은 시민들의 휴식장소로 사용되고 있다.

- 여름정원: 상트 페테르부르크에서 남쪽으로 30km가량 떨어진 푸슈킨에 있는 여름 궁전은 피터 대제가 여름을 보내기 위해 만들어진 것이라고 해서 붙은 이름이다.
- 성 이삭 성당과 그 주변: 슈미뜨 다리를 건너 네바 강을 따라 걷다 보면 청동기마상 뒤로 이삭 성당이 보인다. 100kg이 넘는 황금을 녹여 만든 금빛 지붕은 웅장하면서도 중후한 맛을 지니고 있으며 성당 안 전망대에서는 도시 모습을 한눈에 내려다 볼 수 있고 운이 좋으면 가끔 열리는 아카펠라의 환상적인 하모니가 내부에 울려 퍼지는 소리를 들을 수 있다.
  내부의 화려함은 바티칸 성당과 비교할 만하며 보는 이들을 놀라게 한다.
- 페트로파블로프스크 요새: 이곳에는 페트르부르크의 중추였던 페트로파블로프스크 요새가 남아 있는데, 표트르대제가 스웨덴 군으로부터 러시아를 지키기 위하여 건설했던 것이라고 한다. 요새의 이름은 이 도시의 수호천사인 러시아정교회의 사도 표트르와 파벨의 이름에서 지어졌다. 그래서 피터플요새라고도 불리워진다.
- 굼 백화점: 모스크바 최대 백화점인 굼은 붉은 광장의 북동쪽, 레닌 묘의 맞은편에 자리 잡고 있다. 모스크바는 물론 지방 도시에서도 이곳으로 쇼핑을 하러 오기도 한다. 1890~1893년에 걸쳐 세워진 이 백화점은 1953년에 대폭 수리한 오

래된 건물이며 내부는 넓게 뚫려 있는 3층 짜리 건물로 1, 2층이 상점인데 1층 중앙에는 분수가 있어 매우 아름다운 쇼핑센터이다. 쇼핑의 메카라기보다는 건축양식이 돋보이기 때문에 관광객들이 많이 찾는 곳이라고 할 수 있다.

- 붉은 광장: 지금과 같은 모습을 갖추게 된 것은 19세기 말 무렵부터이며 이제는 러시아를 방문하는 관광객이면 누구나 찾는 익숙한 장소가 되었다. 이곳은 구소련 시절 5월 1일 메이데이와, 사회주의 정권 탄생을 축하하는 11월 7일의 혁명 기념일에 기념 퍼레이드가 열렸던 곳으로, 지금은 공산주의자의 데모행렬이 눈에 많이 띠고 있다. 크레믈린 북동쪽의 붉은 성벽과 붉은 벽돌 건물의 국립 역 박물관, 굼 백화점, 그리고 양파 머리 모양의 바실리 사원에 둘러싸여 있다.

- 모스크바대학: 우선 러시아를 가장 대표할 만한 최대의 종합대학인 모스크바 국립대학교는 18세기 러시아 학자인 M.V 로모노소프가 러시아 학생들을 위한 고등교육기관 창설의

필요성을 원로원에 건의, 엘리자베타 페트로브나 여제의 칙령으로 1755년 설립 되었다.

■ 볼쇼이 극장: 러시아인들이 사랑하는 많은 문화예술단 중에서 단연 볼쇼이 극장을 들 수 있다. 1776년 창설당시 볼쇼이 극장은 귀족의 저택을 빌려 오페라, 발레, 드라마를 상연하던 소규모의 극장에 지나지 않았지만 현재는 세계적인 규모를 자랑하는 극장으로 성장했다.

(9) 각 항목별 세부보고 및 평가

① 호텔 평가

□ 쁘리발티스카야 호텔: 1978년 창립한 4성 급의 쁘리발티스카야 호텔은 핀란드만의 바실리예프 섬 하단에 위치하고 있다. 1200여 개의 객실을 보유한 17층짜리 건물로 상당수의 객실에서 보이는 해변 가의 정경은 가히 환상이라 할 만하다. 호텔 내에는 5개의 레스토랑과 3개의 바, 비즈니스 센터, 각종 회의장, 실내 수영장과 사우나 시설이 딸린 휘트니스 클럽 및 볼링장 등이 구비되어 있다.

□ 모스크바 IRIS CONGRESS(이리스 컨그레스 호텔): 구 소피텔 호텔로 최신 비지니스 센터를 가지고 있으며, 조용한 호텔이다. 공항에서 30분 거리에 위치하며 시

내로의 접근성이 좋아 여행객을 위한 최적의 호텔이다.

② 식사평가

러시아 식당 대부분이 깨끗하고 종사원들의 서비스 수준은 보통이였다. 하지만 고객들의 입맛에 맞지 않아 다소 불편한 면은 있었다.

③ 현지 가이드 평가

- ㅁ 상트 페테르부르크에서 현지 가이드: 젊고 경력이 그리 오래 되진 않았지만 멘트도 부드럽고 잘 진행해 나갔고 열심히 해 주었다. 단, 손님 중에 목소리가 너무 작았다고 말씀하신 분이 계셨다.
- ㅁ 모스크바 현지 가이드: 시원시원한 맛은 있으나 손님들이 계신 버스 내에서 큰소리를 내며 여러 차례 피곤해 하거나 호텔 로비에서 손님들과 마주 앉았는데도 눈을 감는 모습은 지양해야 될 것 같다. 직원에게 고객들 앞에서 짜증을 내고 구박하는 모습은 참 보기 안 좋았다.

④ 교통편 평가

운전 중 사고가 나지 않도록 속력을 줄이며 안전운전에 만전을 기한 것 같다. 또 미팅시간까지 한번도 늦지 않고 제시간에 나와 주었고 고객들에게 친절했다.

(10) 주의사항

- ㅁ 페테르부르케에서 소매치기: 손님이 놀라기도 했지만 다행이 아무도 빼앗기지는 않았다. 사전에 TC로서 환기를 시켜주는 것이 얼마나 중요한 것인지 깨달을 수 있었다.
- ㅁ 성 이삭 성당: 한국말 하면서 다정히 다가와 손가락에 색실을 걸어주고는 갑자기 정색을 하며 우리나라 돈으로 만원을 내라고 협박을 해 손님 중 한 분이 혼이 났지만 잘 대처를 해 위기사항을 벗어날 수 있었다.
- ㅁ 분실사고: 두 번째날 손님 한분이 숙소에 전자사전을 두고 오셨는데 없어졌다는 소식을 접하고 바로 호텔 측에 알려서 찾을 수 있었다. 키핑하우스가 청소를 하다가 전자사전을 보지 못하고 일어난 사고이다.

(11) 전체행사의 문제점과 개선 건의 사항

전체적인 행사에선 시간의 촉박함도 없었고 또 많은 시간이 남지 않아서 짜임새 가 좋았다. 그런데 페테르부르크에서 모스크바로 넘어가는 여정이 힘들었다. 왜냐하면 고객들을 일찍 깨운 관계로 관광 중에 힘들어 하는 모습을 보면서 앞으로 일정표를 계획할 때는 이러한 요인을 고려해 작성해야겠다고 생각했다.

(12) TC 긴급 연락처

- HP: 010-0000-0000
- 사무실: 02-1111-2222
- E-mail: 00000@naver-com

16) 미국동부 출장보고서(시나리오)

(1) 상품명

미국동부 주요도시 탐방

(2) 출장기간

2007년 6월 1일(금)~2007년 6월 7일(목) 5박 7일간

(3) 방문지역

버팔로 - 뉴욕 - 워싱턴

(4) 행사인원 및 단체의 특징

총 10명(남자 5명, 여자 5명)으로 구성된 단체이며 특징은 30대 중반, 40대 중반으로 부부 5쌍으로 결혼을 한 지 10년, 15년 사이의 부부들을 주요 고객으로 함. 일상에 지친 부부 관계를 더욱 돈독하게 하기 위함이 이번 여행패키지의 주요 목적이다.

(5) 출발시의 문제점 및 개선방안

시간 약속을 지키지 않는 고객이 있었는데 이들은 미국에 대해 잘 알고 있다고 생각하여 사전준비를 하지 못했던 것 같았다. 동경을 경유해서 가는 관계로 고객들이 대기시간 때문에 지루해 하였다.

개선방안으로는 출발 수일 전부터 고객에게 지속적인 연락을 해야 하며 적어도 약속시간 2시간정도 일찍 통보해야 하고 미리 다녀온 경험이 많은 국가라도 잘 준비를 해야 함을 주지시켜야겠다.

(6) 여행지 일반정보내용

① 여행 중 온도 및 기후

미국은 국토가 넓어 지역에 따라 다양한 기후를 가지고 있으며 툰드라와 타이가 기후

버팔로

구 분	1월	2월	3월	4월	5월	6월	7월	8월	9월	10월	11월	12월
평균기온(°C)	-4.6	-4.1	1.0	7.3	13.6	18.8	21.7	20.5	16.6	10.6	4.7	-1.6

뉴욕

구 분	1월	2월	3월	4월	5월	6월	7월	8월	9월	10월	11월	12월
평균기온(°C)	-0.2	0.8	5.7	11.3	17.0	22.0	24.8	24.1	20.1	14.1	8.6	2.5

워싱턴 D/C

구 분	1월	2월	3월	4월	5월	6월	7월	8월	9월	10월	11월	12월
평균기온(°C)	2.1	3.9	7.8	13.6	18.9	23.6	26.1	25.2	21.5	15.3	9.4	3.9

구 분	6/1	6/2	6/3	6/4	6/5	6/6	6/7
버팔로	(10/17)	(11/18)	(10/18)	(9/16)	(10/18)	(11/19)	(10/18)
뉴욕	(11/19)	(11/20)	(9/18)	(10/19)	(10/18)	(11/18)	(12/20)
워싱턴	(11/20)	(12/20)	(9/18)	(12/20)	(11/20)	(12/22)	(12/21)

가 나타나는 알래스카와 따스한 지역으로 알려진 하와이를 제외한 미국 본토는 대부분 온대 또는 냉대지역에 속한다.

출장을 갔다 온 미국 동부지역의 기후는 여름에는 주로 습하고 온화한 기후로 약간 선선하며 겨울에는 한 2~3m 정도 눈이 쌓일 만큼 춥다. 겨울은 우리나라와 비슷하거나 좀 더 추운 기온이다.

② 환율 및 화폐정보

미국에서 통용되는 통화는 U. S. dollar(USD)로 1 dollar에 우리 나라 돈 929.70원 정도이다. 현찰 살 때는 1달러 (USD)=944.95원이고, 현찰 팔 때는 1달러 (USD)= 912.45원이다. 미국의 화폐는 동전은 1(penny), 5(nickel), 10(dime), 25(quarter), 50cent(half-dollar)짜리가 일반적으로 쓰이고 Las Vegas 같은 곳에서는 1 dollar동전도 통용된다. 지폐로는 1 dollar, 2 dollar, 5 dollar, 10 dollar, 20 dollar, 50 dollar, 100 dollar가 있고, 2 dollar 지폐도 있으나 널리 쓰이지는 않는다. 미국의 지폐는 모두 크기가 같다.

미국은 우리처럼 잔돈(change)을 바꾸기 쉽지 않으니 별도로 준비해야 한다. 그리고 큰 돈(100dollar, 50dollar 지폐)은 아주 조그만 가게 같은 곳에서는 받지 않는 경우도 있다.

③ 시차 및 전압

- 시차: 미국은 4개 시간차인데 원래는 6개 시간차이다. 일반적으로 본토는 4개의 시간차를 사용해서, 알라스카와 하와이는 다른 2개의 시간차가 따로 있다. 출장을 다녀온 미 동부 지역은 -13시간으로 우리나라보다 13시간 느리다.
- 전압: 미국의 전압은 주마다 약간의 차이는 있지만, 보통 110~120V이다. 우리 나라 80년대에 사용하던 그런 모양이다. 콘센트는 호텔에서 달라고 하면 주기 때문에 큰 어려움은 없다. 미국의 전력 사정은 좋은 편이지만, 절약하는 습관이 있어서 실내의 조명을 어둡게 하는 경향이 있고, 거실이나 침실은 형광등보다는 간접 조명을 이용한다. 주파수는 60Hz이다.

④ 쇼핑품목

미국은 백화점이나 큰 상점들은 보통 오전 10시부터 오후 9시까지 영업을 한다. 또 일

한국과 미국 지역별 시차표

한국시간	17	18	19	20	21	22	23	0	1	2	3	4	5	6	7	8	9	10	11	12	13	14	15	16
서부시간 (Pacific Time)	0	1	2	3	4	5	6	7	8	9	10	11	12	13	14	15	16	17	18	19	20	21	22	23
중서부시간 (Mountain Time)	1	2	3	4	5	6	7	8	9	10	11	12	13	14	15	16	17	18	19	20	21	22	23	0
중부시간 (Central Time)	2	3	4	5	6	7	8	9	10	11	12	13	14	15	16	17	18	19	20	21	22	23	0	1
동부시간 (Eastern Time)	3	4	5	6	7	8	9	10	11	12	13	14	15	16	17	18	19	20	21	22	23	0	1	2
하와이/알라스카 (Aleutian Time)	22	23	0	1	2	3	4	5	6	7	8	9	10	11	12	13	14	15	16	17	18	19	20	21

미국 주별 Time Zone

- 서부
  (Pacific Time Zone) Washington, Oregon, California, Nevada
- 중서부
  (Mountain Time Zone) Montana, Iidaho, Wyoming, Utah, Colorado, Arizona, New Mexico
- 중부
  (Central Time Zone) North Dakota, South Dakota, Minnesota, Wisconsin, Nebraska, Iowa, Illinois, Kansas, Missouri, Tennessee, Oklahoma, Arkansas, Mississippi, Alabama, Texas, Louisiana
- 동부
  (Eastern Time Zone) Michigan, Indiana, Ohio, New York, Vermont New Hampshire, Maine, Massachusetts, Rhode Island, Connecticut, Pennsylvania, New Jersey, Delaware, Maryland, Washington, D.C., Virginia, West Virginia, Indiana, Kentucky, North Carolina, South Carolina, Georgia, Florida
- 하와이/알라스카
  (Pacific Time Zone) Alaska, Hawaii

서머타임	1	2	3	4	5	6	7	8	9	10	11	12	13	14	15	16	17	18	19	20	21	22	23	0
정규시간	0	1	2	3	4	5	6	7	8	9	10	11	12	13	14	15	16	17	18	19	20	21	22	23

- 아리조나주와 인디아나주의 일부를 빼고 미국본토 전 지역에서는 서머타임 제도를 도입하고 있음.
- 서머타임은 4월 첫째 일요일에 시작되고 10월 마지막 토요일에 해제됨.

요일 축제일과 같은 경우엔 가게가 문을 닫는다. 따라서 쇼핑은 토요일에 하는 것이 가장 바람직하다. 그리고 드럭스토어와 슈퍼마켓은 24시간 영업하는 곳이 늘고 있다. 스쿠알렌과 비타민, 칼슘제, 철분제, 해열제, 두통약, 전자제품, 독일제 칼, 순금화장품 등 여러 나라에서 구입할 수 있는 많은 쇼핑품목들이 있다.

⑤ 국민성, 종교, 예절 및 음식

- □ 국민성: 여러 인종이 뒤섞여 사는 이질적인 민족으로 미국의 인구는 2억 5천만명이고 이중 대부분(인구의 약 85%)은 유럽인의 피를 이어받은 미국인이며, 이중 12%가 아프리카계 미국인으로 소수민족 중 인구비율이 가장 높다. 그 외 소수 민족으로는 스페인계(8%), 아시아 - 태평양 섬 민족 계(1.5%), 미국인디언들(0.5%)과 기타민족(3%)이 있다. 이러한 관계로 미국의 국민성은 매우 개인주의적이며 물질주의적이다. 미국인들은 개인을 매우 중요시 한다. 물론 가족 간의 유대와 그룹의 관계도 중요시 하지만 이 모든 것의 근본은 개인이 누릴 수 있는 권리와 의무를 존중해주는데 있다고 생각한다. 우리가 보기에는 매우 이기주의적이고 정이 없다고 할 수 있겠지만 실제로 아무리 같은 방을 쓰는 친구간이라도 서로가 침범하지 않는 자기만의 시간이나 공간을 가지고 싶어 한다. 따라서 서로의 비밀이나 개인적인 일들에 대해 상의를 하는 일은 별로 없고 아예 서로가 그와 같은 개인적인 문제들에 대해 간섭하지 않는 것을 원칙으로 한다. 이와 같은 개인중심의 사고방식은 다른 사람이 누리는 개인의 권리와 의무, 그리고 각 개인이 함께 누리는 평등성을 보장하고자 하는데 의의를 두고 있다. 또한 미국인들은 매우 개인적이면서도 또한 물질주의적이라는 비난을 많이 받지만 금전적인 성공을 통해서 자신의 발전을 사회에 환원시키려는 의식과 정신적으로 풍요롭게 삶을 영위하는 이들도 많은 것이 미국인들의 사회라고 볼 수 있다. 특히 미국을 여행시에는 인종차별 같은 발언 등은 반드시 지양해야한다.
- □ 종교: 미국은 다민족 국가인 만큼 여러 가지의 다양한 종교가 많다. 그 중에서도 기독교 82.60%, 유대교 1.30%, 불교 0.87%, 힌두 교0.36%, 이슬람 0.50%, 불가지론 0.50%, 무신론 0.30%, 기타 0.37 % 등으로 거의 모든 국민이 기독교를 믿는다.
- □ 예절: 미국의 인사는 주로 악수를 하는데 손을 힘 있게 쥐고 흔들며 손윗사람일 경우 격려의 뜻으로 손아랫사람의 어깨를 두드리기도 한다. 가까운 사이의 경우 양

볼에 가볍게 키스를 하는 경우도 있다. 미국에서 아이를 만지는 것은 미국사람들에게 있어서 매우 불쾌한 일이다. 그러므로 아이를 만져보려면 반드시 부모의 허락을 얻어야 한다. 다른 사람 앞에서 기침이나 재채기를 하는 것이 미국에서는 실례이다. 따라서 기침이나 재채기를 하고 난 후에는 반드시 "Execuse me."라고 말해야 한다. 헛기침도 마찬가지다. 그러나 코를 푸는 것은 괜찮다.

- 음식: 미국음식은 다민족 국가답게 인디언음식, 남미음식, 아시아음식, 유럽음식 등이 골고루 섞여있는 독특한 미국적 음식문화를 가지고 있다. 그렇기 때문에 미국 요리를 뚜렷하게 표현하긴 힘들지만 전 세계 음식문화를 미국식으로 소화해내어 새로운 음식을 창조해낸다. 웬만한 큰 도시에 가면 한국은 물론, 이탈리아, 중국, 일본, 태국, 그리스, 멕시코, 베트남의 전통음식을 충분히 맛볼 수 있다. 재료나 양념은 각국의 전통음식의 기본을 따르되 어떤 전통 요리도 미국식 취향으로 변형시키는 비결이 있다. 바쁜 생활과 대부분 맞벌이를 해야 생활을 유지할 수 있는 미국인의 생활방식은 수많은 종류의 패스트푸드를 발달시켰고, McDonald와 같은 패스트푸드 전문업체는 현재 세계의 음식업계를 장악해 나가고 있다.

(7) 현지공항 및 항공스케줄 정보

① 현지공항

- 워싱톤 국제공항: 워싱톤으로 가는 항공편은 대한항공, 델타항공이 직항으로 아메리카에어라인, 노스웨스트, 유나이티드항공 등이 경유하여 운항하고 있다. 소요시간은 13시간 20분정도이며 매일 전 구간을 연결하고 있다.
- 뉴욕국제공항: 연결하는 항공편은 대한항공과 아시아나항공 등이 직항으로 운항하고 있고 다양한 항공사들이 취항하고 있다.
- 시애틀 국제공항: 아시아나항공이 직항으로 운항하고 있고 소요되는 시간은 9시간 40분이다.
- 로스앤젤레스국제공항: 대한항공, 아시아나항공, 유나이티드항공, 필리핀항공, 브라질항공, 노스웨스트항공 등이 매주 51편씩 운항하며 소요시간은 10시간 50분정도이다.

② 항공스케줄 세부정보

일 자	출국공항	도착공항	항공사	출발시간	도착시간	소요시간
2007-06-01	인천공항	나리타공항	KE 701	09:15	11:30	약 2시간 30분
2007-06-01	나리타공항	뉴욕공항	AA 168	17:50	17:50 (뉴욕시간)	약 13시간
2007-06-06	뉴욕공항	나리타공항	NA 167	11:45	7일 14:30 (동경시간)	약 13시간 45분
2007-06-07	나리타공항	인천공항	JL 959	18:10	20:40	약 2시간 30분

(8) 일정상의 세부보고

① 일정표

날 짜	도 시	교통편	시 간	일 정
6/1일	인천 동경 뉴욕	KE701 AA168	07:00 09:15 11:30 17:50 17:50 (뉴욕시간)	· 인천 국제공항 3층 K와 L사이 만남의 장소 집결 · 인천 국제공항 출발(2시간15분 소요) · 동경 도착 · 동경 출발(13시간 소요)(기내식 2회) · 뉴욕 도착 · 호텔 투숙
6/2일	뉴욕	전용차		· 조식 호텔식 · 호텔 출발하여 뉴욕으로 이동 · 그리니치 빌리지, 자유의 여신상, 월가 관광 · 중식 한식 · 엠파이어 스테이트 빌딩, 할렘, 성요한 대성당, 센트럴 파크 · 석식 현지식 · 관광 후 호텔투숙 · 쇼핑: 코스모스 백화점 (화장품, 의류, 보석, 잡화 등) · 호텔 투숙
	뉴욕			· 조식 호텔식 · 호텔 출발 · 중식 현지식

6/3일	워싱턴 D/C	전용차		· 링컨 기념관, 백악관, 국회의사당, 스미소니언 박물관 · 석식 한식 · 호텔 투숙
6/4일	워싱턴 D/C 나이아가라	전용차		· 조식 호텔식 · 호텔출발, 나이아가라로 이동(7시간소요) · 중식 도시락 · 나이아가라 폭포 관광 · 석식 – 호텔부페 · 나이아가라 도착 후 호텔 투숙 및 휴식 · 선택관광: 룰레이 동굴 US$ 40 나이아가라 야경 US$ 30 · 호텔 투숙
6/5일	나이아가라 뉴욕	전용차		· 조식 – 호텔식 · 나이아가라폭포 주변 관광(염소섬, 테라핀포인트) · 중식 현지식 · 선택 관광: 씨닉터널 또는 숙녀호 US$ 30 나이아가라 헬리콥터 US$ 120 · 뉴욕으로 출발 · 뉴욕 도착 후 석식 후 호텔 투숙
6/6일	뉴욕	AA167	11:45 (뉴욕시간)	· 조식 호텔식 · 공항으로 이동 · 뉴욕 출발(13시간 45분 소요) · 식사(기내식 2회)
6/7일	동경 인천	JL959	14:30 (동경시간) 18:10 20:40	· 동경 도착 후 인천발 환승 수속 · 동경 출발(2시간 30분 소요) · 인천 국제공항 도착 후 해산

② 일정별 세부보고

〈1일차〉

ㅁ 07시에 인천공항 만남의 장소에서 약속시간을 잡았다. 단체행동에는 항상 그런 무리가 있듯이 이번에도 마찬가지로 늦는 고객 분이 계셨다. 아무래도 아침 7시에 인천공항까지 오시려면 힘이 들겠지만 제가 며칠 전부터 여러번 연락을 드렸음에도

불구하고 늦어서 여행일정에 차질이 생기면 어쩌나 하고 엄청 걱정이었는데 다행히도 30분 후에 오셔서 일정에는 큰 차질은 없었다.

인천공항에서 KE701편을 타고 2시간 30분 남짓 걸려서 동경 나리타공항에 도착했다. 뉴욕으로 가는 AA168편을 타기 위해서는 5시간 이상을 기다려야 하는 어려움이 있었는데 몇몇 고객 분들은 공항구경도 하고 간단하게 식사도 하시면서 시간을 보내셨지만 몇 분은 지루함을 견디다 못해서 T/C인 저에게 짜증을 내는 고객 분들도 계셨다.

그렇게 시간이 지나서 뉴욕 존에프케네디 공항에 가는 AA168편을 타고 17시 50분에 출발하여 장장 13시간이라는 어마어마한 시간이 걸려서 뉴욕시간으로 17시 50분에 뉴욕 존에프 케네디 공항에 도착 하였다. 시차가 있기 때문에 출발시간과 도착시간이 같아서 어떤 고객 분은 시간이 굉장히 지난 것 같은데 시계는 그대로 라며 시계 배터리 좀 갈아야겠다고 우스갯소리도 하셨다.

여행 가격을 맞추기 위해서 어쩔 수 없이 이코노미 클래스를 선택했는데 많은 고객 분들이 굉장히 지치고, 피곤해 하셨다. 그래서 첫날은 별다른 일정 없이 관광버스를 이용해 호텔로 이동하여 체크인 한 뒤 곧바로 휴식에 들어갔다. 저도 굉장히 피곤했지만 그래도 다음날 일정을 다시 확인하고 실수가 없도록 현지 가이드와 일정을 상의한 뒤 곧바로 취침에 들어갔다.

〈2일차〉

- 오늘부터 본격적인 일정이 있기 때문에 T/C인 저는 06시에 미리 일어나서 일정 준비를 하고 고객분들에게 모닝콜 시간을 06시 30분으로 해드렸다. 시차가 13시간이 나기 때문에 시차에 적응을 못하시고 굉장히 피곤해 하시는 고객 분들이 많이 눈에 띄었다.
- 아침 식사는 호텔 조식으로 했는데 피곤하다며 식사를 안하신 고객 분들이 6분이나 계셨다. 나머지 분들은 피곤하시긴 했으나 이국나라에 있다는 느낌이 들었는지 굉장히 설레 인다고 하시며 저에게 언제 출발하는지 묻기도 했다.
- 식사를 마치고 전용버스를 이용해 뉴욕 중심가로 향했다. 버스에서 졸고 있는 고객 분들도 있었다. 버스를 타고 도착한 곳은 그리니치빌리지로서 그리니치빌리지는 워싱턴광장 일대에 있으며 별로 알려지지 않은 무명화가, 작가, 연예인들이 살고

있는 곳이다. 1630년대까지 독일인들이 정착하였고 1664년 영국인이 뉴암스테르담을 정복한 이후 촌락이 형성된 곳이다. 미국에서는 드물게 길의 너비가 좁고, 레스토랑, 카페, 상점 등이 늘어서 있다. 주민들은 보헤미안식 또는 초현대식 풍속을 좋아하며, 나이트클럽 등이 즐비하여 파리의 뒷골목과 같은 정서를 지니고 있어 이곳을 '아메리카의 보헤미아' 라고 하기도 한다. 이곳은 타투, 피어싱이 유명한 곳이기도 하며 그래서 고객분 들이 이곳에 가면 타투를 해보겠다고 하신 분 들이 있었는데 막상 도착해서는 하시는 분들은 아무도 없었다. 어느 정도 나이가 있으신 분들이어서 피어싱은 권유하지 않았지만 어깨나 팔뚝에 타투 정도는 괜찮다고 해서 고객 분들에게 권유를 했지만 하시는 분들은 없었다. 아마 20대 초반의 학생들을 데리고 왔다면 분명히 타투는 했을 것이다.

ㅁ 그렇게 그리니치빌리지 관광을 마치고 자유의 여신상으로 향했다. 자유의 여신상은 말이 필요 없을 정도로 많은 사람들이 알고 있는 미국의 상징물로서 자유의 여신상(Statue of Liberty)은 1886년 미국 독립 1백주년을 기념하여 프랑스에서 미국과 우호증진의 목적으로 기증한 것이지만 지금에 와서는 전 세계인들에게 미국의 상징으로 더 나아가서는 자유의 상징으로 인식되어지고 있는 곳이다. 유람선에서 내려 고객님들과 함께 받침대에서 정상까지 엘리베이터를 타고 올라가서 10층으로 갔다. 요즈음에는 관광객들이 많아 엘리베이터를 타기 위해 보통 30분은 기본이라고 했다. 길게는 3시간 정도 기다려야 할 때도 있다고 했다. 어떤 고객 분은 그런 사정을 잘 모르시고 빨리 좀 올라가자고 재촉해서 설명을 하느라 애를 먹었다. 왕관까지 올라 갈수도 있는데 거기에 올라가면 꽤 무섭다고 해서 저는 안가고 몇몇 고객 분들만 보고 싶다고 해 30분 정도 자유시간을 드렸다. 그곳에는 박물관과 기념품 상점이 있어서 고객 분들이 기념품을 구입하여 저에게 선물해 주기도 했다.

ㅁ 자유의 여신상 관광을 마친 뒤 몇 분이 굉장히 설레어 하시던 월스트리트 관광에 나섰다. 알고 보니 그 분들의 직업이 증권이나 은행 쪽에서 근무하시는 분들이었다. 열이면 열 뉴욕에서 가장 중요한 거리를 꼽으라면 바로 이곳을 말할 것이다. 현재는 뉴욕, 아니 세계 경제와 비즈니스의 중심이라는 것과 같은 뜻으로 여겨지는 월스트리트라는 이름은 맨해튼을 위협하는 적군과 인디언들로부터 맨해튼을 보호하기 위해 세운 벽(wall)에서 따온 것 이라고 한다. 월스트리트와 브로드웨이가 만

나는 곳에 보면 청동 황소상이 있는데 코 부분만 반짝반짝 해서 고객들이 이건 왜 이렇게 반짝 거리냐고 물어보았는데 저도 정확히 몰라서 당황스러웠다. 그래서 현지 가이드에게 물어보니 황소코를 만지면 행운을 불러 온다는 미신이 있어서 사람들이 하도 만져가지고 그렇게 됐다고 하여 고객 분들에게 설명해 드렸다. 순간 준비가 부족 했던 것이 탄로가 나버려서 고객 분들에게 죄송한 마음이 들었다. 월가 관광을 마친 뒤 점심시간이 되어 저희가 미리 예약을 해두었던 맨해튼의 한국인이 운영하는 한식당으로 향했다. 현지식으로 준비할 수 있었으나 고객 분들의 의견이 한식을 원하고 아직 적응을 못하신 고객 분들이 계셔서 한식으로 준비 했다. 점심은 제육볶음에 상추쌈으로 했는데 고객 분들이 맛있어 하시고 한국에서 먹는 맛이랑 똑같다고 칭찬을 아끼지 않으셨다. 전부 식사를 맛있게 하셨다.

점심을 먹고 미국의 또 하나의 상징으로 통했던 엠파이어스테이트 빌딩을 관광하러 갔다. 뉴욕 전경을 한눈에 볼 수 있기 때문에 뉴욕 관광 시 빠지지 않는 관광코스이기도 하다. 고객들도 설레어 하시던 곳이었다. 빌딩에 도착해서 티켓을 끊고 먼저 실외 테라스와 연결된 86층에 내려서 뉴욕 전경을 감상 했다. 높은 곳에서 감상해서 신기하기는 하지만 건물들 밖이 안보여서 실망하시는 고객 분들도 계셨다. 그래서 다시 엘리베이터를 타고 유리창으로 되어 있는 102층으로 향했다. 날씨 좋은 날에 보면 멀리 바다가 보이고 자유의 여신상도 보인다고 한다. 저희가 갔을 때는 다행히도 날씨가 좋아서 멀리 바다까지 보여 고객들이 그나마 괜찮았다고 했다.

빌딩을 관광하고 다음 관광지로 나선 곳은 치안이 최악으로 손꼽히는 할렘가를 관광했다. 몇몇 고객 분들은 무섭다며 버스에서 안내리겠다고 했지만 막상 할렘가에 도착해보니 소문으로만 듣던 그렇게 위험한 곳은 아닌 것 같았다. 힙합음악이 흘러나오고 재즈음악이 흘러나오는 그냥 평범한 동네였다. 최근에 많은 흑인들이 다른 곳으로 이주해서 흑인인구가 현저히 감소한 상태라고 한다. 단지 안 좋았던 것이 있다면 어떤 고객 분이 흑인 거지에게 구걸한다고 돈을 주었는데 돈을 줬는데도 불구하고 계속 달라며 따라오고 다른 거지도 같이 따라다니는걸 목격하여 현지 가이드와 함께 제지를 하느라 힘들기도 했다. 미리 주의를 관광 전에 드리지 못한 것이 실수이기도 했다.

할렘가 관광을 마치고 간곳은 아직도 완공을 하지 못한 성 요한 대성당이다. 2050

년 완공 예정인 이 성당은 완공되면 아마 세계에서 제일 큰 성당이 될 듯싶다. 7개의 예배 당은 각기 다른 국적의 이민자 그룹들이 각각 사용하게 될 예정이라고 한다. 그리고 집 없는 이들을 위한 쉼터, 그래픽과 조각 스튜디오, 체육관, 원형극장 등이 들어설 예정이라고 한다. 고객 분들이 성당을 다니시는 분들이 많이 계셔서 성당에서 조용히 기도드리는 모습들이 많이 눈에 띠었고 성당에 다니지 않아도 종교를 뛰어넘어 세계적인 건축물 앞에서 고객 분들이 사진도 찍고 주위 구경도 하시면서 즐겁게 관람을 했다.

할렘가 관광을 마치고 세계 최대 도시 공원으로 손꼽히는 센트럴파크로 향했다. 뉴욕의 중심지인 맨해튼의 한가운데 자리 잡고 있는 세계 최대 도시공원이다. 뉴욕 시민의 휴식공간일 뿐만 아니라 전세계 사람들이 즐겨 찾는 관광명소이다. 저희가 갔을 때는 저녁 시간대가 되서 그런지 가족단위의 사람들이 많았다. 저희 고객 분들도 단체로 사진도 찍으며 너무 넓어서 다 돌지는 못했지만 주위만 돌며 세계 최대의 도심공원에 있다는 것을 만끽했다. 단, 어두워지면 노숙자들 때문에 위험해지니 저녁을 먹으러 바쁘게 움직였다.

센트럴파크 관광을 마치고 저녁을 먹으러 호텔로 가기 전에 있는 전통 스테이크 가게에서 저녁을 먹었는데 미국의 음식은 우리나라 사람들 입맛에 맞기 때문에 크게 걱정은 안했다. 한국에서 먹는 맛이랑 거의 비슷해서 그런지 한 분도 빠짐없이 다 드셨는데 고객 한 분이 배가 아프다며 조금밖에 먹질 않았다. 그래서 미리 챙겨간 소화제랑 진통제를 드리고 휴식을 취하도록 배려해 드렸다.

나머지 분들은 시사를 하고 코스모스 백하점에 가서 쇼핑을 했다. 코스모스 백화점하면 뉴욕에서 유명한 백화점이기 때문에 반드시 들러서 쇼핑을 해봐야 한다고 생각을 했기 때문에 일정에 넣었다.

쇼핑을 마치고 버스로 호텔에 들어와서 휴식을 취할 수 있도록 했다. 선택관광으로 뉴욕야경관광 코스가 있었지만 한 분도 신청하신 분이 없어서 일정을 취소했다. 다음날은 체크아웃을 해야 하기 때문에 고객 분들에게 내일은 짐을 가지고 나오라고 말한 뒤 각자 방으로 돌아가게 했다. 저도 하루 종일 이쪽저쪽 돌아다녀 몸이 천근만근 쑤셨지만 다음 날 일정을 맞추기 위해 현지 가이드와 함께 상의를 하여 내일 일정이 차질 없이 진행될 수 있도록 주문했다.

〈3일차〉

ㅁ 오늘은 워싱턴D/C로 가야 하기 때문에 5시30분에 일어나서 고객 분들에게 6시에 모닝콜을 해드렸다. 7시 30분까지 만나기로 하고 식사를 한 뒤에 체크아웃 준비를 하고 고객들의 식사 하는 모습을 보니 2분 빼고는 식사를 하셨다. 지각하신 고객 분들은 없어서 다행히도 제 시간에 버스가 출발할 수 있었다. 워싱턴까지는 버스로 5시간 정도가 소요되는데 거의 모든 분들이 버스에서 잠을 주무셨다. 저도 살짝살짝 졸면서 워싱턴D/C까지 갔으며 중간 휴게소에서 사진도 찍고 기념품도 사면서 모두들 즐거운 모습으로 여행을 했다. 아프신 고객도 없고 지루해 하시는 고객 분들도 계시지 않아 다행이었다.

워싱턴D/C에 도착하니 1시 가까이 되어 점심을 먹으러 레스토랑에 들어갔다. 근사한 레스토랑이 아닌 작은 레스토랑에 들어가 고객 분들이 먹고 싶으신 음식을 각자 주문해 먹을 수 있도록 했다. 이제 거의 모든 분들이 시차는 적응을 하신 것 같았다. 음식도 맛있게 먹고 맥주도 먹으면서 즐겁게 식사를 했다.

식사를 마치고 백악관 관광을 했다. 백악관에서 사진촬영은 금지 되어 있어 고객 분들에게 사진 촬영은 하지 말라고 신신당부를 했다. 132실로 되어 있는 큰 규모이지만 관광 객들에게는 8개의 방만 공개 되어 있었는데 9.11테러이후 그마저도 개방이 안되어 바깥에서 관광을 했다. 백악관은 화이트하우스라고도 하는데 한 고객 분이 왜 화이트하우스냐고 물어봐 1814년 영국과의 전쟁 때 포화로 그을린 부분을 희게 칠한 데서 화이트하우스라 부르게 되었다고 이야기 해주었다.

백악관 관광을 마치고 향한 곳은 링컨 기념관이었다. 링컨 기념관은 그리스 신전을 모티브로 링컨 대통령이 생존해 있었던 1867년에 계획하여 1922년에 완공되었는데 총 36개의 기둥으로 구성되어 있고 각각의 기둥에는 링컨 대통령 임기 중에 있던 36개의 미국 주 이름을 새겨놓고 있다. 계단 맨 위에는 높이가 19피트나 되는 제16대 대통령 링컨의 거대한 석상이 기념관 안 중앙의자에 앉아 있고, 동쪽과 서쪽 벽에는 유명한 게티스버그 연설의 내용이 새겨져 있다. 의자에 앉아 있는 거대한 링컨상은 다니엘 프렌치가 대리석 28덩어리로 4년의 세월을 들여 조각한 것이며 링컨 동상은 워싱턴 기념탑과 의사당의 일직선 상에 놓여 있다. 그리고 작은 규모의 전시관에서 링컨의 일생에 대한 자료들을 관람할 수 있다. 링컨 기념관은 1년 365일 연중무휴로 개장되는데 항상 사람들이 붐빈다고 하는데 우리들이 갔을 때도 여지없이 사람들이 많았는데 고객 분들이 현지인과 대화도 하며 같이 사진도 찍고 즐겁게 보내시는 것 같아 보였다. 링컨대통령은 임기 중에 기념관이 지어질 정도로 인지도가 굉장히 높았는데 그 소리를 들은 한 고객 분이 우리나라도 이렇게 위대한 지도자가 있으면 정말 좋겠다고 혼잣말로 하신 것이 아직도 가슴속에 남아 있다. 정말 진심을 담아서 내뱉은 소리 인 것 같았다.

백악관 관광을 마치고 간 곳은 국회의사당이다. 국회의사당도 뛰어난 건축미를 자랑하는 곳으로써 고객 분 중에 건축설계사 분도 계셨는데 한국에서는 볼 수 없는 건축양식이 많이 있다며 즐거워했다.

다음으로 방문한 곳은 스미소니언박물관인데 스미소니언박물관은 영국인 과학자 제임스 스미손의 기부금으로 1846년 설립된 종합박물관으로 그 자신은 미국에 온 일이 없으나, 1829년 사망 시 55만 달러의 유산과 "인류의 지식을 넓히기 위한 시설을 워싱턴에 세우고 싶다."는 유언을 남겼다고 한다. 그래서 지어진 박물관인데 총 16개의 박물관과 갤러리, 동물원, 리서치 센터로 구성되어 있으며, 박물관에는 총 140 백만점의 수공예품과 견본들이 전시되고 있는데 그 중에 라이트 형제와 린드버그의 비행기, 달착륙선 등이 전시 되어 있는 항공·우주관과 미국의 오늘을 만든 많은 발명품과 대통령 부인들의 특수목적의 의복 등이 전시되어 있는 역사/기술관 등이 특히 볼 만하다고 하여 고객 분들을 데리고 항공·우주관, 역사·기술관만 둘러보았다. 시간적인 여유만 더 있었다면 16개관 전부다 돌아보고 싶었다. 고객 분들도 그 점을 굉장히 안타까워 하셨고, 저도 굉장히 안타까웠다. 고객 분들은 국회의사당을 빼고 스미소니언박물관의 시간을 더 할애 했으면 좋을 것 같다고 TC인 저에게 조언은 해줄 만큼 볼거리가 많았다.

박물관 관람을 마치고 저녁 시간이 되어 호텔에 체크인 하러 가기 전에 식사를 하러 갔다. 워싱턴 한인 타운에 있는 한국분이 운영하는 한식당에 가서 김치찌개 백반과 삼겹살 구이를 먹었다. 고객 분들은 지금까지 먹은 음식 중에 제일 맛있다고 말씀 하셨고 저도 지금까지 먹은 것 중에서 가장 좋았던 음식이었다. 한 고객 분이 너무 맛있다고 술을 과음 하시는 바람에 취하셔서 호텔에 체크인 하는데 약간의 애로사항이 있었다. 하지만 다행히 원만하게 해결했고, 다들 술들을 마셨기 때문에 호텔에 체크인 한 뒤 휴식을 취하도록 했다. 하지만 다음날에도 바로 체크아웃을 하고 나이아가라로 가야하기 때문에 괜히 죄송한 마음이 들었다. 나이아가라까지는 상당히 많은 시간이 걸리기 때문에 많은 휴식을 취하도록 했다. 항공기를 타고 갈 수도 있으나 가격상승의 요인이 되기 때문에 조금은 피곤하더라도 버스를 택했다. 현지 가이드와 나이아가라에 대해서 상의를 하고, 선택 관광 등 세부 일정에 대해서 의논을 나눈 뒤 각자 방으로 가서 휴식을 취했다.

〈4일차〉

ㅁ 오전 일정이 없기 때문에 다른 일정보다 느긋하게 일어났다. 저는 6시 30분에 일어나서 체크아웃 할 준비를 마치고 식사를 하면서 7시경에 고객 분들을 깨워 드렸다. 아침식사는 전부다 하셨고, 어제와 마찬가지로 다른 지역으로 가야 하기 때문에 짐들을 전부 다 가지고 내려오셨다. 버스는 9시에 출발했고, 피곤하신 분들이 많으셨는지 버스에서 잠을 주무시는 고객 분들이 많았다. 나이아가라 폭포까지 가는 곳 중간에 룰레이 동굴에 들러서 선택 관광을 했고 버팔로까지 7시간을 가야 하기 때문에 지루하셨는지 고객분들 전부 다 참여하셨다. 룰레이 동굴은 우리나라 환선굴이나 성유굴 같이 오밀조밀하고 아담한맛은 없지만 웅장하고 자연 그대로의 보존이 잘 이루어진 것 같았다. 설명을 해주는 안내원의 설명에 따라서 1시간가량을 관람을 한 다음 버스로 돌아가 나이아가라 폭포로 다시 출발 했다.

중간에 점심시간이 되어서 미리 준비해둔 도시락을 고객 분들에게 나누어 드렸고 시간 관계상 어쩔 수 없다고 하니 고객 분들도 모두 이해하셨다. 식당에서 만큼 맛있는 식사는 아니었지만 고객 분들은 괜찮다며 맛있게 식사를 하셨다.

식사를 마치고 약간의 잠을 청하니 나이아가라폭포 앞에 도착했다. 나이아가라는 연간 세계각지에서 1,000만 명이 넘는 관광객이 자연의 위대함과 웅장함을 감상하려 방문하는 국제적인 명소로 나이아가라 폭포의 장대함을 구경하는 것은 물론 나이아가라 주변의 작은 도시와 마을들도 놓치지 않고 둘러보며 과수원과 농장, 역사유적지들을 방문해 보는 것도 좋았다. 그리고 이곳 나이아가라는 낚시를 즐기려는 사람들로 연중 방문객들이 끊이지 않는, 자연경관, 쇼핑, 문화체험, 캠핑, 낚시 등을 즐길 수 있는 최고의 관광지로 나이아가라에서 가장 유명한 크루즈 중의 하나인 안개의 숙녀호는 나이아가라 미국 폭포에서 시작해 편자 폭포까지 이어지는 여정을 통해 나이아가라 폭포의 진면목을 느낄 수 있게 한다. 저희도 안개의 숙녀호 선택 관광을 다음날 일정에 넣었다. 안개의 숙녀호를 포함한 크루즈 이외에도 스카이론 타워 같은 전망대에 오르거나, 라이드 나이아가라를 타고 직접 폭포 속을 헤쳐

나가거나 하는 등의 다양한 방법을 통해 나이아가라를 느낄 수 있다. 버스에서 내리기 전에 고객 분들에게 이곳은 추우니깐 위에 가디건 같은 겉옷을 챙기라고 했는데 한 고객 분이 반팔밖에 안가져 왔다고 질문하시기도 해 제가 저의 겉옷을 빌려드리기도 했다. 고객 분들과 다함께 스카이론 타워로 향했다. 저녁 7시쯤 되자 어두워지며 조명이 켜지더니 폭포의 장관이 눈앞에 펼쳐졌다. 미국폭포와 말굽폭포가 보이는데 정말 물살에 빨려 들어가면 살 수가 없을 것 같아 보였다. 정말 전망이 아름답고, 한편으로는 자연의 장엄함이 느껴진다면서 인간은 대자연 앞에서 아무것도 아닌 것 같다고 하시기도 했다. 스카이론타워에서 나이아가라폭포의 야경을 감상하고 호텔로 출발 했다.

호텔에 도착해서 간단하게 샤워를 한 뒤 호텔 뷔페로 저녁식사를 했다. 어차피 내일 또다시 뉴욕으로 이동을 해야 하기 때문에 짐은 전부 다 풀 필요 없이 간단하게 풀고 저녁식사를 다같이 모여서 즐겁게 식사를 했다. 식사를 하면서 고객들의 불만사항이나 건의사항 같은 것을 물어보면서 술도 약간씩 하며 식사를 했다. 고객 분들은 하나 둘 식사를 마치시고 각자 방으로 들어가서 휴식을 취하고, 저와 현지 가이드는 내일 일정에 대해 상의를 하고 일정에 차질이 없도록 신경 써줄 것을 얘기한 뒤 잠을 청했다.

〈5일차〉

□ 일정은 오전에 숙녀호 탑승이랑 그외 선택 관광으로 헬기, 경비행기, 제트보트 탑승이 있는 일정이다. 7시에 기상을 하여 고객 분들은 7시 30분에 모닝콜 해드렸다. 아침식사는 2분이 안 하셨고 다른 분들도 호텔 아침식사가 지겹다며 많이 드시지는 않았다. 저도 몇일 동안 먹으니 질려서 많이 먹지는 않고 간단히 씨리얼과 우유만 먹었다. 체크아웃을 한 후 전용버스로 나이아가라로 다시 향했다. 어제는 멀리서만 봤다면 오늘은 캐나다 쪽에 있는 말굽폭포 아주 가까이까지 가서 체험하는 코스이다. 매표소에서 표를 끊고 들어가니 우비를 나누어 주었다. 처음엔 이유를 몰라 당황했는데 현지 가이드 말을 듣고 알게 되었다. 배를 타고 들어가도 배 밖으로 나와 있기 때문에 폭포 가까이까지 들어가면 물줄기가 소나기 내리는 현상 때문에 우비를 나누어 준다고 했다. 그렇게 숙녀호를 탑승하고 미국 쪽에 작은 폭포를 지나 말굽폭포에 도착하니 정말 소나기 수준의 물줄기가 떨어졌다. 고객 분들도 옷이 젖는데도 정말 즐거워하시며 시원하다고 했다. 숙녀호 탑승을 마치고 간 곳이 나이

아가라를 가장 가까이에서 볼 수 있는 염소 섬으로 향했다. 염소 섬의 면적은 28ha으로 이 섬에 의해 나이아가라폭포가 미국폭포와 캐나다폭포(말굽폭포)로 분리 된다고 한다. 평탄한 지면에 나무가 무성하며, 아름다운 숲으로 둘러싸여 있었다. 염소 섬에는 테라핀토인트라고 불리는 나이아가라를 가장 가까이에서 볼 수 있는 포인트가 있는데 고객들은 그곳에서 사진도 찍고 공원 관광도 하며 시간을 보냈다.

염소 섬 관광을 마치고 점심을 먹으러 폭포 주위의 식당으로 갔다. 그 곳은 스테이크와 오믈렛 등이 유명했는데 폭포의 모양을 본 따 만든 음식도 있었다. 고객 분들에게 폭포 모양을 본 따 만든 음식을 제공했으며 반응은 괜찮았다. 간단히 맥주와 함께 즐기는 음식이라서 맥주도 1병씩 제공해 드렸고 오후 일정이 없고 버스를 이용해 뉴욕으로 가야 했기에 적당히 음주를 해도 무방했다.

식사를 마치고 전용버스를 이용해 뉴욕으로 향했다. 뉴욕까지 7시간이 걸리기 때문에 비행기를 이용 했으면 하는 아쉬움도 있었다. 가격은 소폭 상승한다 해도 고객의 편의를 위해서는 그게 더 좋을 것 같다는 생각을 했다.

7시간 여정 끝에 뉴욕에 도착했을 때는 어둑어둑 해져 있었다. 다들 배가 많이 고프셔서 곧바로 식당에 들어가 식사를 했다. 저녁은 한식으로 갈비탕을 제공했는데 맛을 그다지 없다고 하셔서 다음 출장 때는 제외시킬 예정이다.

식사를 마치고 첫날에 묵었던 호텔에 다시 체크인 하고 휴식을 취했다. 고객 분들은 버스에서 많이 잤다며 오늘 밤에 술이나 한잔 하자고 하셔서 간단하게 고객 분들과 근처 바에서 술을 마시면서, 설문조사를 했다. 그렇게 시간이 지나서 고객 분들은 호텔로 돌아와 휴식을 취하고 현지 가이드와 다음날 항공기 탑승에 관하여 여러 가지 얘기를 나눈 후 잠을 청했다.

〈6일 및 7일차〉

□ 오늘은 한국으로 돌아가는 날로서 6시에 일어나 고객 분들을 6시 30분에 깨우고 아침 식사를 한 뒤 호텔 체크아웃을 하고 8시 30분에 호텔에서 나왔다. 11시45분 비행기이기에 조금은 서둘러서 준비를 했다.

공항에 9시 30분에 도착하여 출국수속을 마치고 AA167편으로 동경 나리타공항으로 향했다. 상당히 긴 시간을 여행해야 되기 때문에 고객 분들은 많이 힘들어 하셨다. 동경나리타 공항에 동경시간으로 6월 7일 14시 30분에 도착했다. 도착한 다음 환승 수속을 밟고 인천행 항공기를 3시간 정도 기다린 다음 JL959편으로 18시 10분에 인천으로 출발했다. 2시간 30분정도 비행시간이 지나서 인천에 도착하니 20시 40분이었다. 인천에서 고객들에게 저희 여행사를 이용해 주셔서 감사 하다는 말과 함께 미숙한 T/C인 저를 믿고 따라 주셔서 감사하다는 작별인사를 나눈 후 고객 분들은 각자 인천공항에서 해산 했다.

(9) 각 항목별 세부보고 및 평가

항 목	평 가	점 수
호텔	홀리데이인, 코트야드 메리어트, 포어포인트 쉐라톤 호텔 모두 특1등급 호텔이기 때문에 서비스나 부대시설이 잘 갖추어져 있었음	10
식사	호텔에서의 음식과 현지식, 한식 모두 괜찮았지만 4일째 점심에 도시락을 제공해드렸는데 식당에서 점심을 대접해 드리지 못해 죄송스러웠음	6
항공	오랜 시간 좁고 불편한 이코노미석에서 비행했기 때문에 불편했고, 나리타를 경유해서 가기 때문에 불편함이 더했음	3
쇼핑	월가와 코스모스 백화점 모두 만족했으나, 쇼핑지가 부족하였음 다음 패키지 여행시에는 쇼핑지를 좀 더 포함을 시켜야겠음	6
교통	전용차가 있어 일정을 소화하는데 별 차질이 없었음	9
현지 가이드	고객분들의 질문에 대한 답변도 성의껏 대답해 줬으며 성실히 일정에 잘 따라줌	9
관광지	관광지 모두 괜찮았지만 통일감이 없어 아쉬움	8

(10) 주의사항

9.11 사태 이후 미국 내에 테러위협이 지속됨에 따라, 미국정부는 입국자 및 수화물에 대한 공항검색을 계속 강화하고 있으므로 여행객들은 각별한 주의를 해야 한다.

그리고 쇼핑을 한 후 영수증을 꼭 보관해야 하며 교환, 반품, 세관통관 시 꼭 필요하기 때문이다. (일정금액 이상은 관세납부) 쇼핑 시 신용카드로 사지 말고 현금이나 여행자 수표로 사는 것이 좋다. 신용카드사기도 당할 수 있고,(금액변조, 이중체크) 사고 발생 시 해결이 어렵기 때문이다.

폭포의 경우는 저녁이 되면 추워지기 때문에 여름옷과 봄, 가을 옷을 함께 준비해야 한다. 미국은 팁(Tip)이 일반 생활화되어 있으므로 서비스 받은 금액의 보통 10~15%를 사례해야 한다.

③ 시차 및 전압

- ㅁ 시차: 그리니치 평균시간 + 8시간이다.
- ㅁ 전압: 전력은 220 볼트, 교류 60 사이클. 대부분의 호텔들은 110 볼트 콘센트를 사용한다.

④ 쇼핑품목

방문객들은 저렴한 가격에 남양진주(South Sea Pearls), 수공예 장식천, 자수 새긴 장식품, 화려한 의류 및 디자이너 옷, 테라코타 및 자기, 산호, 진주모(mother-of-pearl) 가정용 액세서리 등을 수출용 품질의 상품으로 구입할 수 있다. 공예품, 파인애플 섬유 셔츠, 선사시대 항아리, 토속 수공예품 및 신발류도 흥미로운 제품들이다. 필리핀은 훌륭한 가구, 바구니 세공품, 신선한 과일 및 가공된 과일, 정교하게 제작된 보석, 및 조개나 나무 및 돌로 만들어진 선물용 제품들도 생산한다. 큰 쇼핑몰들은 매트로 마닐라의 주요 도시에 위치한 반면 수공예품이나 골동품 점은 마닐라의 에르미타지역과 메트로 마닐라 근교에 많이 자리 잡고 있다.

⑤ 국민성, 종교, 예절 및 음식

- ㅁ 국민성: 필리핀 사람들은 우리나라 사람보다 사교적이고 잘 웃는 편이지만 오랜 식민지 생활을 한 탓인지 피동적이고 개인주의적인 서구 의식을 가지고 있다. 따라서 외국인들을 보면 친근하게 잘 응대하는 기질을 가지고 있다.
- ㅁ 종교: 총인구의 80%가 로마 가톨릭 신자들이며 12%는 이슬람교, 7%는 기독교, 기타1% 등으로 나누어져 있다.
- ㅁ 예절: 인사는 영어로 사용하며 악수는 여자가 청할 때만 할 수 있고 가정을 방문 시에는 연장자 순으로 인사를 하고 존경의 표시로 오른손을 이마에 대는 관습이 있다.
- ㅁ 음식: 미국의 식민지 영향으로 햄버그, 핫도그를 많은 사람이 즐겨 먹고 또한, 중국 음식을 쉽게 접할 수 있다. 식당의 메뉴판에는 스페인어와 영어가 적혀 있는 경우가 보통이다. 인기 있는 음식으로 아도보(닭고기, 돼지고기, 오징어로 만든 찌게요리), 빠따칩(튀긴 돼지 껍질로 만든 칩), 룸삐아(고기와 야채로 채운 스 프링롤) 등이 있다.

(7) 현지공항 및 항공스케줄 정보

① 현지공항

인천에서 필리핀 마닐라공항까지는 대한항공, 아시아나항공, 필리핀 항공, 세부 퍼시픽 등의 4개항공사가 운항하고 있으며 4시간에서 5시간이 소요된다. 세부까지는 직항이 있지만 보라카이는 경유해야 하는 번거로움이 있다.

② 항공스케줄 세부정보

항공스케줄(필리핀 항공)

날 짜	출발–도착지	편 명	출발시간	도착시간
출발 6월2일	인천 – 마닐라	PR469	20:20	23:30
도착 6월6일	마닐라 – 인천	PR468	14:20	19:20

기타항공스케줄

날 짜	출발–도착지	편 명	출발시간	도착시간
출발 6월2일	인천 – 마닐라	5J 0000	21:35	00:30
도착 6월2일	인천 – 마닐라	KE 8624	00:20	05:00

(8) 일정상의 세부보고

① 일정표

일 자	지 역	교 통	시 간	세부일정	식 사
1일	인천 마닐라	PR469	18:00 20:20 23:30	· 인천국제공항 L-M카운터 사이 6번 table 앞 집결 · 인천 국제공항 출발 · 마닐라 센티니얼 국제공항 도착(약 4시간소요) · 한국시간 24:30분도착 · 짐을 찾으신 후 공항 밖으로 나가서 우측으로 걸어 나가시면 전문 안내인을 만나실 수 있다. 안내인 미팅 후 호텔 체크 – 인 ***********************************	석식: 기내식

				· 호텔: 마닐라 소피텔(구 필리핀 Plaza Hotel)	
2일	마닐라 더팜 산베니토	전용차	09:00	· 호텔에서 조식후 안내인을 만난 후 마닐라 출발. 마닐라 남서쪽의 항구도시인 바탕가스 지역으로 이동.(약 2시간 20분 정도 소요) · Lipa지역에 위치한 산베니토에 도착하여 간단한 리조트 오리엔테이션 참가 후 휴식 · 리조트 포함 사항 – 3식의 리조트 건강식(세트메뉴/음료제외) – 체류기간 중 1회의 암시야 현미경을 이용한 조직검사를 동반한 의료 컨설팅 – 60분간의 휴양 마사지(Relaxation Massage) – 30분간의 박하와 허브를 이용한 발 스킨케어(foot scrub) 또는 반사학 마사지(reflexology massage) – 리조트 시설의 이용: 수영장, 도서관, 체력 단련실 및 명상 라운지 이용 – 매일 진행되는 심신 개발 프로그램 참여(요가, 명상, 스트레칭, 도보, 호흡 클라스등) ********************************** · 더팜 베니토 건강 리조트(팔메라 스윗룸 사용)	조식: 호텔식 중식: 리조트 석식: 리조트
3일	더팜 산베니토		전일	· 전 일정 리조트에서의 건강 프로그램 참여 – 3식의 리조트 건강식(세트 메뉴 기준/음료 제외) – 90분간의 스파 맛사지(spa treatment) – 리조트 시설의 이용: 수영장, 도서관, 체력 단련실 및 명상 라운지 이용 – 매일 진행되는 심신 개발 프로그램 참여(요가, 명상, 스트레칭, 도보, 호흡 클라스 등) ********************************** · 더팜 베니토 건강 리조트(팔메라 스윗룸 사용)	조식: 리조트 중식: 리조트 석식: 리조트

4일	더팜 베니토		전일	· 전 일정 리조트에서의 건강 프로그램 참여 – 3식의 리조트 건강식(세트 메뉴/음료 제외) – 2시간의 바디 스크럽 – 리조트 시설의 이용: 수영장, 도서관, 체력 단련실 및 명상 라운지 이용 – 매일 진행되는 심신 개발 프로그램 참여(요가, 명상, 스트레칭, 도보, 호흡 클라스 등) ********************************* · 더 팜 베니토 건강 리조트(팔메라 스윗룸 사용)	조식: 리조트 중식: 리조트 석식: 리조트
5일	더팜 베니토 마닐라 인천	 PR468	08:00 14:20 19:10	· 리조트 조식 후 안내인을 만난 후 마닐라 귀환하여 간단한 시내 관광(리잘 공원 등) · 마닐라 공항으로 이동하여 출국 수속 · 마닐라 출발 · 인천 공항 도착	조식: 리조트 중식: 기내식

② 일정별 세부보고

〈1일차〉

ㅁ 20:20분 인천 출발 23:30분(한국시간24:30) 마닐라 도착, 저녁식사는 기내식, 마닐라 센티니얼 국제공항 도착 후 현지 가이드 미팅 후 호텔이동 및 투숙 마닐라 소피텔(구 마닐라 프라자 호텔)열대 가든들 사이에 위치한 웨스턴 필리핀 프라자 호텔은 비즈니스 리조트이다. 컨벤션 센터가 인접해 있고 마닐라 시내로부터 몇 분 안되는 거리에 인접하여 있다.

웨스튼 필리핀 플라자는 13개의 미팅룸과 대형 미팅룸 1개 등이 개인사무실과 함께 비즈니스 여행자들을 위해 포괄적인 서비스를 제공하고 있다. 스포츠클럽과 온천, 이외에도 퍼팅그린과 드라이빙 레인지 그리고 챔피온쉽 테니스 코트 등의 다양한 운동 시설을 제공한다. 웨스튼이 자랑하는 풀 사이드 바비큐는 이미 정평이 나있고 민속 공연도 한다. 근간에 단장한 스파센터는 독특하고 럭셔리한 컨셉으로 관광객의 관심을 끌고 있다. 가까운 거리에 외무부, 재무부 등의 관공서, 문화공간, 대사관이 위치한다.

〈2일차〉

ㅁ 8시 호텔에서 제공되는 호텔식 뷔페 식사 후 9시 로비에서 가이드와 만나 전용차를 이용하여 마닐라 남서쪽의 항구도시 바탕가스로 이동, 2시간 20분정도 소요되며 리조트에 도착하여 잠깐 휴식 후에 리조트 식당에서 점심식사(현지식으로 건강식메뉴) 후 리조트 오리엔테이션 참가하고 휴식을 취했다. 체류기간 중 1회의 암시야 현미경을 이용한 조직검사를 동반한 의료 컨설팅을 받고 60분간의 휴양 마사지(Relaxation Massage)와 30분간의 박하와 허브를 이용한 발 스킨케어(foot scrub) 또는 반사학 마사지(reflexology massage)를 제공 받고 리조트 시설을 이용해서 수영장, 도서관, 체력 단련실 및 명상 라운지 이용, 매일 진행되는 심신 개발 프로그램에 참여한다.(요가, 명상, 스트레칭, 도보, 호흡 클라스 등)

〈3일차〉

ㅁ 전 일정 리조트에서의 건강 프로그램에 참여하기 위해 아침식사 후 건강세미나를 청취한다. 그 후에 요가와 호흡 클라스에 참석하고 간단하게 샤워를 마친 후 점심을 먹고 휴식을 취한다. 그 다음에 스파와 맛사지를 받으러 가며 리조트를 둘러보고 각자 취양에 맞는 시설을 이용한다. 저녁식사 후에도 리조트 내에서 친목을 다지며 수영도 즐긴다. 3식의 리조트 건강식 (세트메뉴 기준/음료 제외), 90분간의 스파, 마사지(spa treatment)를 받으며 리조트 시설을 이용해 수영장, 도서관, 체력 단 련실 및 명상 라운지 등을 이용하며 매일 진행되는 심신 개발 프로그램에 참여한다.(요가, 명상, 스트레칭, 도보, 호흡 클라스 등)

〈4일차〉

ㅁ 전 일정 리조트에서의 건강 프로그램에 참여하는데 아침식사 후에 이루어짐(요가와 명상 건강상담 등) 점심식사 후에는 피부미용실에서 2시간의 바디스크럽을 전문가에게 받고 허브와 박하를 이용한 발 스킨케어를 받음. 오후에는 자유롭게 리조트 시설을 이용하며 시간을 보냄. 저녁식사도 전문 영양사들의 특별 현지식으로 하였다. 3식의 리조트 건강식(세트 메뉴/음료 제외), 2시간의 바디스크럽, 리조트 시설을 이용해 수영장, 도서관, 체력 단련실 및 명상 라운지 이용, 매일 진행되는 심신 개발 프로그램에 참여한다.(요가, 명상, 스트레칭, 도보, 호흡 클라스 등)

〈5일차〉

ㅁ 리조트 조식 후 안내인을 만난 후 마닐라로 귀환하여 간단한 시내관광(리잘 공 원 등)을 한 후 마닐라 공항으로 이동하여 출국 수속을 받고 현지 가이드와 인사를 나눈후 14:20 마닐라로 출발하여 19:20 인천 공항에 도착해서 고객들과 인사를 나눈 후 해산 한다.

ㅁ 관광지 정보

- 더팜산베니토 건강 리조트: 필리핀의 건강리조트 더팜산 베니토 농장은 2003년 4월에 오픈한 리조트로 일상생활에서 발생한 다양한 종류의 독성물질들을 제거하는 프로그램들을 선보이고 있다. 스파(spa), 마사지(massage), 리빙푸드(livingfood) 그리고 치료를 목적으로 15%만 익히고 85%는 날 것으로 내놓는 살아있는 식사를 할 수 있는 것이 특징이다. 위치는 마닐라에서 약 1시간 정도 차로 이동하는 거리에 위치해 있고, 유럽손님들이 많이 오기 때문에 자연스러워 고급스러움이 묻어나기도 한다.

- 산티아고 요새(Fort Santiago): 스페인의 흔적이 남아있는 곳으로 마닐라 대성당 북쪽에 위치하고 있다. 이곳은 과거에 인트라무스로 연결되어 있었던 옛날 스페인 요새의 잔해이다. 2차 대전 당시 파괴 되었던 곳을 1950년에 복구해 현재는 공원으로 꾸며져 있어 마닐라를 찾는 관광객들에게 반드시 거쳐야 할 명소이기도 하다.

- 리잘공원(Rizal Park): 호세 리잘이 처형되었던 곳으로 마닐라 시내 중심에 위치한 공원으로 식민지 시대 스페인에 저항한 필리핀의 영웅 호세 리잘(JOSE RIZAL)이 이곳에서 처형되었으며 그의 기념비가 있다. 기념비 뒤에 그가 처형되기 직전 조국에 남긴 시

"MI ULTIMO ADIOS"나의 마지막 작별이라는 글이 세계 주요 국어로 번역되어 보여준다.

(9) 각 항목별 세부보고 및 평가

① 호텔평가

첫째 날 호텔은 시설이 대체적으로 좋았으며 리조트 시설은 깨끗하고 고객들이 시간에 구애받지 않고 자유롭게 이용할 수 있었다.

② 식사평가

- ㅁ 호텔식: 첫째 날 조식의 맛이 다소 입맛에 맞지 않아 고객들이 불편해 했다.
- ㅁ 리조트 식: 건강식으로 만든 음식이라서 그런지 고객들이 불평 없이 즐겼다.
- ㅁ 기내식: 대체로 좋았다.

③ 현지 가이드 평가

현지교민이 나온 탓인지 다소 친근감이 있는 가이드이었다. 업무에 충실하고자 노력하는 가이드이며 열심히 고객들을 위해 최선을 다한 것 같다.

④ 교통편 평가

- ㅁ 전용차량: 도로상태가 좋지 않아 고객들이 고생을 했지만 차량상태는 좋았다.

(10) 주의사항

- ㅁ 필리핀 정부는 관광 목적으로 입국하는 우리 국민에게 21일간 무비자 체류를 허용하고 있음.(입국심사대에서 21일 체류 허가 스탬프를 여권에 날인해 줌) 이 경우 6개월 이상 유효기간이 남아있는 여권 및 왕복항공권(필리핀 경유 제3국 여행시 제3국행 항공권) 제시해야 한다.
- ㅁ 입국 심사 시 심사관에 대한 불손한 행동(arrogant Behavior) 등으로 외국인이 강제 추방되는 경우가 발생하고 있으니, 질문이나 서류 제출 요구에 성의껏 답변해야 한다. 화를 내거나 고성으로 상대를 자극하는 행위를 삼가야 한다. 특히, 관광목적의 체류가 아니라는 식의 답변은 피해야 하며, 필리핀 이민청 비자 연장 스탬프

가 많이 날인된 여권을 소지한 경우에는 정당한 취업비자 없는 영리활동 목적의 입국으로 오인 받기 쉬우므로 체류목적에 대한 충분한 설명이 필요하다.

- ㅁ 필리핀은 전반적으로 고온다습한 아열대성 기후로서 태풍 · 해일 · 지진 · 화산 · 폭발 등 자연재해가 빈발하는 지역임을 감안하여 태풍 또는 산사태로 인해 많은 인명 및 재산피해가 발생하고 있으며, 악천후 속에서 선편 여행을 하거나 해상스포츠 활동을 하던 한국인이 사망 또는 실종되는 사례도 발생한 사례가 있으므로 주의를 요한다.
- ㅁ 남부 민다나오 섬을 중심으로 이슬람 반군단체가, 북부 루손 섬 산악지역을 중심으로 공산반군이 활동하면서 정부군과 충돌하거나 각종 테러 · 납치를 자행하고 있어 테러위협이 상존하는 지역임을 감안해서 관광을 해야 한다. Abu Sayyaf Group, MILF 등 이슬람 반군단체 소수 무장 세력이 민나나오섬 등 남부지방을 중심으로 활동하고 있는 것을 착안하여야 한다.

(11) 전체행사의 문제점과 개선 건의 사항

① 전체행사의 문제점

- ㅁ 리조트 행사의 문제점: 한 곳에서만 진행하기 때문에 다른 여행처럼 그 나라의 고유문화와 도시 등을 체험할 수 없다는 단점이 있다. 또, 단조롭게만 느껴지는 프로그램 진행으로 지루함을 느낄 수 있다. 그러나 전체적으로 산 베니토는 아직은 우리에게 생소한 개념의 리조트로서 우리에게 친숙한 스파만 제공하는 곳이 아니라 일종의 건강 검진을 통한 치유에 주안점을 둔 리조트로 기존의 개념을 한 단계 업그레이드한 것이라 생각하면 될 것이다. 일반적인 건강문제부터 휴양을 필요로 하는 현대인에게 적합한 프로그램으로서 시금석이 될 것으로 생각된다.
- ㅁ 쇼핑: 여행의 특성상 쇼핑이 포함되지 않으므로 불편해함. 리조트 내에서 간단한 기념품들을 구매할 수 있고 시내 관광시 각자 쇼핑을 할 수 있기 때문에 쇼핑이 필요없다고 생각했는데 고객들은 불편하다고 했다.
- ㅁ 교통수단: 전용차의 위생이 조금 떨어짐
- ㅁ 식사: 건강식 위주의 식사로 대체로 만족해 했지만 거의 비슷한 건강식 위주의 식사로 고객들이 식상해 함

□ 기타: 여행의 특성상 금연구역의 진행으로 여성 흡연자들이 불편함을 감수해야 했음

② 개선사항

T.C는 사전 정보를 습득하여 여행의 특징을 이해하고 관련된 전문지식을 습득할 시간이 충분히 필요하다. 리조트의 단조로움을 개선할 새로운 프로그램을 요청하고 리조트 내에서 따로 시간을 내지 않고도 쇼핑을 할 수 있도록 좀 더 다양한 물건을 갖다 놓을 것을 요청하거나 쇼핑시간을 추가하면 좋겠다.

(12) TC 긴급 연락처

□ HP: 010-0000-0000
□ 사무실: 02-1111-2222
□ E-mail: 00000@naver.com

18) 홍콩 출장보고서(시나리오)

(1) 상품명

동양의 하와이 홍콩일주

(2) 출장기간

2007년 6월 1일(금)~2007년 6월 4일(월) (2박4일)

(3) 방문지역

홍콩일대

(4) 행사인원 및 단체의 특징

휴식이 필요한 대기업 직장인 10쌍 부부동반(남 10명, 여 10명) 단체이며 단체특징은 근무가 끝나는 금요일 밤에 출발하여 월요일 새벽에 도착하도록 만들어졌고 업무로 찌든

일상에서 벗어나 여행을 가고 싶지만 바쁜 근무 때문에 외국여행을 가려면 휴가를 내서 가야 하는 대기업 직장인들로 구성된 단체이다.

(5) 출발시의 문제점 및 개선방안

출장 명령이 갑자기 이루어진 탓인지 TC로서의 준비가 부족했고 홍콩에 대한 사전 정보가 부족하여 고객들에게 많은 것을 알려주지 못할 것을 우려했지만 첫날 공항 미팅은 대체적으로 양호한 편이었다. 개선방안은 출장 며칠 전에는 TC업무를 수행할 본인에게 가르쳐 주어야 한다고 생각함. 그리고 출장갈 나라별로 전문자료 같은 것이 사무실에 비치되었으면 함.

(6) 여행지 일반정보내용

① 여행 중 온도 및 기후

홍콩은 아열대성 기후지역에 속하므로 여행 시에 기후 변화를 느낄 수 있다. 봄(3월~5월 중순)에는 기온과 습도가 올라가는데 평균 기온은 22℃이며, 습도는 77%가량 된다. 해상온도는 21℃이므로 재킷이나 스웨터를 지참하는 것이 좋으며 여름(5월말~9월 중순)은 덥고 습해 때에 따라서는 기온이 33℃까지 상승하며, 습도가 90%가량 될 때도 자주 있으므로 복장은 반팔 면옷이 좋다. 실내에서는 스웨터, 야외에서는 우산이 필요하다. 가을(9월 말~12월 초)에는 기온과 습도가 떨어지는 편으로 평균기온이 23℃, 습도 72%, 해상온도는 25℃. 일기가 청명하며 반팔 셔츠에 스웨터, 가벼운 재킷 차림이 좋다. 겨울(12월 중순~2월 말)의 평균 기온은 16℃, 습도 73%, 해상 온도 17℃, 정장이나 가벼운 울 제품을 입는 것이 좋으며 때로는 외투도 필요하다.

② 환율 및 화폐정보

홍콩에서 통용되는 통화는 홍콩달러(HK$)이며 (1HK$는 약 120원 정도이다.) 홍콩의 화폐는 은화 1, 2, 5HK$가 있고 동전은 10, 20, 100, 500, 1000HK$가 있고 한국에서도 홍콩 달러로 환전할 수 있으므로 환전은 되도록 한국에서 출발 전에 하는 것이 유리하다. 미국 달러로 환전한 후 홍콩 달러로 재환전하면 할인 수수료가 증가되기 때문에 미국 달러화나 엔화를 환전할 필요가 있을 때는 사전에 환율과 수수료의 액수를 확인하는 것이 좋다.

③ 시차 및 전압

- 시차: 우리나라보다 1시간 느리며 서머타임은 실시하지 않는다.
- 전압: 홍콩에서 사용하는 전기는 200/220볼트, 50사이클이며 전기는 두개의 민간 업체가 공급하는데, 성능과 안전기록 등은 세계 최고 수준이다. 하지만 우리나라와 모양이 달라서 호텔 같은 곳에서는 콘센트를 받아서 사용하여야 한다.

④ 쇼핑품목

홍콩은 세계에서 가장 유명한 쇼핑센터 중의 하나로서 전자제품, 유명패션 브랜드, 보석류, 골동품 등이 주류를 이루고 있다.

⑤ 국민성, 종교, 예절 및 음식

- 국민성: 오랜 세월동안 영국의 통치하에 있었기 때문에 서양적인 요소가 강한 곳으로 외지인들에 대해 호의적이며 이해타산이 빠른 국민성을 가지고 있다.
- 종교: 유교와 기독교, 가톨릭이 혼재되어 있는 곳이다.
- 예절: 여성들이 대우를 받는 경우가 많으며 어른들에 대한 존경이 강한편이다.
- 음식: 중국음식과 서양음식이 주류를 이루고 있으며 우리나라와 같이 어느 곳에서도 맛 볼 수 있는 한국식당들도 찾아 볼 수 있다.

(7) 현지공항 및 항공스케줄 정보

① 현지공항

홍콩으로 매주 55편의 항공기가 운행되고 있으며 운항하고 있는 항공사로 케세이 퍼시픽, 대한항공, 아시아나 항공, 태국항공 등이며 직항으로 갈 경우 소요시간은 3시간 30분, 대만을 경유하는 경우는 5시간 정도가 소요된다.

② 항공스케줄 세부정보

구 간	항공사	출발시간	도착시간	소요시간
인천 → 홍콩	KE 607	6월 1일 19:30	6월 1일 22:20	3시간 50분
홍콩 → 인천	KE 608	6월 4일 00:25	6월 4일 04:45	3시간 20분

(8) 일정상의 세부보고

① 일정표

일 자	지 역	교통편	시 간	일 정	식 사
6월1일 (금)	인천 홍콩	 KE607	17:00 19:30 22:20	· 인천국제공항 A-B 카운터 사이 집결 후 탑승수속 · 인천국제 공항 출발(3시간 50분소요) · 홍콩 책랍콕공항 도착 · 페니슐라 호텔 체크인후 휴식	 석: 기내식
6월2일 (토)	홍콩	전용차량		· 조식후 – 조성모 뮤직비디오 촬영장소로 유명한 리펄스베이 관광 – 동남아 최대의 위락시설인 해양공원 관광 – 800M에 달하는 세계 최장의 옥외에 스컬레이터 등 관람 · 중식후 – 몽콕에서 저렴한 가격에 명품 및 브랜드제품 쇼핑 · 석식후 – 낭만의 거리 침사츄이에서 펼쳐지는 심포니 오브 라이트 감상 – 스타페리를 이용하여 홍콩섬으로 이동 / 2층버스를 타고 빅토리아 피크로 이동 – 픽트램을 이용하여 산정상으로 이동 – 빅토리아피크 산정상에서 홍콩의 야경을 감상 – 페니슐라 호텔로 돌아와서 자유시간	조: 호텔식 중: 딤섬 (특식) 석: 현지식
6월3일 (일)	홍콩	전용차량		· 조식후 – 홍콩최대의 도교사원인 웡타이신 사원 관광 · 마카오 관광 · 중식 · 석식후 – 쇼핑의 천국 홍콩에서 한국으로 돌아가기 전에 마지막 쇼핑	조: 호텔식 중: 현지식 (자유식) 석: 현지식 (자유식)

4일차 (7/26)	버스	13:40 20:00 22:00	로텐부르크 하루 관광 출발 아우구스부르크 도착
			호텔식 현지식 호텔식
5일차 (7/27)	버스	09:00 10:30 14:30 15:00 15:30	조식 아우구스부르크 시내관광 출발 퓌센 도착 퓌센 시내관광
			호텔식 현지식 자유식
6일차 (7/28)	버스	07:00 08:30	조식 퓌센 교외관광
			호텔식 자유식 호텔식
7일차 (7/29)	버스	08:00 10:00 12:00 13:30	조식 출발 뮌헨 도착 시내관광과 쇼핑
			호텔식 현지식 호텔식
8일차 (7/30)	LH977 LH712	09:00 15:35 16:40 17:55	조식 뮌헨 출발 프랑크푸르트 도착 프랑크푸르트 출발
			호텔식 자유식 기내식
9일차 (7/31)	LH712	11:25	인천공항 도착

② 일정별 세부보고: 시각은 모두 현지 시각으로 합니다.

〈1일차 (2007.07.23〉

□ 인천공항

■ 11:30까지 인천공항 3층 Gate K 구역에서 만나 12:00까지 인원 점검을 끝내고 탑승 수속을 한 후 12:20까지 각자 카운터에서 수하물 위탁을 하고 출발 30분전까지 탑승 게이트에 모여 탑승을 해서 13:55 출발 약 11:40간 비행을 하였다. 대한민국 시각으로 18:00쯤 기내식 나옴.

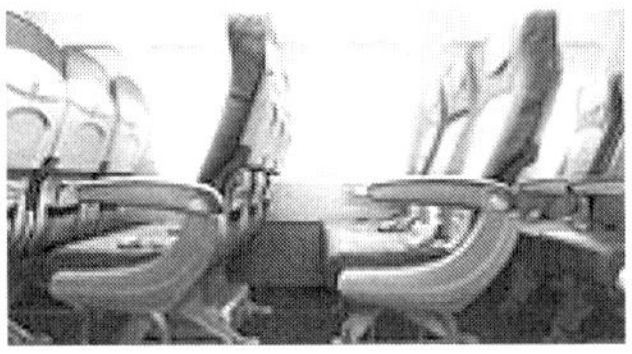

□ 프랑크푸르트 공항

- 현지시각 18:35 도착
- 파란색 영문 표지판 Passport Control을 따라 여권심사대로 감.
- Non-EU Natilnals 카운터에서 심사를 받고 표지판을 따라 수하물을 찾음.

- 프랑크푸르트 시내를 약 1시간 동안 관광을 하였고
- 20:09
- AIRail 터미널에서 쾰른까지 가는 기차(LH6828) 탑승
- 21:04 쾰른 도착
- 교외로 약 30분 동안 버스타고 호텔로 이동

□ 쾰른

- 탑 호텔 페어 앤 모어
- 21:40 호텔 체크인
- 트윈 6개 싱글 1개
- 불편한 점은 없는지 객실을 찾아가 확인
- 호텔내의 서비스사항 알려줌
- 22:00 오늘 일정에 대해 정리하고 취침

〈2일차 (2007.07.24)〉

- 07:00 조식, 체크아웃
- 08:30 버스타고 쾰른 중앙역으로 이동
- 09:00~쾰른 시내관광(약3시간)
- 중앙역 앞의 쾰른 대성당을 보고 로마 · 게르만 박물관에 들어가 로마시대의 출토품을 구경하고 초콜릿 박물관 견학
- 2시간 정도 남은 시간에 세계 최대의 쇼핑거리 호혜(Hohe)거리를 구경함. 중식은 호혜거리의 감자튀김과 아이스크림 등 군것질
- 13:30 쾰른에서 약 1시간 30분 가량을 기차를 타고 쌍트 · 고아에에 도착
- 쌍트 · 고아에에서 약 3시간 유람선을 타고 라인강을 따라 뤼데스하임까지 감.
- 17:00 기차를 타고 19:30에 뷔르쯔부르크 도착

- 뷔르쯔부르크: Hotel Strauss
  - 19:50 체크인
  - 트윈 룸 6개와 싱글 룸 1개
  - 짐을 풀고 자유 시간 가짐.

■ 불편한 사항 없는지 돌아보며 체크.

■ 22:00 고객이 모두 호텔 안에 있는 것을 확인 후 오늘 일정

■ 정리하고 취침.

〈3일차 (2007.07.25)〉

□ 07:00 조식

□ 뷔르쯔부르크 관광

□ 레시덴쯔 궁전, 대성당 구경

□ 구 마인교에서 마인강 건너편에 있는 마리엔부르크 요새까지 걸어서 구경. 요새 내부의 리멘슈타인의 프랑켄박물관 견학

□ 봐이커스하임 성을 구경하고 바트 메르겐트하임의 쿠어 파크에서 온천체험을 하고 로텐부르크로 출발하기 전에 크레그링겐이라는 도시에 들러 헤르곳 교회에 있는 조각[성모마리아의 승천]을 보고 나서 골무박물관 견학

□ 16:00 버스타고 로텐부르크로 출발

□ 18:00 로텐부르크 도착

레시덴쯔 궁전 내부

□ 로텐부르크: Hotel Gotisches Haus Rothenbrug ob der Tauber

□ 트윈룸 6개, 싱글룸 1개 체크인하고 짐을 풀고 나서 19:00에 밖에서 저녁으로 마울타쎈을 먹었다.

□ 거리를 구경하다 21:00에 호텔에 들어와 내일 여정을 위해 취침.

□ 23:00에 소화가 안 되는 사람이 있어서 소화제를 챙겨주고 일정 정리하고 취침.

〈4일차 (2007.07.26)〉

□ 로텐부르크

- 08:40 호텔조식
- 13:40 로텐부르크 하루 관광
- 로만틱 가도의 하이라이트로 불리는 도시로 시청사를 보고 캐테 볼파르트와 크리스마스 박물관 견학.
- 이 도시의 명물 과자[슈네볼] 맛봄.
- 딘켈스뷜 도시로 가서 옛 그대로 남아있는 중세를 보고 독일의 가장 오래된 집인 [도이취 하우스] 구경
- 뇌르틀링겐 도시의 원형 도시구경. 성게오르크 교회 다니엘 탑에 올라 시내구경을 하고 기념품점에 들러 [달의 돌]과 [스토라네스] 구경

- 20:00 버스를 이용해 아우구스부르크로 출발
- 22:00 아우구스부르크 도착
- 호텔 가르니에 22:10에 트윈룸 2개, 싱글룸 1개 체크인
- 가르니는 아침식사만 가능하므로 짐을 조금만 풀고 일정 정리하고 취침.

〈5일차 (2007.07.27)〉

- ㅁ 07:00 호텔 조식
- ㅁ 짐정리하고 체크아웃하고 짐을 맡겨두고 10:30부터
- ㅁ 아우구스부르크 시내 관광
- ㅁ 구시가의 막시밀리안 거리, 대성당, 모차르트 아버지의 생가 구경하고 짐을 찾음.
- ㅁ 란쯔베르크의 시청사 구경
- ㅁ 유네스코에 등록된 뷔스 교회 구경
- ㅁ 루터의 종교개혁과 관련된 교회
- ㅁ 14:30 퓌센으로 출발
- ㅁ 15:00 도착
- ㅁ 15:30 퓌센 시내 관광
- ㅁ 석식으로 슈봐이네브라텐을 먹음.
- ㅁ 퓌센: 호텔 존네(Hotel Sonne)
  - ■ 20:00 트윈 6개, 싱글 1개를 2박 체크인
  - ■ 짐을 풀고 휴식
  - ■ 22:00 일정 정리하고 취침

〈6일차 (2007.07.28)〉

- ㅁ 07:00 조식
- ㅁ 08:30 퓌센 교외 관광
- ㅁ 입장료를 내고 교외의 노이슈반쉬타인 성 구경(내부사진촬영금지)하고 골짜기 너머의 호엔슈반가우성을 구경함.
- ㅁ 가는 길에 농가 체재를 하는 곳에 들러 한국 학생들도 만나고 농사체험

□ 발러슈타인 성의 레스토랑에서 저녁을 먹고 호텔로 돌아옴.

〈7일차 (2007.07.29)〉

□ 08:00 호텔조식

□ 10:00 짐을 챙기고 뮌헨으로 출발

□ 12:00 뮌헨 도착

□ 시내관광과 쇼핑함. 마리엔 광장과 푸라우엔 교회, 님펜부르크 궁전을 돌아봄. 그 외에 많은 미술관과 박물관은 유료여서 못 들어감.

〈8일차 (2007.07.30)〉

□ 09:00에 조식을 하고 공항에 가서 수속을 하고 15:35에 프랑크푸르트까지 가는 비행기 탑승.

□ 17:55에 프랑크푸르트를 출발하여 다음날인 31일날 인천공항에 도착.

〈9일차 (2007.07.31)〉

□ 11:25 인천공항에 도착 후 수화물을 찾고 서로 인사하고 헤어짐.

□ 주요관광지

■ 프랑크푸르트: 괴테의 고향이며 로만틱 가도, 라인관광, 괴테가도, 메르헨 가도의 관문이다.

■ 쾰른: 독일 최대의 성당
1248년에 게르하르트에 의해 착공되었고 1322년에 성가대석이 완성되었으며 그 후 1880년에 서정면에 있는 157미터에 이르는 쌍탑이 완성되었다.
유럽에서 두 번째로 높은 성당이다.

■ 뷔르쯔부르크: 로만틱 가도가 시작되는 도시로써 사진은 오래된 다리이다.
산업과 상업의 중심지로서 와인과 맥주, 기계, 종이, 화학, 섬유 등의 여러 분야를 이끌어 가는 도시이다.
바로크양식의 주교관, 로코코약식의 궁전 등 중세의 건축물들이 많이 남아 있다. 마리엔베르크 요새와 레지덴츠 정원 등 볼거리가 많다.

■ 로텐부르크: 로만틱 가도의 하이라이트이다. 제2차 세계대전으로 도시의 4할 정도가 파괴되었으나 완전하게 중세도시로 복원해 놓았다. 그 가치를 인정받아 '중세의 보석' 이라 칭송되는 도시이다.

■ 아우구스부르크: 지리적인 요인으로 중요한 역할을 했던 도시이다. 루터의 종교개혁이 시작된 곳이고 1555년 카톨릭과 개신교의 화의가 이루어진 곳이다.
벨저는 이곳을 외국과 교류가 활발하고 황제의 도시이자 유명한 화가, 건축가,

음악가들의 도시로 만들었다. 중세의 르네상스양식의 건축물이 늘어선 2000년 역사를 가진 도시이다.

- 퓌센: 퓌센에서 4Km 떨어진 교외에 슈반가우 숲이 있고, 그 숲에는 디즈니랜드 성의 모델인 노이슈반슈타인 성(백조의 성)이 있다. 이 성은 중세 기사 전설에 매료된 바이에른 국왕 루트비히 2세에 의해서 1869년부터 1886년에 건축되었다. 그래서 퓌센은 동화의 나라로 불린다.
- 뮌헨: 오랫동안 뮌헨의 영주였고 예술을 가장 사랑했던 비테르스바흐 가문과 연관있는 화려한 건축물이 많이 남아있고 미술관과 박물관은 30개가 넘는다. 이만큼 미술관과 박물관이 많은 도시는 유럽에서도 드물다.

(9) 각 항목별 세부보고 및 평가

① 호텔평가

1일차에 숙소로 정한 3등급 호텔이 등급에 비해 세탁과 안전금고를 무료로 서비스 해주고 객실에 비치된 기본적인 것 외에 드라이기, 컴퓨터 데이터 포트가 있어 좋았다. 다른 도시의 호텔 또한 레스토랑도 갖추어져 있어 조식을 해결할 수 있었고 깔끔 했다.

② 식사평가

고성 안 레스토랑에서의 석식은 좋았다. 진짜 성에서 그 나라 현지식을 먹고 맥주를 마시니 모두 즐거워했다. 25일 저녁에 먹은 마울타쉔은 저민 고기, 시금치 등을 밀 가루 반죽과 같이 파스타에 싸서 먹는 것으로 만두 같은 것이었는데 저녁에 먹기에는 그렇게 좋지는 않았다.

③ 현지 가이드 평가

이번 여행 중에 현지 가이드는 업무를 대체적으로 잘 수행한 것 같다. 자유 시간을 이용해 할 수 있는 여러 가지 내용들을 설명해 주면서 특히, 저렴하게 할 수 있는 쇼핑 장소에 대해서 안내해 주었을 뿐만 아니라 또한 관광지에 갈 때 그 지역의 역사와 문화, 현지인들의 습성과 관습에 대해서도 재미있게 얘기해 주고 뇌르틀링겐에 들렸을 때는 그 곳에서 일어났던 사건 사례를 이야기해 주었던 것이 고객들에게는 상당한 도움이 되었다.

④ 교통편 평가

이동 간 도로상태도 좋았고 운전기사의 서비스 친절도 대체적으로 좋았던 것 같았다. 관광버스 내부시설은 청결한 편이었다.

(10) 주의사항

① 치안 및 도난

치안은 좋은 편이지만, 번잡한 곳에서는 간혹 소매치기를 당하는데 주로 그룹으로 무리지어 다니므로 주의할 필요가 있다. 중요한 소지품은 복대를 이용하여야 하고 기차역이나 쇼핑센터, 공항, 락커 주변 등에서 소매치기에 주의하여야 한다.

② 화장실 및 전화

대부분이 유료이므로 항상 잔돈(1마르크)을 준비하도록 하고 달러보다는 마르크나 유로화를 환전해서 사용하는 것이 편리하다. 전화는 콜렉트 콜이 불가능하므로 동전이나 카드를 꼭 준비해 두어야 한다.

(11) 전체행사의 문제점과 개선 건의 사항

① 문제점

로텐부르크시 시청사 앞에서 저녁 20시가 되면 중세의 야경을 도보로 관광할 수 있는 이벤트 행사가 있었지만 시간에 쫓겨 다음 일정으로 넘어 가게 되었다. 이러한 요인들 때문에 고객들이 불편해 하기도 했다. 관광지 이동간 거리가 멀어 많이 지루해 하는 고객들이 있었고 이러한 와중에 창밖의 풍경을 보는 것으로도 유럽의 모습을 볼 수 있어

				로)이아 마을에서 선셋 관광 · 호텔숙박	
04월 20일	산토리니			· 호텔 조식 후 전일 산토리니 자유 관광 ※ 추천일정: → 카마리, 페리사레드비치 등 비치관광 → 일몰이 아름다운 이아마을에서 일몰 감상하기 등 · 호텔숙박	조식: 호텔식 중식: X 석식: X
04월 21일	산토리니			· 호텔 조식 후 전일 산토리니 자유 관광 ※추천일정: → 화산섬 투어 신청하기〈노천 온천관광 등: 약 25:35유로〉 → 수상스포츠(선택관광) → 절벽위의 좁은 골목길에 예쁜상점, 까페가 있는 피라마을 및 이아마을 관광 → 에메랄드빛 바다 페리사 비치 · 호텔숙박	조식: 호텔식 중식: X 석식: X
04월 22일	산토리니 아테네	– OA 558	– 02:00pm 02:45pm	· 호텔 조식 후 전일 산토리니 자유 관광 ※추천일정: → 피라마을의 아기자기한 모습과 절벽위에서 올드포트로 내려가는 당나귀타기, 약 3유로정도 → 올드포트의 케이블카 타기 (호텔→공항픽업서비스) · 산토리니 출발 · 아테네 도착 후 호텔 체크인 및 자유관광 → 그리스 고고학 박물관, 리카비도스 언덕 등 · 호텔숙박	조식: 호텔식 중식: X 석식: X
	아테네	–	–	· 호텔 조식 후 반일 아테네 자유 관광	

04월 23일	두바이	EK 106	06:05pm 11:30pm	→ 신타그마광장, 국회의사당 의 근위병 교대식, 근대 제1 회 올림픽경기장등 · 공항으로 이동 · 아테네출발 · 두바이 도착 후 연계수속 · 두바이 야경 관광	조식: 호텔식 중식: X 석식: X
04월 24일	두바이 인천	EK 322	03:00am 4:45pm	· 두바이 출발 · 인천 국제 공항 도착 ☆THANK YOU☆	

② 일정별 세부보고

〈1일차〉

ㅁ 오전:21℃ 낮 최고 27℃ 맑음

■ 4월 17일 출발 2시간 전인 10:00pm 인천공항 H카운터 성동여행사 카운터에서 고객 6분과 만나 수화물수속과 항공권 지급 등의 출국수속을 아무런 문제없이 진행하였다. 전날 직접전화통화를 시도해서 그런지 늦지 않고 전원 출국하는데 문제가 없었다. 11:55분 Ek323 에미레이트 항공을 타고 인천을 출발하였다. 고객님들 모두 결혼식을 올리신지 얼마 되지 않으셔서 피곤하셨으나, 사전에 항공기 추가요금을 지불하시고, 비즈니석으로 교체하셔서 항공기 이동 중에는 불편함이 없으셨다.

〈2일차〉

ㅁ 오전 19℃ 낮 최고 25℃ 맑음

■ 4월 18일 두바이 연계 수속 후 EK105편을 타시고 1:30pm에(한국시간: 7:30am) 아네테 도착 후 시내로 이동하셨다. 입국 수속 후 X95번 버스를 타신 후 신타그마 광장으로 이동하여 관광을 한 후 광장에 아테네에서 가장 유명한 샐러드바에서 야식을 하고 버스를 탈 예정이었으나 현지 교통 사정이 좋지 않아서 지하철을 타고 아크로폴리스로 이동하였다. 파르테논신전, 에릭테온, 니케신전터, 박물관 및 필로파푸스 언덕, 소크라테스 감옥을 구경하였고 저녁에는 고객님들께서 아테네에 오신 것을 환영하는 김에 제가 직접 그리스의 식당으로 가

서 현지식이 수블라끼를 대접했다. 고객님 6분 모두 만족해 했다. 숙박은 stratos valsilikos 호텔로서 아테네 시내 중심가에 있어 저녁에는 테네 야경을 호텔에서 바라볼 수 있었다.

〈3일차〉

□ 오전 23℃ 낮 최고 28℃ 맑음

■ 4월 19일 아침조식 후 허니문의 특성을 살려 자유 시간을 주었다. 중식 역시 현지식으로 드셨고 생각보다 현지의 음식이 입맛에 잘 맞으신다고 하셨다. 그리스 음식은 유럽3대 요리중 하나로 모두의 입맛에 맞는 것 같았다. 드디어 신혼여행의 꽃인 산토리니로 이동을 해 피레우스항구에서 산토리니까지 고속페리로 관광을 하였다. 배의 흔들림이 적어 배 멀미는 하지 않으셨으나 엄청난 속도의 항해 속도로 갑판에 오래 있지는 못하셔서 아쉬움이 많으셨다. 산토리니섬 도착 후 봉고차를 타고 이아마을에서 일몰을 감상했다. 페리가 도착하는 시간과 이아마을까지 가는 시간이 잘 맞물리고 날씨까지 좋아서 멋있는 일몰을 감상했다. 저녁에는 산토리니에서 유명한 무사카를 고객님들과 같이 식사를 하였다.

〈4일차〉

□ 오전 19℃ 낮 최고 26℃ 맑음

■ 4월 20일 아침조식 후 오전에는 특별한 일정이 없이 고객님의 자유시간이 주어졌다. 허니문의 특성상 신혼의 시간을 방해하지 않기 위해서 오전에는 특별한 일정을 넣지 않았다. 오후에는 렌트를 하여서 제가 직접 운전을 하면서 산토리니 섬 구석구석을 돌며 관광을 하였다. 저녁에는 수블라끼를 먹으면서 산토리니 전통 와인인 우조를 마시며 고객들과 담소를 나누었다. 유흥 가가 없는 대신 비치위의 바에서 분위기 있게 와인을 마셨던게 고객들께서 가장 기억이 많이 남으셨다고 했다.

〈5일차〉

□ 오전 22.5℃ 낮 최고 27℃ 맑음

■ 4월 21일은 일정상에도 고객님 모두 자유 관광이셔서 특별한 일정이 없었다. 전날 산토리니의 주의사항과 관광지를 충분히 오리엔테이션을 해서 문제가 없었으나, 고객들께서 조금 지겨운 면이 있었다고 하여 선택 관광으로 노천온천으로

1시간 정도 관광을 할 수 있도록 하였다. 그리고 수상 스포츠인 패러 세일링, 제트스키 등을 선택 관광으로 레저를 하였고 저녁에는 한식으로 저녁을 하였다.

〈6일차〉

□ 오전 26℃ 낮 최고 33℃ 맑음

- 4월 22일 조식 후 제가 고객들과 함께 동행을 하였다. CF로 유명한 피라 마을을 돌아보면서 사진도 찍고 올드포트로 내려가는 당나귀트레킹을 하는 등 전날은 자유 관광으로 한가로운 시간을 보낸 것에 비해 조금은 빡빡하게 움직였다. 올드포트에서 배를 타고 중세분위기를 느꼈고 다시 피라 마을로 돌아 갈 때는 케이블을 타고 올라갔다. 현지 사정상 OA항공으로 대체 아테네에 도착해 그리스 고고학 박물관, 리카비도스 언덕, 그리스 정교회 등 그리스 문화를 느낄 수 있는 곳으로 관광을 하였다. 아테네의 마지막 밤이라서 일정상 없는 리카비도스 언덕을 밤에 올라갔다. 4월에는 아크로폴리스에서 레이저 쇼를 하는 정보를 입수해서 아테네의 마지막을 뜻깊게 보내시라고 아크로폴리스의 레이저 쇼를 보여드렸다.

〈7일차〉

□ 오전 21℃ 낮 최고 31℃ 맑음

- 4월 23일 고객님들도 1주일 정도가 되니 슬슬 지쳐가셨다. 하지만 좋은 추억을 만들어 드리려는 욕심으로 국회의사당 근위병 교대식, 근대 올림픽 경기장외에 일정상 없는 아테네 외곽 도로를 렌트를 하여서 관광을 다녔다. 일정상 없는 곳을 자주가서 혹시 추가요금을 받는 것이 아니냐는 오해를 들었다. 여행사의 서비스라고 대답을 하니 웃으셨다. 그날 저녁에 모든 출국수속을 마치고 현지 가이드와 작별 인사를 한 후 EK106편을 타고 출국을 하였다.

〈8일차〉

□ 오전 24℃ 낮 최고 29℃ 맑음(오전℃: 두바이, 낮 최고℃: 인천 기준)

- 두바이 도착 후 켄넥팅 시간에 두바이 시내로 나가서 2시간 정도 야경을 관광하였다. 다시 수속 후 EK322편으로 인천을 향해 출발하였다. 4:45pm 인천에 도착해 귀국신고를 마치고 고객들과 작별인사를 하고 이번 출장을 무사히 마칠 수 있었다.

□ 관광지 정보

■ 아테네: 신타그마 광장은 아테네의 중심 광장. 전국으로 뻗은 도로의 기점으로 일대가 그리스 전체의 핵심이라고 할 만하며, 관청과 비즈니스빌딩, 쇼핑가들이 몰려 있다. 항공사, 여행사도 많이 모여 있고, 엘리니콘 공항을 오가는 공항버스도 이곳에서 출발한다.

아크로폴리스는 아테네 한복판에 솟아 있는 언덕으로 아테네의 상징적인 유적지이자 서양세계의 가장 중요한 고대 기념물이다. 파르테논신전을 비롯하여 에렉티온신전, 나이키신전 등 수많은 신전들이 2,500여년의 역사를 간직한 채 말 없이 서 있다.

■ 산토리니: 산토리니에는 멋진 비치들이 많다. 검은색, 붉은색, 혹은 흰색 모래비치가 있으며 태양은 뜨겁고 깊고 푸른 바다는 크리스탈 같은 청명함을 준다. 산토리니에 있는 대부분의 비치들은 화산작용의 결과 검은색 모래사장과 부석(浮石) 조약돌로 되어 있다. 이 가운데 가장 매력적인 곳이 카마리(Kamari)와 페리사(Perissa)이다. 남쪽 해안이 수영을 하거나 수상 스포츠를 하기에는 더 나을지 모르나, 북쪽에도 이아(Ia), 아모우디(Ammoudi), 아르메니(Armeni)와 같은 아름다운 비치들이 있다. 조그만한 배들이 크루즈여행을 위해 이아를 떠나 이아 맞은편의 티라시아(Thirasia)섬으로 떠난다.

■ 피라마을: 산토리니의 수도. 피라(Fira) 혹은 페라(Phera · Phira)라고도 한다. 피라는 아티니오스(Athinios)항구로부터 10km 떨어져 있다. 화산 분화구 가장자리 오른편에 위치해 있는데, 절벽을 따라 원형경기장과 같은 형태로 세워져 있는데, 이곳에서 화산을 바로 볼 수 있으며 아마도 세상에서 가장 아름다운 모습을 볼 수 있다.

올드포트라는 이름으로 피라에서 꼭 가봐야 하는 명소로 소개되어 있는 구항구이다. 이곳은 화산섬을 둘러보는 크루즈 투어 선박들이 많이 정박되어 있고 한번 타면 2~3시간정도 걸린다.

(9) 각 항목별 세부보고 및 평가

① 호텔평가

아테네에서 숙박한 stratos valsilikos 호텔은 깨끗하고 종사원들의 서비스 수준 또한 뛰어났고 고객들이 대체적으로 만족하였다. 산토리니에서 숙박한 Thera Mare호텔은 시내 중심까지 1 kms (santorini) 공항에서 15KM 떨어진 곳에 위치해 있었다. 호텔 시설 및 서비스 수준은 실외수영장: 1개와 객실 시설로 에어컨디셔너, 위성 텔레비전, 라디오, 직통전화, 헤어드라이어 등이 비치되어 있고 당구장, 탁구장 및 다트장이 있었다.

② 식사평가

- ㅁ 기내식: 고객들이 대체적으로 만족해 했다.
- ㅁ 호텔식: 뷔페를 고객들이 특히 좋아 했다.
- ㅁ 현지 식: 새로운 입맛을 즐기는 편으로 그리스 현지 식을 좋아 했다.
- ㅁ 한식: 해외에서 먹은 한식을 매우 좋아 했다.

③ 현지 가이드 평가

그리스로 유학 온 학생으로 관광지 등에 관한 정보는 모르는 편이지만 성실하게 가이드 업무를 수행하고자 노력을 많이 했다. 고객들이 대체적으로 만족해 하는 모습이었다.

④ 교통편 평가

관광지 이동간 도로 사정은 대체적으로 좋았지만 관광버스 시설이 그렇게 좋은 편은 아니었다. 하지만 운전기사의 친절한 서비스 수준은 좋았다.

(10) 주의사항

신다그마 광장 등 도심지에서 매주 목요일 등에 시위가 자주 발생하므로 시위대 또는 집회가 열리는 부근에는 접근을 삼가해야하며 관광객이 많이 모이는 아크리폴리스 주변, 신다그마 광장, 옴모니아 광장 주변에서는 들치기(노상강탈) 및 소매치기에 대해 각별한 주의를 해야 한다.

(11) 전체행사의 문제점과 개선 건의 사항

① 가 격

여행사별 그리스상품 가격은 다른 여행사에 비해 상대적으로 저렴하였고 가격경쟁에서는 우위요소에 있다고 할 수 있다.

② 항공편

에미레이트 항공이 다른 항공사에 비해 항공료와 비행시간에 있어 경쟁우위 요소에 있다고 볼 수 있었고 효율성은 에미레이트 항공이 가장 뛰어난 걸로 판단되어진다.

③ 수배팀

현지에서 예약이 안 되어 불미스러운 일은 발생 하지 않았지만 다만, 유럽 현지 사정상 느릿느릿 하게 처리하는 습관으로 출발하기 2일전까지 예약이 완료되어있지 않았던 점은 오점이었다. 상품과 고객이 정해지면 빠른 시간에 수배를 하면 더 많은 준비를 하지 않을까 하는 생각이다.

(12) TC 긴급 연락처

- HP: 010-0000-0000
- 사무실: 02-1111-2222
- E-mail: 00000@naver.com

21) 일본 출장보고서(시나리오)

(1) 상품명

가깝고도 먼 이웃나라

(2) 출장기간

2007년 5월 25일~2007년 5월 28일(4박 5일)

(3) 방문지역

인천 - 나리타 - 도쿄 - 하코네 - 도요하시 - 나고야 - 인천

(4) 행사인원 및 단체의 특징

단체 인원은 총16명으로 50대가 8명, 40대 후반이 4명, 30대가 2명, 10대가 2명으로 구성된 고객으로 자영업을 하시는 8명과 주부 6명, 학생이 2명으로 이루어진 특징을 가지고 있다.

(5) 출발시의 문제점 및 개선방안

2시간 전에 인천국제공항 3층 A와 B사이 카운터에서 만나기로 했는데 고객들 중에 2명이 자가용으로 오는 바람에 교통체증으로 인한 약간의 문제가 있었지만 출국수속에는 지장이 없었다. 앞으로 해외여행 시 대중교통을 이용할 수 있도록 권면을 해야겠다.

(6) 여행지 일반정보내용

① 여행 중 온도 및 기후

- 기후: 온난하여 대체로 온대지방에 속하며 연평균 기온은 10~18℃이고, 사계절의 변화가 있다. 중앙부의 연평균 기온은 15.6℃이다. 열도의 북단에서 남단까지 길이가 3000킬로미터로 6℃~22℃까지 온도차이가 난다. 일본은 유라시아 동안에 위치하고 있어서 일반적으로 겨울에 한냉하며 비가 적고, 여름엔 고온다습한 특징을 갖는다. 그리고 동아시아 계절풍지대에 속하기 때문에 계절풍 기후의 특징도 가지고 있으며 겨울에는 북서계절풍이 강하기 때문에 우리나라 동해 쪽은 습하고 비나 눈이 많으며 태평양쪽은 건조하고 비가 적다.
- 온도: 이번출장 중의 온도는 평균 18℃에서 20℃로서 고객들이 관광하기에는 좋은 날씨라고 할 수 있다.

② 환율 및 화폐정보

일본의 통화단위는 엔으로서 주화는 1, 5, 10, 100, 500엔의 6가지 종류가 있으며

10, 50, 100엔짜리 동전이 주로 사용되며 지폐는 1,000, 5,000, 10,000엔권이 있다. 통화 명: 일본 JPY 100 매매기준율: 763.87, 현찰로 살 때: 777.23, 현찰로 팔 때: 750.51, 송금을 보낼 때: 771.35, 송금 받을 때: 756.39이다.

③ 시차 및 전압

- 시차: 일본과 한국의 시간은 똑같다.
- 전압: 110V로 일반적인 플러그를 사용하며 대형 호텔 등은 두개의 콘센트를 가지고 있다. 그러므로 전압은 반드시 사용 전에 확인해야 한다.

④ 쇼핑품목

일본에서의 쇼핑품목은 다양하며 전기 및 전자기구, 카메라 및 광학제품, 시계, 진주, 도자기, 실크제품, 미술품 및 인형, 공예품 등이 유명하다.

⑤ 국민성, 종교, 예절 및 음식

- 국민성: 일본인의 국민성은 이해타산이 밝고 개인주의에 바탕을 둔 대인관계를 유지하고 있으며 실수에 대해서 타인에게 잘못을 시인하는 것을 매우 싫어한다.
- 종교: 신도(神道)가 51.3%, 불교 38.3%, 그리스도교 1.2%, 기타 9.2%로 구성되어 있다.
- 예절: 타인에 대한 배려는 화가 치밀어 올라가도 끝까지 자신의 속내를 드려내지 않고 친절하게 대하며 특히 외국관광객들에게는 이윤추구를 위해 극도의 예의를 갖춘다.
- 음식: 사면이 바다로 둘러싸여 있는 관계로 해산물에 관련된 음식들이 많으며 대표적인 요리로서 생선초밥, 사시미(회), 돈부리(덮밥), 라멘(라면), 샤브샤브, 우동, 가이세키 요리, 혼젠 요리 등이 있다.

(7) 현지공항 및 항공스케줄 정보

① 현지공항

인천국제공항에서 나리타국제공항으로 취항하는 직항 편은 대한항공(KE), 아시아나항공(OZ), 일본항공(JL), 전일본공수(NH), 노스웨스트(NW) 등과 다수의 항공편들이 부정기적으로도 운행하고 있다.

② 항공스케줄 세부보고

좌석 등급: 이코노믹클레스

대한항공KE703	인천 5월 25일 10:00 도쿄 5월 25일 12:05	비행시간 2시간 5분
대한항공KE711	인천 5월 25일 12:10 도쿄 5월 25일 14:15	비행시간 2시간 5분
아시아나OZ041	인천 5월 25일 13:20 도쿄 5월 25일 15:35	비행시간 2시간 5분

(8) 일정상의 세부보고

① 일정표

날 짜	장 소	교 통	시 간	세부일정	식 사
25(금)	인천 나고야 도요하시	KE757	09:30 11:30 14:45 08:00	· KE757편으로 인천 국제공항 출발 – 기내식 1회 제공(간단한 샌드위치 및 간식류) – 비행소요시간(약 1시간 50분) · 나고야 중부국제공항 도착 · 아사쿠사, 비너스포토, 도요타시티투어 · 호텔로 이동하여 호텔투숙 후 저녁식사 (나고야 ↔ 도요하시: 약 2시간 30분)	석: 한식
26(토)	도요하시 신후지 후지산 하코네 도쿄	신간선 유람선 관광버스	전일 18:00	· 호텔에서 아침식사 후 · 호텔버스로 도요하시(豊橋)역으로 이동 · 신간선 탑승(초고속열차)하여 후지산 관광 · 오시노무라 하코네국립공원 아시호수 관광후 일보의 심장 도쿄로 이동 (하코네 ↔ 도쿄:약 2시간) · 저녁식사 후 호텔투숙	조; 호텔뷔페 중: 현지식 석: 현지식
27(일)	도쿄	관광버스 선박	전일	· 호텔에서 아침식사 후 · 아사쿠사로 이동 긴자 거리관광 · 도쿄만을 건너 위치한 아름다운 인공섬 오다이바로 이동 · 비너스 포토와 오다이바의 애교스러운	조: 한식 중: 자유식 석: 현지식

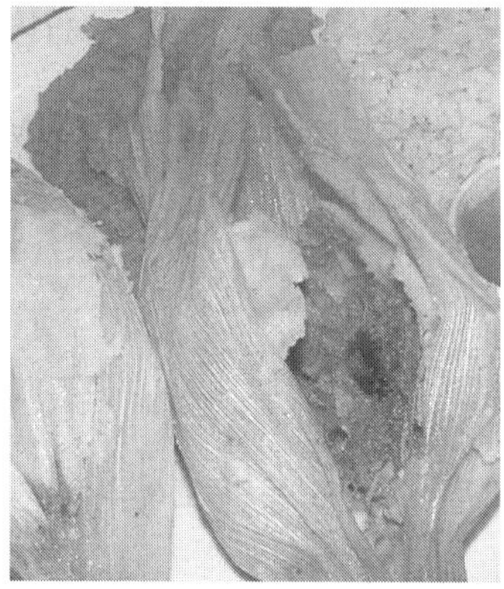

가장 대표적인 소스로는 salsa cruda(싱싱한 야채로 만들어진 소스), salsa de tomate verde(토마토, 실란트로, 칠리로 만들어진 소스), salsa de jitomate(토마토 소스), 식초에 절인 칠리 고추, 그리고 salsa de chilpotle(잘라페노 고추와 토마토로 만들어진 소스)가 있다.

- Tamales(타말리): 옥수수 반죽으로 만든 만두로써 속에는 고기와 칠리 소스가 들어 있고, 대체로 옥수수 껍질이나 바나나 잎에 쌓여서 나온다.
- Chilaquiles: 토티아 칩스에 토마토 소스, 양파와 치즈가 곁들여져 나온다.(멕시코에서는 인기있는 아침식사)
- Tachos(타코): 속에는 고기가 들어있는 토티아 말이 튀김으로써, 아보카도 소스(guacamole), 크림과 함께 나온다.

(7) 현지공항 및 항공스케줄 정보

① 현지공항

부정기적으로 운항하는 대한항공, 아시아나항공 등이 있고 미국의 서부도시들을 경유하여 멕시코시티까지 운항하는 경우가 있다. LA에서 멕시코시티까지는 2시간 30분이 소요된다. 멕시코시티 국제공항의 시설은 보통이며 공항직원들의 서비스 친절은 좋은 편이었다.

② 항공스케줄 세부정보

출 국

번 호	항공편	출/경유/도착지	출발일자/시간	경유지도착/출발 (일자/시간)	도착지 (일자/시간)
1	KE017 AM647	인천/LA/ 멕시코시티	06/04/15:00	06/04/10:00 06/04/13:55	06/04/19:45
2	AC064	인천/벤쿠버/ 멕시코시티	06/04/17:00	06/04/11:05 06/04/13:00	06/04/20:40

※ 비고: 항공편 인천 → 나리타 → 벤쿠버 → 멕시코시티가 있으나 일정상 채택 못함.

귀 국

번 호	항공편	출/경유/도착지	출발일자/시간	경유지도착/출발 (일자/시간)	도착지 (일자/시간)
1	AM644 KE012	멕시코/LA/인천	06/10/16:10	06/10/18:05 06/11/00:35	06/12/04:45
2	AC063	멕시코시티/ 벤쿠버/인천	06/10/11:00	06/10/15:20 06/10/19:15	06/11/16:55

※ 비고: 항공편 멕시코시티 → 벤쿠버 → 나리타 → 인천이 있으나 일정상 채택 못함.

(8) 일정상의 세부보고

① 일정표

날 짜	장 소	교 통	시 간	세부일정	식 사
1일차 (6/4)	인천 벤쿠버 멕시코시티	AC064	17:00 11:05 20:40	· 인천국제공항 출발 · 벤쿠버 도착 · 멕시코시티 도착	기내식
2일차 (6/5)	멕시코시티	관광버스	06:00 09:00 12:30 13:00 18:00	· 기상 · 관광지 이동(테우티후아칸 피라미드, 태양의 신전) · 중식 · 과달루페성당, 바실리카성당, 소칼로광장 등을 관광 후 석식을 함 · 호텔로 이동 후 휴식	조식: 호텔식 중식, 석식: 현지식

3일차 (6/6)	멕시코시티 칸툰	관광버스 멕시코항공	06:00 09:00 12:30 14:00 16:30 18:00	· 기상 후 조식 · 관광지 이동(국립인류학박물관 등을 관광) · 중식 · 자유시간 및 멕시코국제공항으로 이동 · 칸툰공항 도착 · 호텔에 도착	조식: 호텔식 중식: 현지식 석식: 호텔식
4일차 (6/7)	칸툰	리무진승용차	07:00 09:00 13:00	· 기상 후 조식 · 선택관광(카리브해로 이동), 스노클링 · 호텔로 이동 후 중식, 석식을 하며 자유시간으로 신혼여행 만끽함	조식, 중식, 석식: 호텔식
5일차 (6/8)	칸툰	리무진승용차	08:00 09:00 13:00 18:00	· 기상 후 조식 · 관광지 이동(선택관광으로 각종 위락시설 체험) · 중식 후 관광 · 호텔로 이동 후 석식을 하고 나이트클럽으로 이동해서 기분전환의	조식: 호텔식 중식: 현지식 석식: 호텔식
6일차 (6/9)	칸툰 멕시코시티	리무진승용차, AC 063편	07:00 08:00 11:00 16:55	· 기상 후 조식 · 멕시코시티국제공항으로 이동 · 멕시코시티국재공항 출발 · 인천국제공항도착(6/10)	조식: 호텔식 중식: 기내식 석식: 기내식

② 일정별 세부보고

〈1일차〉

ㅁ 고객들과 약속했던 3층 G와 H사이에 1시간 먼저 나와 기다리면서 입국심사 준비를 하며 오시는 고객들과 첫 인사를 하고 17시에 고객들을 확인하고 인천국제공항을 출발하여 11시 5분에 벤쿠버 공항에 도착해서 공항 환승대기실에서 휴식을 하고 13시에 출발하여 20시 40분에 멕시코시티국제공항에 도착했다. 입국수속을 한 후 현지 가이드와 첫인사를 하고 숙소로 이동함

〈2일차〉

ㅁ 06:00 기상 후 고객분께 모닝콜을 해드렸다. 그 후 호텔에서 조식 후 테오티와칸

피 라미드로 출발, 태양의 신전, 달의 신전 관람 후 현지식으로 중식을 하고 카톨릭 성지 순례지인 과달루페 성당 및 바실리카 성당(기적의 성당), 소칼로광장 등을 관람 하고 한식으로 식사 후 호텔로 이동 고객들은 휴식을 취하셨고 내일 칸쿤으로 이동시 있을 일정에 대해서 현지 가이드와 연락 후 휴식을 취했다.

〈3일차〉

- 칸쿤으로 이동 때문에 평소보다 서둘러 일행을 깨웠다. 호텔에서 조식 후 세계3대 박물관인 국립인류학박물관 관광 후 중식을 하였고 일행 분들이 시차적응이 안되셔서 2시까지 자유 시간을 가졌다. 멕시코시티 공항으로 이동 후 칸쿤으로 출발하였다. (약 2시간정도 소요) 칸쿤 공항 도착 후 현지 가이드와 미팅을 하였고 전용버스를 타고 호텔로 이동하면서 칸쿤에 대한 간단한 설명을 들었으며, 호텔로 이동 후 휴식을 취하였다. 새로운 가이드와 함께 일정에 대한 이야기를 나눈 후 카운터에 모닝콜 신청을 한 후 휴식을 취하였다.

〈4일차〉

- 호텔에서 조식 후 신혼여행을 온 기분을 만끽하게 해드리기 위해 전용차로 라군(Lagoon)으로 이동하여 선택 관광으로 정글투어를 하였다. 직접 스피드 보트를 운전하여 카리브해로 나가 엔젤코랄파크(Angel Coral Park)에 도착하여 고객들은 스노클링을 즐겼다. 호텔 귀환 후 중식과 석식은 호텔에서 먹고 선택 관광으로 피로에 지친 고객 분들께 휴식 시간을 주었다.

〈5일차〉

- 아침 일찍 일어나 호텔 조식 후, 4일차에 이어 5일차에도 선택 관광을 즐겼다. 국립 해상공원인 셀라(Xel-ha)와 투룸(Tulum) 관광이 있었지만 4일차에 라군(Lagoon)에서 스노클링과 해수욕을 즐겼기 때문에 치첸이자(ChichenItza)로 전용차로 이동해서 주변의 여러 유적을 관광하고 사진도 찍었다. 근처에서 중식으로 현지 음식인 토티아를 먹고, 칸쿤으로 귀환해서 휴식 후 호텔에서 석식을 하고, 저녁때엔 최고의 나이트클럽인 코코봉고(Coco Bongo)에서 자유일정을 즐겼다.
  - 코코봉고(Coco Bongo) (USD $65/인): 칸쿤의 밤 문화를 즐길 수 있는 좋은 기회. 40개가 넘는 나이트클럽 중에 최고의 클럽이다.

시간을 조금이나마 단축할 수 있도록 해야겠다.

- □ 단체관광객들이 공항에 잘 모일 수 있도록 여행사 로고가 그려진 피켓을 제작하여 유용하게 쓸 수 있는 것을 만들어야겠다.
- □ 현지 식당에 미리 연락해서 향신료가 약한 음식을 주문하도록 해야겠다.

(12) TC 긴급 연락처

- □ HP: 010-0000-0000
- □ 사무실: 02-1111-2222
- □ E-mail: 00000@naver.com

2 TC 정산서 작성

TC 정산서는 국외여행인솔업무를 마치고 여행 중 이루어진 금전관계를 6하 원칙에

[표 6-1] **TC 정산서 양식**

구 분	내 용
행사명	
행사기간	
인원수	
목적지	
TC명	
출장비	
교통비	
숙박비	
식사비	
현지 가이드비	
지상비	
선택관광비	
기타(수입, 지출)	

의해 수입과 지출 부분을 명확하게 정리하여 회사에 재출하는 것을 말한다. 예를 들면, 고객들의 선택 관광, 쇼핑으로 파생된 수입분과 기타 현지 지상비 등의 내용을 증비서류와 함께 첨부하여 출장업무가 끝나는 날에 정리하여 경리부서와 담당직원에게 인계하고 최고 경영자에게 보고해야 한다.

3 출장업무 후 고객관리

TC 업무를 마치고 10일 이내에 단체 고객들에게 출장업무를 무사히 마칠 수 있도록 협조해 주신 것에 대한 고마움과 앞으로 해외여행을 계획하고 있는 경우 더욱더 알차고 추억이 깃든 여행이 될 수 있도록 최선을 다할 것을 다짐하는 내용의 인사를 해야 한다. 고객들의 주소를 알고 있으면 여행안내 자료와 책자로 된 홍보물을 발송하는 것도 좋은 방법이다.

M·E·M·O

부 록

1 표준여행약관

1) 국내여행약관

국내여행업을 영위하는 여행업자(이하 '갑' 이라 한다)와 국내여행을 하고자 하는 여행자(이하 '을' 이라 한다)는 국내여행에 관하여 다음과 같이 계약을 체결한다.

제1조(여행목적지) 이 여행의 목적지 및 그 순서는 다음과 같다.

* 서울-제주-부산

* 서울-부산-제주

위의 *는 예를 설명

제2조(여행일정) 이 여행의 일정은 다음과 같다.

* 20 .3.1~20 .3.7(6박 7일)

제3조(출발) 이 여행은(언제), (어디에서) 출발한다.

* 20 .11.30 08:30

* 김포공항 2층 약국 앞 08:00까지 집결

제4조(이동수단)

* (어디)에서 (어디)까지는 (무엇) (몇 등석)으로 이동한다.
* (현지)에서의 이동수단은 (무엇)을 이용한다.
  - 김포공항, 서울, 제주
  - 항공기, 관광버스, 선박, 열차
  - 1등석

제5조(숙박) 이 여행의 숙박은 ㅇㅇ으로 한다.

* 특급호텔, 콘도
* 1등급

제6조(안내자)

* 이 여행에는 여행인솔을 위한 안내자가(있다, 없다)
* 안내가(가이드)의 고의 또는 과실로 '을'에게 손해를 가한 경우 '갑'은 이를 '을'에게 배상하여야 한다.

제7조(최저행사인원)

* 이 여행은 여행을 실시할 수 있는 최저인원이(필요하다, 필요하지 않다)
* 제1항에서 초저인원이 필요한 경우에는 다음 각 호의 1에 의한다.
  - 최저인원은 ㅇ명으로 한다.
  - 갑'은 최저인원 충족 여부 및 그에 따른 여행실시 가능 여부를 당일여행의 경우에는 출발시간 24시간 이전까지, 하루 이상의 여행인 경우에는 출발시간 48시간 이전까지 각각 확정해서 '을'에게 통지하여햐 한다.
  - '갑'이 위의 통지기일을 지키지 아니한 경우에는 이미 지급받은 여행요금 환급 및 계약금 100% 상당액을 '을'에게 배상하여야 한다.
  - '갑'은 '을'에게 다음 각 항의 1에 해당하는 사유가 있을 경우에는 '을'과의 계약체결을 거절할 수 있다.
    · 다른 여행자에게 폐를 끼치거나 여행의 원활한 실시에 지장이 있다고 인정될 때
    · 질병 기타 사유로 여행이 어렵다고 인정될 때
    · 제8조 두번째 항의 인원이 초과되었을 때

제8조(최대행사인원)

* 이 여행은 여행자의 안전 등을 위한 최대행사인원이(필요하다, 필요하지 않다).
* 위의 항에서 최대행사인원이 필요한 경우 그 인원은 ○으로 한다.

제9조(식사) 이 여행중 식사는 ○○으로 한다.

* 특급호텔 3식, 콘도 2식

제10조(여행요금)

* 여행요금은 ○원으로 하며, 그 내역은 다음과 같다.
  - 항공기 · 철도 · 관광버스 · 선박 등의 운임(일반적인 운임)
  - 공항 · 철도역 · 항구간 운영되는 공영요금
  - 숙박 · 식사요금
  - 가이드 요금
  - 여행중의 수하물 요금, 세금 포함
  - 기타
* '을' 은 계약체결시 위 항의 여행요금 중 10% 이하의 금액을 계약금으로 '갑' 에게 지급하여야 하며, 계약금은 여행요금 또는 손해배상의 전부 또는 일부로 취급한다.
* '을' 은 위의 여행요금 중 계약금을 제외한 잔금을 여행출발 전일까지 '갑' 에게 지급하여야 한다.
* '을' 은 위 항의 여행요금을 '갑' 이 지정한 방법(지로구좌, 무통장입금)으로 지급하여야 한다.
* 위 항의 여행요금에는 현지 관광입장료가 (포함, 불포함)된다.
* 위 항의 여행요금에는 여행자 보험료가(포함, 불포함)된다. 포함되는 경우 '갑' 은 보험회사명, 보상내용 등을 '을' 에게 설명하여야 한다.

제11조(현지여행업자와의 관계)

* 이 여행업은 '갑' 과는 별도로 '갑' 을 위하여 여행의 전부 또는 일부를 실시하는 여행업자(현지에 상주하는 여행업 종사자)가 따로 (있다, 없다).
* 위의 항에서와같이 여행업자가 따로 있을 경우 그에 대한 사항은 다음과 같다.
  - 상호:
  - 대표자:

제18조(기타사항)

* 이 계약에 명시되지 아니한 사항 또는 이 계약의 해석에 관하여 다툼이 있는 경우에는 '갑'과 '을'이 합의하되, 합의가 이루어지지 아니한 경우에는 관계 법령 및 일반관례에 따른다.
* 특수지역에의 여행으로서 정당한 사유가 있는 경우에는 이 표준약관의 내용과 달리 정할 수 있다.

위의 계약을 증명하기 위하여 이 계약서 2통을 작성하고 '갑'과 '을'이 각각 1통씩 보관한다.

20 년 월 일

'갑' 상　　호:
대 표 자:
전화번호:
주　　소:
여행업등록번호:

'정' (갑의 대리인: 갑을 대리하여 여행자를 모집하는 경우)
상　　호:
대 표 자:
전화번호:
주　　소:
여행업등록번호:

계약담당자:　　　소속:
직　　책:
성　　명:

'을' 성　　명:
주　　소:
전화번호:

2) 국외여행약관

국외여행업을 영위하는 여행업자(이하 '갑' 이라 한다)와 국외여행을 하고자 하는 여행자(이하 '을' 이라 한다)는 국외여행에 관하여 다음과 같이 계약을 체결한다.

제1조(여행목적지) 이 여행의 목적지 및 그 순서는 다음과 같다.

* 서울:하와이: LA (예)

제2조(여행일정) 이 여행의 일정은 다음과 같다.

* 2007.3.1-20 .3.7(6박 7일)

제3조(출발) 이 여행은 (언제), (어디에서) 출발한다.

* 2007.11.30. 08:30
* 인천국제공항 3층 약국 앞 08:00까지 집결

제4조(이동수단)

* (어디)에서 (어디)까지는 (무엇)(몇 등석)으로 이동한다.
* (현지)에서의 이동수단은 (무엇)을 이용한다.
  - 인천국제공항, 서울, 하와이
  - 항공기, 관광버스, 선박, 열차
  - 1등석

제5조(숙박) 이 여행의 숙박은 ㅇㅇ으로 한다.

* 특급호텔, 콘도
* 1등급

제6조(안내자)

* 이 여행에는 여행인솔을 위한 안내자가(있다, 없다).
* 안내자(가이드)의 고의 또는 과실로 '을' 에게 손해를 가한 경우 '갑' 은 이를 '을' 에게 배상하여야 한다.

제7조(최저행사인원)

* 이 여행은 여행을 실시할 수 있는 최저인원이(필요하다, 필요하지 않다).
* 제1항에서 최저인원이 필요한 경우에는 다음 각 호의 1에 의한다.
  - 최저 인원은 ( )명으로 한다.

- ‘갑’ 은 최저인원 충족 여부 및 그에 따른 여행실시 가능 여부를 당일여행 출발시간 7일 전까지 각각 확정해서 ‘을’ 에게 통지하여야 한다.
- 여행출발 1일 전까지 통지시: 여행요금의 20%를 ‘을’ 에게 배상해야 한다.
- 여행출발 당일 통지시: 여행요금의 50%를 ‘을’ 에게 배상해야 한다.
- ‘갑’ 이 위의 종지기일을 지키지 아니한 경우에는 이미 지급받은 여행요금 환급 및 계약금 100%, 상당액을 ‘을’ 에게 배상하여야 한다.
- ‘갑’ 은 ‘을’ 에게 다음 각 항의 1에 해당하는 사유가 있을 경우에는 ‘을’ 과의 계약체결을 거절할 수 있다.
  · 다른 여행자에게 폐를 끼치거나 여행의 원활한 실시에 지장이 있다고 인정될 때
  · 질병 기타 사유로 여행이 어렵다고 인정될 때
  · 제8조 두번째 항의 인원이 초과되었을 때

제8조(최대항사인원)

* 이 여행은 여행자의 안전 등을 위한 최대행사인원이(필요하다, 필요하지 않다).

* 위의 항에서 최대행사인원이 필요한 경우 그 인원은 (　)으로 한다.

제9조(식사) 이 여행중 식사는 (　)(　)으로 한다.

* 특급호텔 3식, 콘도 2식

제10조(여행요금)

* 여행요금은 (　)원으로 하며, 그 내역은 다음과 같다.

- 항공기 · 철도 · 관광버스 · 선박 등의 운임(일반적인 운임)
- 공항 · 철도역 · 항구간 운영되는 공영요금
- 숙박 · 식사요금
- 가이드 요금
- 여행중의 수하물 요금, 세금 포함
- 기타

* ‘을’ 은 계약체결시 위 항의 여행요금 중 10% 이하의 금액을 계약금으로 ‘갑’ 에게 지급하여야 하며, 계약금은 여행요금 또는 손해배상액의 전부 또는 일부로 취급한다.

* ‘을’ 은 위의 여행요금 중 계약금을 제외한 잔금을 여행출발 전일까지 ‘갑’ 에

게 지급하여야 한다.

* '을' 은 위 항의 여행요금을 '갑' 이 지정한 방법(지로구좌, 무통장입금)으로 지급하여야 한다.
* 위 항의 여행요금에는 현지관광 입장료가 (포함, 불포함)된다.
* 위 항의 여행요금에는 여행자 보험료가 (포함, 불포함)된다. 포함되는 경우 '갑' 은 보험회사명, 보상내용 등을 '을' 에게 설명하여야 한다.

제11조(여행요금의 변경)

* 국외여행을 실시함에 있어 이용운송, 숙박기관에 지급하여야 할 요금이 계약체결시보다 5% 이상 증감하거나, 여행요금에 적용된 외화 환율이 계약체결시보다 2%, 이상 증감한 경우 '갑' 또는 '을' 은 그 증감된 금액범위 내에서 '을' 에게 통지하여야 한다.
* '갑' 은 위항의 규정에 따라 여행요금을 증액하였을 때에는 여행출발일 15전에 '을' 에게 통지하여야 한다.

제12조(현지여행업자 등)

* 이 여행업은 '갑' 과는 별도로 '갑' 을 위하여 여행의 전부 또는 일부를 실시하는 여행업자(현지에 상주하는 여행업 종사자)가 따로 (있다, 없다).
* 위의 항에서와 같이 여행업자가 따로 있을 경우 그에 대한 사항은 다음과 같다.
  - 상호:
  - 대표자:
  - 전화번호:
  - 주소:
  - 여행업 등록번호:

제13조(여행조건의 변경)

* 위 제1조 내지 제2조의 여행조건은 다음 각 호의 1의 경우에 한하여 변경될 수 없다.
  - 여행자의 안전과 보호를 위하여 여행자의 요청 또는 현지사정에 의하여 부득이하다고 쌍방이 합의한 경우
  - 천재지변, 전란, 정부의 명령, 운송 · 숙박기관 등의 파업 · 휴업 등으로 여행의 목적을 달성할 수 없는 경우

* 제1항의 여행조건 변경 및 제11조의 여행요금 변경으로 인하여 제10조 제1항의 여행요금의 증감이 생기는 경우에는 여행출발 전 변경분은 여행출발 이전에, 여행중 변경분은 여행종료 후 10일 이내에 각각 정산(환급)하여야 한다.
* 제1항의 규정에 의하지 아니하고 여행조건이 변경되거나 제15조 또는 제16조의 규정에 의한 계약의 해제 · 해지로 인하여 손해배상액이 발생한 경우에는 여행출발 전 발생분은 여행출발 이전에, 여행중 발생분은 여행종료 후 10일 이내에 각각 정산(환급)하여야 한다.
* '을' 은 여행출발 후 자기의 사정으로 숙박 · 식사 · 관광 등 여행요금에 포함된 서비스를 제공받지 못한 경우 '갑' 에게 그에 상응하는 요금의 환급을 청구할 수 없다. 단, 여행이 중도에 종료된 경우에는 제16조에 준하여 처리한다.

제14조(손해배상)

* 제12조의 현지여행업자 등의 고의 또는 과실로 '을' 에게 손해를 가한 경우 '갑' 은 이를 '을' 에게 배상하여야 한다.
* '갑' 의 귀책사유로 '을' 의 국외여행에 필요한 여권 · 사증 · 재입국 허가 또는 각종 증명서 등을 취득하지 못하여 '을' 의 여행일정에 차질이 생긴 경우 '갑' 은 '을' 로부터 절차대행을 위하여 받은 금액 전부 및 그 금액의 100% 상당액을 '을' 에게 배상하여야 한다.
* '갑' 은 항공기 · 기차 · 선박 등 교통기관의 연발착 또는 교통체증 등으로 인하여 '을' 이 입은 손해를 배상하여야 한다. 단, '갑' 이 고의 또는 과실이 없음을 입증한 때에는 그러하지 아니한다.
* '갑' 은 자기나 그 사용인이 '을' 의 수하물의 수령 · 인도 · 보관 등에 관하여 주의를 태만하지 아니하였음을 증명하지 아니하면 '을' 의 수하물의 멸실 · 훼손 또는 연착으로 인한 손해를 배상할 책임을 면하지 못한다.

제15조(여행출발 전 계약해제)

* '갑' 또는 '을' 은 여행출발 전 이 여행계약을 해제할 수 있다. 이 경우 발생하는 손해배상액은 소비자 피해보상 규정(재정경제부 고시)에 따라 지급되어야 한다.
* '갑' 또는 '을' 은 여행출발 전에 다음 각 호의 1에 해당하는 사유가 있는 경우 상대방에게 제1항의 손해배상액을 지급하지 안하고 이 여행 계약을 해제할 수 있다.

- '갑' 이 해제할 수 있는 경우
  · 제13조제1항제1호 및 제2호의 사유가 있는 경우
  · 다른 여행자에게 폐를 끼치거나 여행의 원활한 실시에 현저한 지장이 있다고 인정될 때
  · 질병 등 '을' 의 신체에 이상이 발생하여 여행에의 참가가 불가능한 경우
  · '을' 의 계약서의 기재된 기일까지 여행요금을 지급하지 아니하는 경우
- '을' 의 해제할 수 있는 경우
  · 제13조의제1항제1호 및 제2호의 사유가 있는 경우
  · '을' 의 직계존속이 사망한 경우
  · 질병 등 '을' 의 신체에 이상이 발생하여 여행에의 참가가 불가능한 경우
  · '갑' 의 귀책사유로 계약서에 기재된 여행일정대로의 여행 실시가 불가능해진 경우
  · 제11조 제1항의 규정에 의한 여행요금의 증액으로 인하여 여행 계속이 어렵다고 인정될 경우

제16조(여행출발 후 계약해지)

* '갑' 또는 '을' 은 여행출발 후 부득이한 사유가 있는 경우 이 여행계약을 해지할 수 있다. 단, 이로 인하여 상대방이 입은 손해를 배상하여야 한다.
* 제1항의 규정에 의하여 계약이 해지된 경우 '갑' 은 '을' 이 귀국하는 데 필요한 사항을 협조하여야 하며, 이에 필요한 비용으로서 '갑' 의 귀책사유에 의하지 아니한 것은 '을' 이 부담한다.

제17조(여행의 시작과 종료) 이 여행의시작은 탑승수속(선박인 경우 승선수속)을 마친 시점으로 하며, 여행의 종료는 '을' 이 입국장 보세구역을 벗어나는 시점으로 한다. 단, 계약내용상 국내이동이 있을 경우에는 최초 출발지에서 이용하는 운송수단의 출발시간과 도착시간으로 한다.

제18조(설명의무) '갑' 은 이 계약서에 정하여져 있는 중요한 내용 및 그 변경사항을 '을' 이 이해할 수 있도록 설명하여야 한다.

제19조(보험 가입 등) '갑' 은 이 여행과 관련하여 '을' 에게 손해가 발생한 경우 '을' 에게 보험금을 지급할 것을 내용으로 하는 보험 또는 공제에 가입하거나 영업보증금을 예치하여야 한다.

제20조(기타사항)

* 이 계약서에 명시되지 아니한 사항 또는 이 계약의 해석에 관하여 다툼이 있는 경우에는 '갑'과 '을'이 합의하여 결정하되, 합의가 이루어지지 아니한 경우에는 관계법령 및 일반관례에 따른다.
* 특수지역에의 여행으로서 정당한 사유가 있는 경우에는 이 표준약관의 내용과 달리 정할 수 있다.

위의 계약을 증명하기 위하여 이 계약서 2통을 작성하고 '갑'과 '을'이 각각 1통씩 보관한다.

20 년 월 일

'갑' 상 호:
대 표 자:
전화번호:
주 소:
여행업등록번호:

'정' (갑의 대리인: 갑을 대리하여 여행자를 모집하는 경우)
상 호:
대 표 자:
전화번호:
주 소:
여행업등록번호:

계약담당자: 소속:
직 책:
성 명:

'을' 성 명:
주 소:
전화번호:

2 사증 이해

1) 사증면제협정 체결 국가 일람표

(1) 아시아 국가

국가명	적용여권	체류기간	비 고
터키	외교 · 일반 · 관용	3개월	
이스라엘	외교 · 일반 · 관용	3개월	· 주재공관원: 재임기간
필리핀	외교 · 관용	제한없음	· 체류기간 59일 이하의 단기 사용(C:2) · 단기종합(C:3): 사증발급수수료 면제
싱가포르	외교 · 일반 · 관용	3개월	
베트남	외교 · 관용	3개월	· 주재공관원: 재임기간
일본	외교 · 관용	3개월	· 주재공관원: 재임기간
몽골	외교 · 관용	30일	· 주재공관원: 재임기간 · 외교관용: 사증발급수수료 면제
이란	외교 · 관용	3개월	· 주재공관원: 재임기간
말레이시아	외교 · 일반 · 관용	3개월	
파키스탄	외교 · 관용	3개월	
방글라데시	외교 · 일반 · 관용 · 선원수첩	3개월 선원수첩 15일	
태국	외교 · 일반 · 관용 · 선원수첩	외교관용(제한없음) 일반3개월 선원수첩15일	· 외교관용: 사증발급수수료 면제

*VISA 서류 및 발급은 수시로 변경되므로, 반드시 확인하여야 한다.

(2) 지중해 및 대양주 국가

국가명	적용여권	체류기간	비 고
이집트	외교 · 관용	3개월	· 주재공관원: 재임기간
튀니지	외교 · 일반 · 관용	30일	· 주재공관원: 재임기간
모로코	외교 · 일반 · 관용 · 선원수첩	외교관용 일반 3개월 선원수첩 15일	· 주재공관원: 재임기간
라이베리아	외교 · 일반 · 관용 · 선원수첩	외교관용 일반 3개월 선원수첩 15일	· 사증발급수수료 면제

베냉	외교 · 관용	3개월	· 주재공관원: 재임기간 · 사증발급수수료 면제
레소토	외교 · 일반 · 관용	2개월	· 주재공관원: 재임기간
뉴질랜드	외교 · 일반 · 관용	3개월	· 주재공관원: 재임기간 · 뉴질랜드의 Island, Niue, Tokelau 제외

(3) 유럽 국가

국가명	적용여권	체류기간	비 고
영국	외교 · 일반 · 관용	3개월	· 사증발급수수료 면제
독일	외교 · 일반 · 관용	외교관용(제한없음) 일반 3개월	· 주재공관원: 재임기간
프랑스	외교 · 일반 · 관용	3개월	
네덜란드	외교 · 일반 · 관용	3개월	
그리스	외교 · 일반 · 관용	외교관용(제한없음) 일반 3개월	
덴마크	외교 · 일반 · 관용	3개월	
룩셈부르크	외교 · 일반 · 관용	3개월	
벨기에	외교 · 일반 · 관용	3개월	
노르웨이	외교 · 일반 · 관용	3개월	
불가리아	외교 · 일반 · 관용	3개월	· 주재공관원: 재임기간
스웨덴	외교 · 일반 · 관용	3개월	
스페인	외교 · 일반 · 관용 · 선원수첩	외교관용 일반 3개월 선원수첩 15일	· 사증발급수수료 면제
아이슬란드	외교 · 일반 · 관용	3개월	
오스트리아	외교 · 일반 · 관용	외교관용 180일 일반 3개월	· 주재공관원: 재임기간
이탈리아	외교 · 일반 · 관용	60일	· 사증발급수수료 면제
포르투칼	외교 · 일반 · 관용 · 선원수첩	외교관용 일반 60일 선원수첩 15일	
핀란드	외교 · 일반 · 관용	3개월	
헝가리	외교 · 일반 · 관용	3개월	
폴란드	외교 · 일반 · 관용	3개월	· 주재공관원: 재임기간
체코	외교 · 일반 · 관용	3개월	· 주재공관원: 재임기간
슬로바키아	외교 · 일반 · 관용	3개월	· 주재공관원: 재임기간

몰타	외교 · 일반 · 관용	3개월	
에스토니아	외교 · 일반 · 관용	3개월	
리히텐슈타인	외교 · 일반 · 관용		

(4) 미주 국가

국가명	적용여권	체류기간	비 고
브라질	외교 · 일반 · 관용	3개월	· 주재공관원: 재임기간 · 사증발급수수료
멕시코	외교 · 일반 · 관용	3개월	· 사증발급수수료 면제 · 연장허가 수수료 면제
우루과이	외교 · 관용	3개월	· 주재공관원: 재임기간 · 사증발급수수료 면제
엘살바도르	외교 · 일반 · 관용 · 선원수첩	3개월 선원수첩 15일	· 주재공관원: 재임기간
베네수엘라	외교 · 관용	30일	· 주재공관원: 재임기간 · 사증발급수수료 면제
니카라구아	외교 · 일반 · 관용	3개월	· 주재공관원: 재임기간
도미니카	외교 · 일반 · 관용	3개월	· 사증발급수수료 면제
자메이카	외교 · 일반 · 관용 · 선원수첩	3개월	
콜롬비아	외교 · 일반 · 관용	3개월	· 사증발급수수료 면제
코스타리카	외교 · 일반 · 관용 · 선원수첩	3개월 선원수첩 15일	
칠레	외교 · 관용	3개월	
파라과이	외교 · 관용	3개월	· 사증발급수수료 면제
페루	외교 · 일반 · 관용 · 선원수첩	3개월 선원수첩 15일	· 사증발급수수료 면제
파나마	외교 · 관용	3개월	
아이티	외교 · 일반 · 관용 · 선원수첩	3개월 선원수첩 15일	
바하마	외교 · 일반 · 관용 · 선원수첩	3개월 선원수첩 15일	
수리남	외교 · 일반 · 관용	3개월	· 재입국 허가 면제
그레나다	외교 · 일반 · 관용 · 선원수첩	3개월 선원수첩 15일	

2) 국가별 체류기간

국가명	체류기간	조 건
미국	8시간	· 일정 변경은 미국이민국으로부터 사전에 허가를 얻어야 됨 · 공산권 국가의 국민은 Through Filght에 한해 사전 허가시 허용: 북한과 쿠바인 경우 TWOV 불가함 · 미국 내의 Two Stopover 가능함 · 선원인 경우 C:1 비자를 소지하는 것이 바람직함
일본	72시간	· 출발과 도차공항이 같아야 함 · 관광비자인 경우 90일간 면제 · 제3국으로의 예약 여부(항공권 소지 유무) · 체류시 일본 내의 상행위나 기타 행위 불가함
호주	72시간	· 항공권으르 소지하고 통과목적으로 체류시에 한함
필리핀	21일	· 방문 목적시에 한함
홍콩	7일간	· 비자 없이 마카오와 중국으로 단기간 다녀올 때는 7일 이내 허가함 · 항공권을 소유하고 있는 경우
태국	15일	· 출발 항공권을 소유하고 있는 경우 · 입국시 여권기간이 6개월 이상인 경우 · 해상인 경우 배가 500톤 이상이어야 체류 허용함 · 해상으로 출국시와 반대인 경우에는 사증이 필요함
대만	당일 한함	· 여행을 하고 있다는 항공권과 같은 서류 구비시 · Transit Lounge 내에서 대기 · 도착 당일 제3국으로 출국해야 함
사우디아라비아	12시간	· 이스라엘 입국사실이 있는 경우 불가 · 공항 내에서만 체류 가능함
바레인	72시간	· 이스라엘 입국사실이 있는 경우 불가
이라크	72시간	· 이스라엘 입국사실이 있는 경우 불가 · 머물 수 있는 6개 호텔에 한정함
아랍에미리트	24시간	· 상용인 경우 6개월 이상 · 관광인 경우 여권유효 기간 3개월
케메룬	20일	· 관용여권 · 외교관여권
이스라엘	30일	· 방문목적으로 체류할 경우
이집트	30일	· 관광목적인 경우
인도	72시간	· 항공권을 소지하고 통과목적인 경우
브루나이	14일	· 방문 및 관광목적인 경우
피지	1개월	· 방문목적인 경우

사모아	1개월	· 관광목적인 경우
파푸아뉴기니	30일	· 관광목적인 경우
사이판	30일	· 관광목적인 경우
칠레	90일	· 관용 및 외교관 여권 소유시
중앙아프리카공화국	48시간	· 항공권을 소지하고 통과목적인 경우
인도네시아	20일	· 항공권 소지 및 관광목적인 경우
한국	120시간	· 항공권 소지 및 관광목적인 경우

3 병무청 해외여행 허가요건

여행목적	추천서 서류	허용 기간	제한사항
해외여행	· 추천서 불필요	· 5개월 이내	· 제1국민역: 24세 · 공익요원: 27세 · 군복무자: 기관장 추천서 필요
선박 및 항공승무원	· 고용인의 근로계약서	· 제1국민역: 23세(3년 내) · 공익요원: 27세(3년 내) · 산업기능요원: 고용기간(3년 내)	· 산업기능요원은 수산업 종사자로 제한
스포츠 및 국제회의	· 스포츠선수(아마추어 선수는 대한체육 회장, 프로선수는 경기단체 법인의 추천사가 각각 필요) · 국제회의 참가자(소속 기관장 추천서 필요)	· 국제경기는 추천기간까지 유효 · 국제회의는 추천기간까지 유효(3개월 이내)	
유학	· 재학증명서 · 입학허가서류	· 5년 내 기간까지는 허용 · 입학시험 준비자는 1년까지 허용 · 체육 · 예술분야는 추천기간까지 허용	· 대학원: 26세 · 4년제 대학: 24세 · 2년제 대학: 22세 · 고교재학: 20세

실업계학생 실습	· 학교장 추천서 필요	· 실습자 및 승선자는 실습기간까지 · 해군 예비역은 임관일 기본 5년까지	
기술연수생	· 업체의 장 추천서	· 제1국민역: 24세 · 보충역: 27세 · 학생: 제한연령	
취업	· 취업증명서류(재외공관장) · 업체장 추천서류	· 산업요원: 추천기간 (3년 범위 내 허용) · 공익요원: 27세까지	· 제1국민역 제외함
부모와 같이 출국	· 부 및 모의 출장 증명서류 · 부모가 출국 후인 경우에는 해외공관장의 추천서 필요	· 20세까지	· 20세 이상은 제한함
이민	· 해외이주확인 서류 (외교통상부 장관)	· 영구 귀국시까지	· 실역미필 장교 및 부사관

4 항공사명

항공사명	국적명	코드명
American Airlines	미국	AA
Norhwest Airlines	미국	NW
United Airlines	미국	UA
Aloha Airlines, Inc.	미국	AQ
Alasks Airlines	미국	AS
Delta Airlines	미국	DL
Hawaiian Airlines	미국	HA
America West Airlines	미국	HP
National Airlines	미국	N7
Trans World Airlines	미국	TW
US Airways	미국	US
China Southern Airlines	중국	CZ

Cathay Pacific	중국	CX
China Eastern Airlines	중국	MU
Air Macau	중국	NX
China Northwest Airlines	중국	WH
Air China	중국	CA
China Northern Airways	중국	CJ
Japan Airlines	일본	JL
All Nippon Airways	일본	NH
Japan Air System	일본	JD
British Midland	영국	BD
British Airways	영국	BA
Krasnoyarsk Airlines	러시아	7B
Aerlflot Russian IntL	러시아	SU
Vladivoatok Air	러시아	XF
Dalavia: Far East Airlines	러시아	H8
Shkhalinsk Airlines	사할린	HZ
Uzbekistan Airlines	우주베키스탄	HY
Kyrgyzstan Airlines	키르키스탄	K2
Air Kazakstan	카자흐스탄	9Y
Air India Limited	인도	AI
K.L.M Royal Dutch Airlines	네덜란드	KL
Lufthansa	독일	LH
Qanras Airways	호주	OF
Turkish Airlines	터키	TK
Garuda Indonesia Airways	인도네시아	GA
Air Canada	캐나다	AC
Air France	프랑스	AF
Finair	핀란드	AY
Cargolux Airlines	룩셈부르크	CV
Iberia	스페인	IB
Lot: Polish Airlines	폴란드	LO
Olympic Airways	그리스	OA
Tap Air Portugal	포르투칼	TP
Swiss Air	스위스	SR
Scandinavian Airlines System	스웨덴	SK
Aeromexico	멕시코	AM
Mexicana De Aviacion	멕시코	MX
Aerolines Argentinas	아르헨티나	AR

Varig SA	브라질	RG
Malaysia Airlines	말레이시아	MH
Philippine Airlines	필리핀	PR
Singapore Airlines	싱가포르	SQ
Thai Airways In' t Pulic Co. Ltd.	태국	TG
Vietnam Airlines	베트남	VN
China Airlines	대만	CI
Mongolian Airlines	몽고	OM
Ethiopian Airlines	이디오피아	ET
Gulf Air	바레인	GF
Emirates Airlines	아랍에미리트연합	EK
Iran Air	이란	IR
EI Al Israel Airlines Ltd	이스라엘	LY
Pakistan International	파키스탄	PK
Royal Jordanian	요르단	RJ
Saudi Arabian Airlines	사우디아라비아	SV
Kuwait Airways	쿠웨이트	KU
Egyptair	이집트	MS
Lan Chile	칠레	LA
Air New Zealand Limited	뉴질랜드	NZ
Czech Airlines	체코	OK
Air Niugini	파푸아뉴기니	PX
Royal Jordanian	네팔	RA
South African International	남아프리카공화국	SA
Myanmar Airways International	미얀마	UB
Srilankan Airlines	스리랑카	UL
Royal Air Cambdge	캄보디아	VJ
Air Pacfic Limited	피지	FJ
Korean Air	한국	KE
Asina Airlines	한국	OZ
Ansett Australla	호주	AN

5 주한 외국대사관 연락처

국가명	주소지	전화번호
미국	서울시 종로구 세종로 82	02)397:4114
캐나다	서울시 중구 무교동 45	02)753:2605
멕시코	서울시 용산구 한남동 33:6	02)798:1694
과테말라	서울시 종로구 운니동 98:78 가든타워빌딩 605	02)765:3265
니카라구아	서울시 용산구 서빙고동 4:11	02)795:4574
도미니카	서울시 종로구 운니동 98:79 가든타워빌딩 1601	02)742:6867
볼리비아	서울시 종로구 운니동 98-78	02)742:7170
베네수엘라	서울시 종로구 운니동 가든타워빌딩 1801	02)741:0036
브라질	서울시 중구 을지로1가 19:11 금저빌딩 305호	02)756:3170
아르헨티나	서울시 용산구 한남동 733:72	02)793:4062
우루과이	서울시 중구 남대문로 5가 541 대우빌딩 1802호	02)753:7893
온두라스	서울시 용산구 이태원동 남산빌리지 159	02)744:7563
에콰도르	서울시 용산구 이태원2동 262-58	02)798:3861
칠레	서울시 강남구 논현동 142 영풍빌딩 9층	02)549:1654
코스타리카	서울시 용산구 동부이촌동 리버사이드빌리지 N:101	02)790:5165
엘살바도르	서울시 종로구 운니동 가든타워빌딩 1002	02)741:7517
파나마	서울시 종로구 운니동 가든타워	02)745:0720
콜롬비아	서울시 종로구 종로1가 교보빌딩 13층	02)720:1369
파라과이	서울시 종로구 운니동 가든타워빌딩 603호	02)742:2190
페루	서울시 용산구 동빙고동 1-68	02)793:5810
영국	서울시 중구 정동 4	02)735:7341
이탈리아	서울시 용산구 한남동 1:398	02)796:0491
스위스	서울시 종로구 송월동 32:10	02)739:9511
스웨덴	서울시 종로구 평동 108-2	02)720:4767
노르웨이	서울시 용산구 이태원동 124:12	02)795:6850
핀란드	서울시 종로구 종로1가 교보빌딩 1602	02)732:6737
그리스	서울시 중구 장교동 1 현암빌딩 27층	02)729:1401
로마 교황청	서울시 종로구 궁정동 2	02)736:5725
네덜란드	서울시 종로구 종로1가 교보빌딩 14층	02)737:9514
덴마크	서울시 용산구 이태원동 260:99 남송빌딩 701호	02)795:4187
벨기에	서울시 용산구 동빙고동 1-65	02)749:0381
독일	서울지 중구 남창동 51:1 대한해상화재보험빌딩 4층	02)726:7114

오스트리아	서울시 종로구 종로1가 교보빌딩 19층	02)732:9071
유고슬라비아	서울시 용산구 이태원동 258:13	02)790:0803
슬로바키아	서울시 용산구 한남동 389:1	02)794:3981
루마니아	서울시 용산구 한남동 1:42	02)797:4924
불가리아	서울시 용산구 동자동 12:5 벽산빌딩 4층	02)727:5810
러시아	서울시 강남구 대치동 1001:13	02)552:7094
스페인	서울시 용산구 한남동 726:52	02)793:5703
포르투갈	서울시 종로구 신문로 2가 89:29	02)798:2078
프랑스	서울시 서대문고 합정동 30	02)313:3272
모로코	서울시 용산구 한남동 270:3 유엔 빌리지 S:150	02)793:6249
스와질란드	서울시 종로구 운니동 98:75 가든타워빌딩 1706호	02)744:0263
아일랜드	서울시 중구 남창동 51:1 대한화재빌딩 15층	02)744:6455
우즈베키스탄	서울시 서초구 서초 2동 1376:1 외교센터 701	02)577:3660
카자흐스탄	서울시 강남구 논현동 32:15	02)391:8906
체코	서울시 용산구 한남동 657-42	02)796:6453
폴란드	서울시 용산구 후암동 448-144	02)779:0613
헝가리	서울시 용산구 동빙고동1:103	02)792:2105
유럽공동체	서울시 중구 장충동 1가 ICON빌딩	02)271:0781
호주	서울시 종로구 종로1가 교보빌딩 11층	02)730:6409
퍼푸아뉴기니	서울시 용산구 한남1동 36:1	02)798:9854
필리핀	서울시 강남구 역삼동 559-510동	02)568:6141
인도네시아	서울시 영등포구 여의도동 55	02)783:5675
뉴질랜드	서울시 종로구 종로1가 교보빌딩 19층	02)730:7794
레바논	서울시 용산구 동빙고동 1:48	02)794:6482
말레이시아	서울시 용산구 한남동 4:1	02)794:6482
사우디아라비아	서울신 종로구 신문로2가 1:112	02)739:0631
싱가포르	서울신 종로구 신문로2가 89:29	02)722:0442
예멘	서울시 용산구 한남동 657:40	02)792:9883
오만	서울시 용산구 동빙고동 309:3	02)790:2431
아랍에미리트	서울시 용산구 한남동 5:5	02)790:3235
이란	서울시 용산구 한남동 726:126	02)793:7751
인도	서울시 용산구 한남동 37:3	02)798:4257
스리랑카	서울시 종로구 종로1가 교보빌딩 2002호	02)735:2966
베트남	서울시 용산구 한남동 33-1	02)738:2318
브루네이	서울시 용산구동빙고동 1: 94	02)797:7976
미얀마	서울시 용산구 한남동 723:1	02)792:9858

방글라데시	서울시 용산구 한남1동 33-5	02)796:4056
몽골	서울시 용산구 동부이촌동 리버사이드 빌리지 1: 104	02)794:1350
중국	서울시 중구 명동 2가 83	02)756:9553
태국	서울시 용산구 한남동 653-7	02)795:0095
파키스탄	서울시 종로구 신문로1가 58-1	02)798:8252
쿠웨이트	서울시 용산구 동빙고동 1:67	02)749:3688
카타르	서울시 용산구 동빙고동 1:77	02)790:1310
터키	서울시 용산구 한남동 726:114	02)792:5012
이집트	서울시 용산구 한남동 744:4	02)749:0787
튀니지	서울시 요산고 동빙고동 7:13	02)790:4334
나이지리아	서울시 용산구 한남동 724:5	02)797:2370
리비아	서울시 용산구 한남동 4:5	02)797:6001
남아프리카공화국	서울시 용산구 한남동 1:37	02)792:4855
수단	서울시 용산구 한남동 653:24	02)793:8692
가봉	서울시 용산구 한남동 738:20 우성빌딩 14층	02)793:9575
일본	서울시 종로구 중학동 18:11	02)736:6581
이스라엘	서울시 강남구 역삼동 823:21	02)564:3448
알제리	서울시 용산구 보광동 27-8	02)794:5034
에디오피아	서울시 용산구 한남동 657-135	02)790:8927
이라크	서울시 용산구 동빙고동 310-49	02)792:6671
국제연합 한국 대표부	서울시 용산구 한남동 794-4	02)790:9562
타이페이 대표부	서울시 종로구 세종로 211-1	02)399:2780

6 여행관련 용어 및 인터넷 주소

1) 여행관련 용어

A

Accommodation(수박시설) 여행중에 여행자들이 숙박할 수 있는 모든 시설(호텔 · 호두막시설 · 캠프장 · 방갈로 · 콘도)

Accompanied Baggage(휴대수하물) 여행중에 휴대하는 물품을 탑승하는 항공기와 함께 운송되는 모든 수하물

Agent Discount Fare(항공권 대리점 할인운임) 통상적으로 AD라는 약자로 표기하며, 항공사가 일반대리점에 연간 2회에 걸쳐서 운임의 75%를 할인된 가격으로 항공권으로 발권해주며, 유효기간은 3개월이다.

Address(항공예약코드) 통상적으로 5개 혹은 6개로 되어 있다.

Adult Fare(대인여객 항공운임) 만으로 12세 이상의 고객에게 적용되는 운임

Advanced Booking Charter 여행사의 오퍼레이터가 항공기의 좌석 전체를 혹은 40여 개 이상을 전세하는 경우

Advance Seating Prouct(사전 배정제도) 항공기를 예약할 때 사전에 미리 원하는 좌석을 예약하는 경우

Affinity Charter(관련단체를 위한 전세비행) 연류단체(affinity group)를 위해 행해지는 대절비행 혹은 전세비행

Affinity Group(유연단체) 항공운용상의 용어로 사교단체, 동호회, 종교적 목적으로 움직이는 모임 등도 이러한 종류에 속한다.

Agent (대리점 · 대리인) 공급업자를 대리해서 상품을 판매하는 여행업자, IATA 대리점 등

Agent Reporting Agreement(ARA) 여행사와 공공사간에 권리와 의무를 규정한 협정

Airline Code(항공사 코드) 세계적으로 여행사에 항공사 · 공항 · 요금 등을 지칭하는 약어체계

Airline Deregulation(항공규제 완화) 1978년부터 미국연방법으로 여행공급업, 자 항공노선요금 등에 정부의 규제 철폐를 의미

Airport Tax(항공사 스티커) 항공예약 변경시 변경할 내용을 첨부할 때 필요한 스티커

Air Tax(공항세) 이러한 종류의 세금은 공항기반 시설을 보수한다든지 자국민의 외국여행을 지양하기 위해서 사용되는 일종의 목적세

Air Taxi 250마일 이내를 운영하는 19인승 항공기를 말한다.

Air Traffic Control(항공교통관제) 항공관제탑으로부터 항공기의 안전한 이 · 착륙을 도와주기 위해서 이루어지는 행위

Air Transport Association of America(미국항공운송협회) 종래의 민간항공위원회(Civil Aviation Board)가 해체된 이후에 미국 내의 항공사를 대표하는 협회

AllExpense Tour(포괄 경비관광) 여행중에 이루어지는 투어비, 각종 세금 등이 포함된 여행의 한 부분의 종류

Allowance(허용량 및 금액) 여행용 외화할당 금액(travel allowance)이나 무료 수하물 취급허용량(free baggage allowance)의 경우

American Society of Travel Agents(ASTA: 미주여행업협회) 1931년 미국과 캐나다의 여행업자들로 구성된 협회로서 회원 상호간의 공통의 이익을 목적으로 설립

American Plan(AP) 객실요금에 2식이 포함되어 있는 숙박요금

Amtrak 1971년에 미국의 철도산업을 보호하기 위해서 설립된 국립철도 업체

Annual Pass(무료우대권) 타인에게 제공되는 무료 항공권

APEX Fare(미리 구입한 운임) 비교적으로 장기간에 걸쳐서 해외를 여행하는 여행자에게 35% 정도의 할인된 요금으로 판매하는 운임

APOLLO 미국 UA항공사가 1976년에 소개한 컴퓨터예약 시스템

ASA(American Sightseeing Association) 미국관광협회

AT(Air Tariff) 항공운임과 마일 수는 런던에서, 항공규칙에 대해서는 뉴욕에서 제작 판매를 하고 있으며, 80개국 이상이 현재 공시항공 운임표를 지키고 있다.

ATM(Automated Ticket Machines) 공항터미널 등에 설치된 항공티켓 자동판매기

Average Room Rate(평균객실가격) 호텔의 총객실수입을 총객실 수로 나눈 가격

B

Baby Kit 비행중에 유아들을 위해서 준비한 식료품 · 용품세트 등의 일체

Back to Back Charter 전세기를 왕복으로 빌리는 것

Baggage 여행자가 가지고 여행하는 일정량의 물품

Baggage Check　고객이 맡긴 수하물을 항공사가 안전하게 운송하겠다고 발행하는 예탁수하물증

Baggage Claim Tag(**수하물꼬리표**)　수탁수하물을 식별하는 데 용힌 증표

Barter Ticket　항공사측에서 홍보 등의 차원에서 제3자에게 제공하는 항공권

Bed and Breakfast(B & B)　식사제공 형태를 지칭한다. 즉, 식사에 숙박료를 포함 하는 것(영국식)

Bell Boy　호텔 프런트데스크에서 체크인 절차를 마친 고객들의 짐을 객실까지 안전하게 운반하는 업무를 담당한 자

Bermuda Plan　객실가격에 아침식사를 포함한 것(미국식)

Beyound Right　항공협정시 교섭상대국에서 제3국까지 운항하는 권리

Bilateral Agreement　국가간에 국제항공 서비스를 체결하는 협정

Block　호텔객실이나 항공좌석을 사전에 예약해두는 것

Block off Charter　정기적으로 운항하는 항공기를 전세 예약하는 것

Boarding Procedures(**탑승수속**)　여행자가 공항의 탑승구에 여권과 항공권을 제시하고 수하물을 탁송한 후 수하물표와 탑승권을 수령하는 일련의 탑승수속 절차

Bonding Bonded Area(**보세구역**)　항공사가 여행사를 상대로 만약을 대비하여 보증보험에 가입할 것을 강제 규정한 것

Bonus Mileage　일정한 지점을 경유하는 여정인 경우에 일정한 마일리지를 제외하고 운임하는 계산하는 방법

Booking　예약

BSP(Bank Settlement Plan)　항공권을 발권한 후 대금결제 방법을 은행집중결제방식으로 처리하는 시스템

Budger Tour　정가요금보다 비교적 저렴하게 책정된 요금

Bulk Fare(**좌석 일괄계약 포괄운임**)　운임을 조기에 납입하는 방법으로서 여행사가 이윤을 붙여서 좌석을 판매하는 방법

Business Class　항공탑승시의 좌석 분류로서 퍼스트 클래스와 이코노미 클래스의 중간으로 비교적으로 넓은 좌석과 무료 칵테일, 빠른 탑승수속 서비스가 제공된다.

Business Travel Department(BTP)　여행 업무를 담당하는 부서나 조직

C

CAB(Civil Aviation Bureau or Civil Aeronautics Board) 각 국가의 민간 항공국은 대체로 캡이라 불리지만 첫머리에 자국의 첫 글자를 넣어 KCAB, USCAB등으로 사용하고 있다.

Cabotage 한 나라의 항공기가 타국의 국내 2지점간에 상업운송을 행하는 것을 금지 하는 것

Cabin Class 좌석의 일등석과 일반석의 중간급

Cancellation Charge(예약취소료) 호텔이나 항공기 등을 이용하지 않을 때 일정액을 부과하는 금액

Carriage 승객과 화물을 운송하는 행위

Carrier 여행사나 항공사 등의 운수기관을 지칭

Cash Agent(현금교환 대리점) 신규의 여행사나 영세한 여행사가 항공권을 배포받지 못한 상태에서 항공권을 고객에게 판매하고 있는 대리점으로 현금과 교환하는 조건으로 항공권을 항공사로부터 수령, 여행객에게 전달하는 대리점

Cathode Roy Tube(컴퓨터 단말장치) 항공사의 주컴퓨너에 연결된 전산 예약 장비의 일종으로 여행객의 예약에 관한 각종 정보를 즉시 확인해보거나 필요한 정보자료를 입력시키거나 검색할 수 있는 예약장비

Catering 기내에서 서비스되는 기내식과 음료 및 기내용품을 공급하는 업무

Certified Travel Counselor(CTC: 공인여행상담원) 미국여행사자격협회가 운영하는 소정의 교육과정 또는 연구과정을 이수했다는 것을 입증하고 인정하는 자격증을 소지한 사람이나 여행업자

Charter Filght 여객 내지 화물, 우편 대상의 운항구간, 운항시기, 운항스케줄 등이 부정기적으로 운항되는 항공운송 상태

Charter Service(차터 서비스) 공식요금의 지불에 의해 항공기의 독점적 사용을 얻은 그룹을 위한 비정기 항공운송 서비스를 의미한다. 다른 운송수단에도 적용되며, 독점적인 이용을 위한 계약에 의해 전체 또는 최소한의 좌석을 전세내는 것을 말한다.

Toronto Pearson International Airport

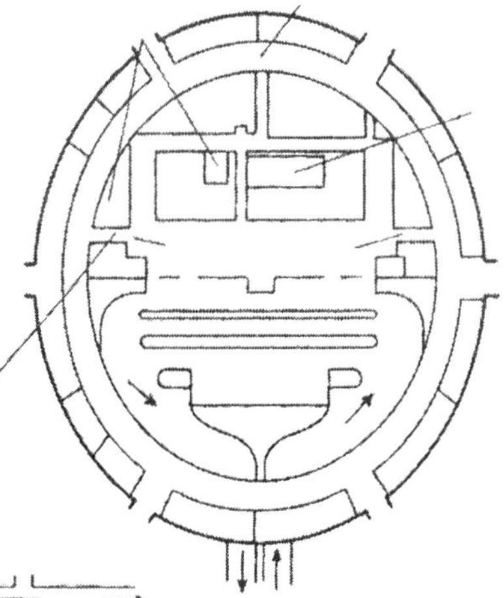

Terminal 2 Arrival Level

Departure Level

Terminal 1 Departure Level

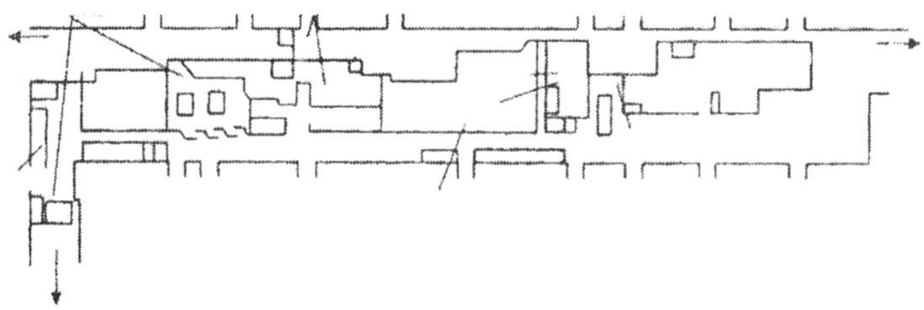

Terminal 3 Departure Level

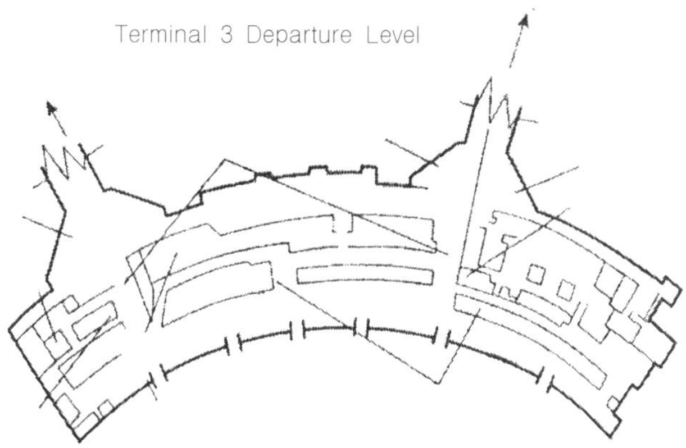

Terminal 1

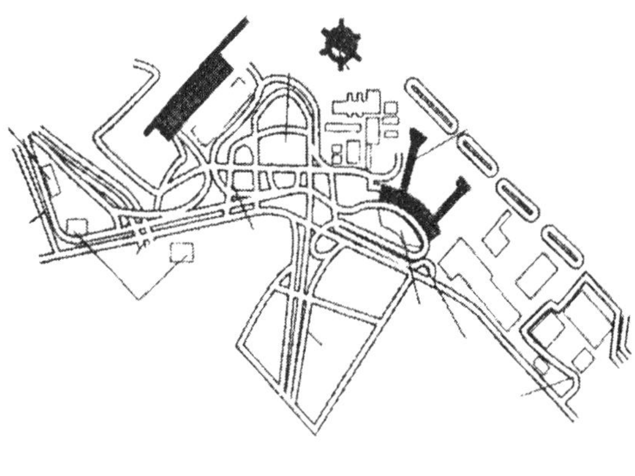

Manila Ninoy Aquino International Airport

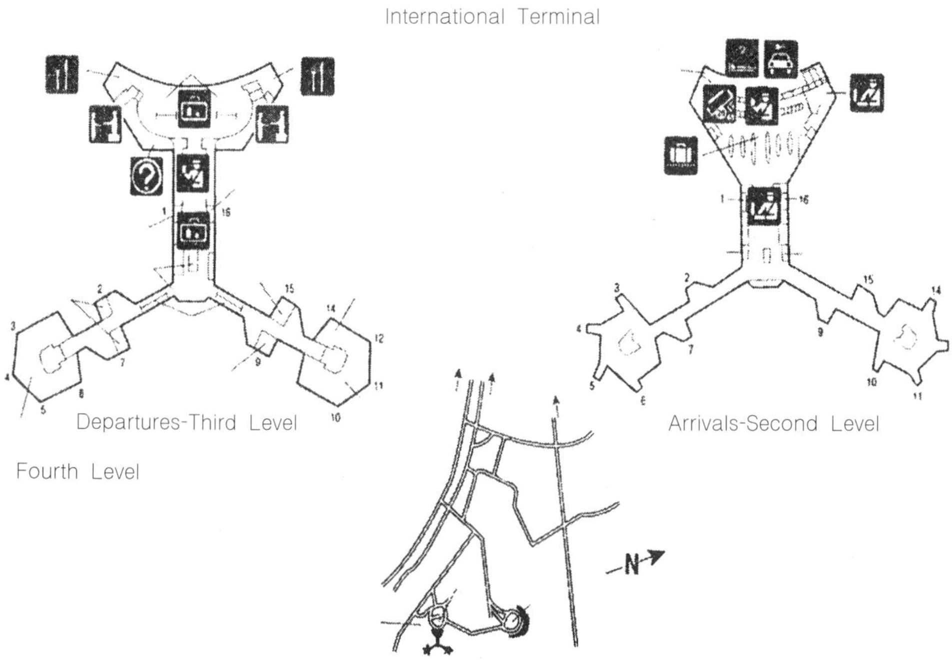

Rio De Janeiro Internacional Airport

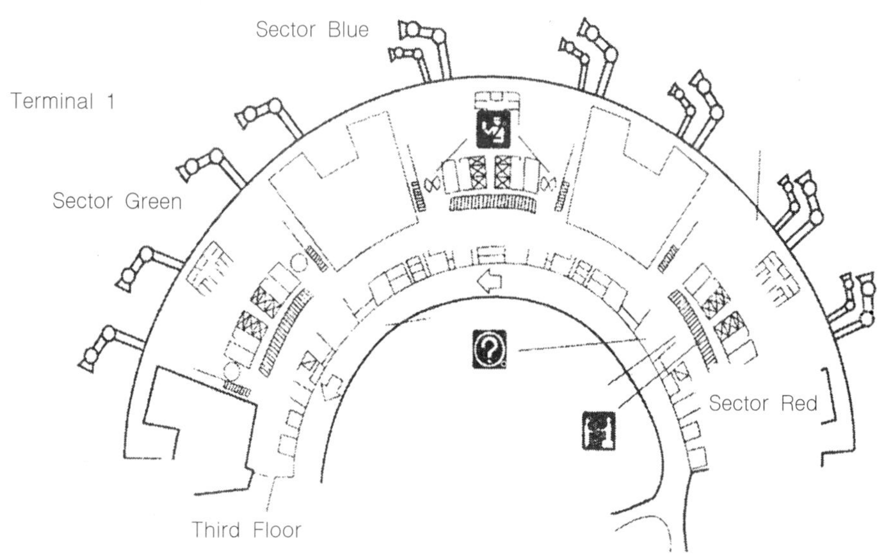

9 세계 주요도시 연평균 기온

1) 아시아

국 가	도시이름	1월	2월	3월	4월	5월	6월	7월	8월	9월	10월	11월	12월
일본	도쿄	3.7	4.3	7.6	13.1	17.6	21.1	25.1	26.4	22.8	16.7	11.3	6.1
	오사카	4.5	4.9	8.0	13.0	18.3	22.3	26.6	27.8	23.7	17.4	11.9	7.0
중국	북경	-4.8	-2.0	4.3	13.3	19.9	24.1	2.8	24.5	19.5	12.6	4.0	2.5
태국	방콕	26.1	27.6	29.2	30.3	29.8	28.9	28.4	28.2	27.9	27.6	26.7	21.3
홍콩	홍콩	15.4	15.8	18.2	21.8	25.6	27.5	28.4	27.9	27.3	24.7	21.2	17.4
싱가포르	상가포르	26.1	26.7	27.6	27.6	27.8	28.0	27.4	27.3	27.3	27.2	26.7	26.3
말레이시아	콸라룸푸르	26.8	27.2	27.4	27.3	27.7	27.1	27.1	27.1	27.0	26.8	26.7	26.6
인도네시아	자카르타	26.2	26.3	27.1	27.2	27.3	27.0	26.7	27.0	27.4	27.4	26.9	26.6
대만	타이페이	15.2	15.4	17.5	20.9	24.5	26.8	28.4	28.3	26.9	23.3	20.5	17.2
사우디아라비아	제다	23.0	23.3	24.3	26.9	30.0	30.6	31.5	31.3	30.5	29.0	27.1	25.7
이라크	바그다드	9.9	12.2	15.8	22.2	28.4	32.9	34.8	34.5	30.7	24.7	17.2	11.2
이란	테헤란	3.5	5.2	10.2	15.4	21.2	26.1	29.5	28.4	24.6	18.3	10.6	4.9
피키스탄	카라치	18.9	21.2	24.3	26.9	29.2	30.4	29.3	28.2	27.6	27.1	24.9	21.3
필리핀	마닐라	25.4	26.1	27.2	28.9	29.4	28.5	27.9	27.4	27.4	27.2	26.4	25.4
이스라엘	텔아비브	12.3	12.7	14.3	17.4	21.1	23.9	25.1	26.2	24.6	22.0	18.0	14.3
인도	뉴델리	14.3	17.3	22.8	29.1	33.5	34.5	31.2	29.9	29.3	29.5	20.2	15.7
	봄베이	24.3	24.9	26.9	28.7	29.9	29.1	27.5	27.1	27.4	28.3	27.5	25.9
	갤거타	20.2	23.0	27.9	30.1	31.3	30.4	29.1	29.1	29.2	27.9	24.0	20.6
네팔	카트만두	9.9	11.5	15.9	19.8	22.8	24.2	24.2	23.9	23.4	19.8	15.1	11.0
스리랑카	콜롬보	26.2	26.4	27.2	27.7	28.0	27.4	27.1	27.2	27.2	26.6	26.2	26.1

2) 북 미

국 가	도시이름	1월	2월	3월	4월	5월	6월	7월	8월	9월	10월	11월	12월
미 국	하와이	22	22	22	23	24	25	26	26	26	25	24	23
	로스앤젤레스	12.3	12.9	14.0	15.1	16.6	18.9	20.9	21.4	20.3	18.2	15.7	13.4
	시카고	-3.3	-2.3	2.4	9.5	15.6	21.5	24.3	23.6	19.1	13.0	4.4	-1.6
	워싱턴	2.7	3.2	7.1	13.2	18.8	23.4	25.7	24.7	20.8	15.0	8.7	13.4

캐나다	몬트리올	-9.6	-8.3	-2.2	5.9	13.1	18.6	21.4	20.3	15.4	9.4	2.5	-6.4
	밴쿠버	2.3	4.2	5.8	9.1	12.6	15.2	17.6	17.0	14.3	10.1	6.0	3.9
	토론토	-5.8	-5.4	-0.9	6.7	12.4	18.5	21.1	20.4	15.9	9.9	3.4	-3.2

3) 오세아니아

국 가	도시이름	1월	2월	3월	4월	5월	6월	7월	8월	9월	10월	11월	12월
일본	도쿄	3.7	4.3	7.6	13.1	17.6	21.1	25.1	26.4	22.8	16.7	11.3	6.1
뉴질랜드	오클랜드	19.0	19.0	18.1	16.2	13.5	11.5	10.5	11.0	12.4	14.0	15.4	17.3
괌	아가나	25.6	25.7	25.9	26.6	26.8	26.8	26.4	26.3	26.3	26.2	26.3	25.9
오스트레일리아	멜버른	19.9	19.7	18.4	12.1	12.5	10.2	9.6	10.5	12.4	14.3	16.2	18.4
	시드니	21.9	21.9	21.2	18.3	15.7	13.1	12.4	13.4	15.3	17.6	19.4	21.0

4) 유 럽

국 가	도시이름	1월	2월	3월	4월	5월	6월	7월	8월	9월	10월	11월	12월
영국	런던	4.2	4.4	6.6	9.3	12.4	15.8	17.6	17.2	14.8	10.8	7.2	5.2
프랑스	파리	3.1	3.8	7.2	10.3	14.0	17.1	19.0	18.5	15.9	11.1	6.8	4.1
이탈리아	로마	8.0	9.0	10.9	13.7	17.5	21.6	24.4	24.2	21.5	17.2	12.7	9.5
	밀라노	0.6	3.1	8.1	12.5	16.8	20.8	23.0	22.3	18.2	12.7	6.9	1.9
스페인	마드리드	4.9	6.5	10.0	12.7	15.7	20.6	24.2	25.7	19.8	14.0	8.9	5.6
	바로셀로나	9.5	10.3	12.4	14.6	17.7	21.5	24.3	24.3	21.8	17.6	13.5	10.3
오스트리아	비엔나	-1.4	-1.1	3.7	8.3	13.2	16.0	17.8	17.1	14.0	8.4	30.3	-0.9
	찰스부르크	-2.5	-1.1	3.7	8.3	13.2	16.0	17.8	17.1	14.0	8.4	30.3	-0.9
스위스	취리히	-1.1	0.3	4.5	8.6	12.7	15.9	17.6	17.0	14.0	8.6	3.7	0.1
독일	뮌헨	-2.2	-1.0	3.3	7.9	12.5	15.9	17.7	16.9	13.7	8.2	3.1	-3.7
	프랑크푸르트	0.9	1.9	6.3	10.7	14.8	17.9	19.7	19.1	15.8	10.5	5.7	1.9
스웨덴	스톡홀름	-2.9	-3.1	-0.7	4.4	10.1	14.9	17.8	16.6	12.2	7.1	2.8	0.1
포르투칼	리스본	10.8	11.6	13.6	15.6	17.2	20.1	22.2	22.5	21.2	18.2	14.4	11.5
필란드	헬싱키	-9.9	-9.6	-3.3	2.7	8.9	13.9	17.1	15.9	11.3	5.4	0.9	-2.2
헝가리	부다페스트	-1.1	1.0	5.8	11.8	16.8	20.2	22.2	21.4	17.4	11.3	5.8	1.5
그리스	아테네	9.3	9.9	11.3	15.3	20.0	24.6	27.6	27.4	23.5	19.0	14.7	11.0
네덜란드	암스테르담	3	3	5	8	12	15	17	17	14	10	6	3
덴마크	코펜하겐	0.0	-0.2	2.1	6.7	11.8	15.3	17.7	17.3	14.0	9.4	5.3	2.5

룩셈부르코	룩셈부르크	0.3	1.0	4.9	8.5	12.8	15.7	17.4	16.7	13.8	9.0	4.6	1.3
벨기에	브뤼셀	1.5	3	6.3	9.7	13.1	16.3	17.4	17.3	15.5	11.3	6.0	2.9
러시아	모스크바	-9.9	-9.5	-4.2	4.7	11.9	16.8	19.0	17.1	11.2	4.5	-1.9	-6.8
터키	이스탄불	4.5	4.3	5.3	9.7	14.9	19.6	22.2	22.0	17.9	13.8	10.3	6.9

5) 중남미

국 가	도시이름	1월	2월	3월	4월	5월	6월	7월	8월	9월	10월	11월	12월
브라질	리오데자네이루	25.9	26.1	25.5	23.9	22.3	21.3	20.8	21.1	21.5	22.3	23.1	24.4
	상파울로	21.1	21.4	21.3	19.5	17.3	15.8	15.0	16.5	17.3	18.7	19.5	21.2
멕시코	멕시코시티	12.1	13.8	16	17	17.4	17	16	16	16	14.7	13.3	12.2
아르헨티나	부에노스아이레스	23.7	23.0	20.7	16.6	13.7	11.1	10.6	11.5	13.6	16.5	19.5	22.1
칠레	산티아고	20.5	20.0	18.1	15.3	11.7	8.6	8.9	10.3	12.2	14.7	17.0	19.4
베네수엘라	카라카스	19.6	20.2	21.3	22.4	22.9	22.3	21.9	22.1	22.2	22.1	21.3	20.3
볼리비아	라파즈	10.2	10.2	10.0	9.1	8.7	7.1	6.4	7.89	9.6	10.0	11.0	10.8
우루과이	몬테비데오	22.5	22.2	20.3	17.0	13.7	10.9	10.5	11.1	12.8	15.1	18.3	21.0
콜롬비아	보고타	14.2	14.7	14.7	15.0	14.7	14.0	13.9	14.2	14.2	14.4	14.4	14.2
파라과이	아순시온	28.8	28.2	26.8	23.1	20.9	18.9	18.2	20.1	21.7	23.7	25.7	27.9
페루	리마	21.5	22.3	21.9	20.1	17.8	16.0	15.3	15.1	15.4	16.3	17.7	19.4

6) 아프리카

국 가	도시이름	1월	2월	3월	4월	5월	6월	7월	8월	9월	10월	11월	12월
이집트	카이로	14.0	15.1	17.8	21.2	25.3	27.6	28.9	28.6	26.3	24.2	19.9	15.5
모로코	카사블랑카	12.4	13.0	14.7	16.1	18.0	20.5	22.5	22.9	21.8	19.4	16.3	13.4
케냐	나이로비	17.8	18.1	18.8	18.8	17.8	16.2	14.9	15.6	16.8	18.6	18.3	17.8
남아공화국	케이프타운	20.3	20.0	18.8	16.1	14.0	12.6	11.6	12.3	13.7	15.0	17.6	19.3

10 항공기 기종별 기내좌석 배치도

B747-400 Cabin Interior Arrangement
(HL 7494/95/73/60/61/02/04) With Morning Calm Class

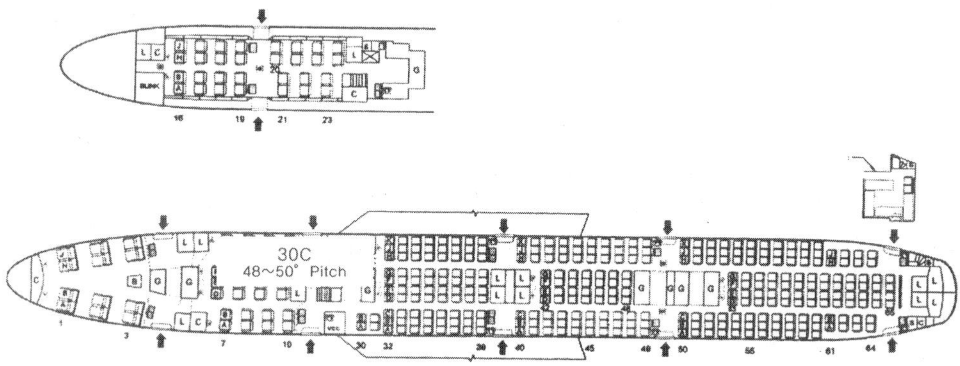

12P 80° Pitch | 28C 50° Pitch | 84Y 33~34° Pitch | 88Y 33~34° Pitch | 134Y 33~34° Pitch

B747-400 Cabin Interior Arrangement
(HL 7407/09/12/81/82/84/85/86/87/88/89/90/91/92/93/98/72)

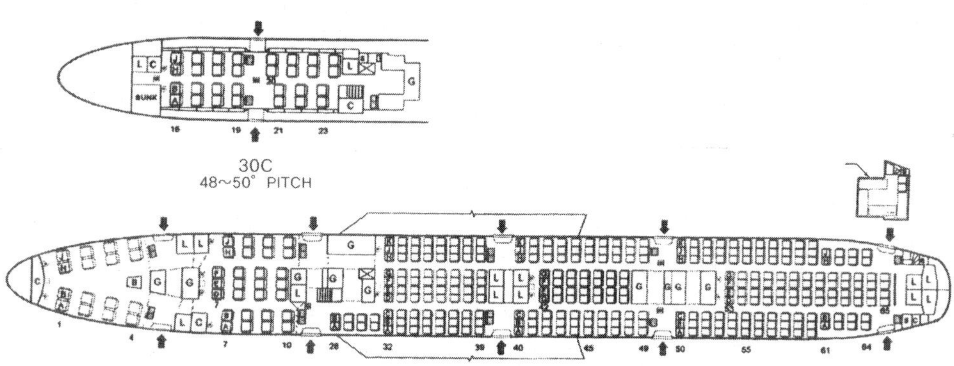

16F 81° Pitch | 28C 50° Pitch | 88Y 33~34° Pitch | 88Y 33~34° Pitch | 134Y 33~34° Pitch

777-200 Cabin Interior Arrangement
(HL 7530/31/26)

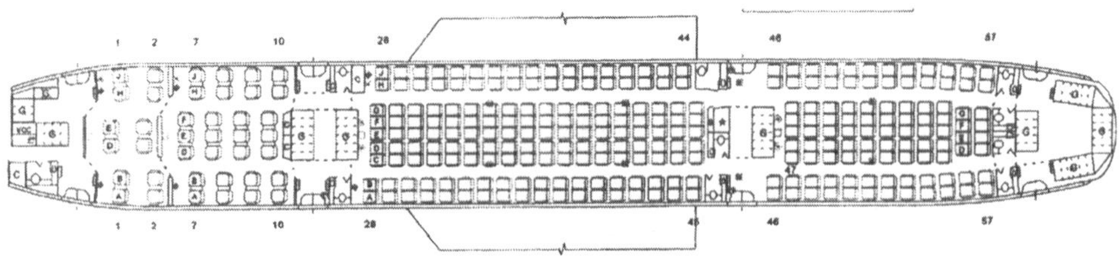

12F 58° Pitch | 28C 480° Pitch | 160Y 33~34° Pitch | 101Y 33~34° Pitch

A300-200 Cabin Interior Arrangement
(HL 7538/39)

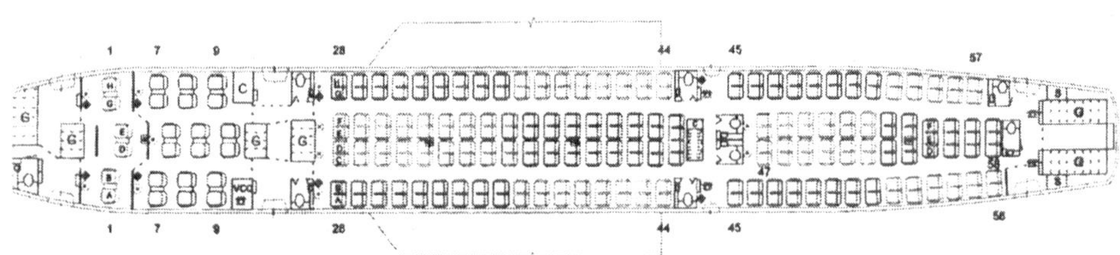

6F 62° Pitch | 18C 47° Pitch | 136Y 33~34° Pitch | 98Y 32~34° Pitch

A300-200 Cabin Interior Arrangement
(HL 7550/51)

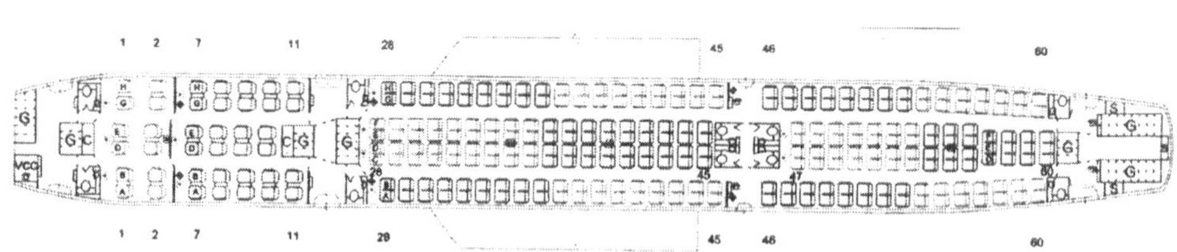

12F 58° Pitch | 28C 41~42° Pitch | 144Y 33° Pitch | 112Y 33° Pitch

A330-300 Cabin Interior Arrangement
(HL 7524/25/40)

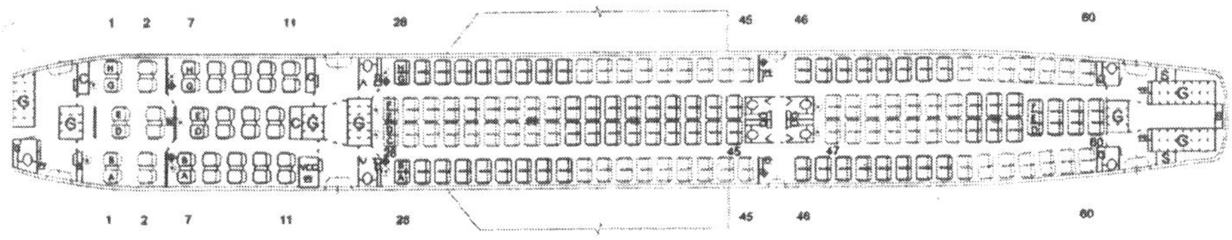

12F 58" Pitch | 28C 41~42" Pitch | 144Y 33" Pitch | 112Y 33" Pitch

A300-300 Cabin Interior Arrangement
(HL 7535/36 & HL7290/91/94/97/98/40)

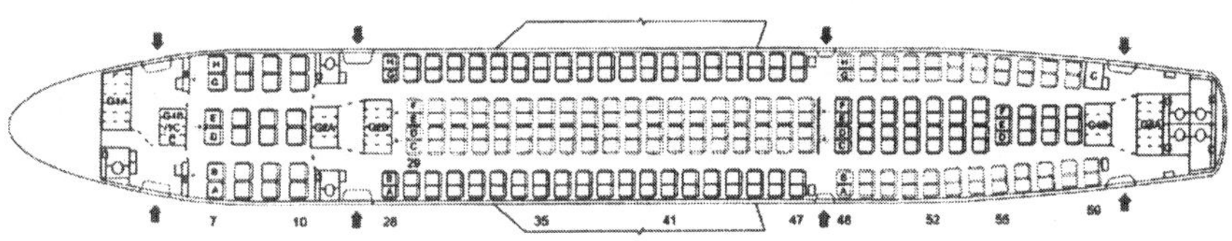

24C 39" Pitch | 156Y 31~22" Pitch | 86Y 33~34" Pitch

A300-600 Cabin Interior Arrangement
(HL 7280/80/87/99/39/41/42/43/44/45)

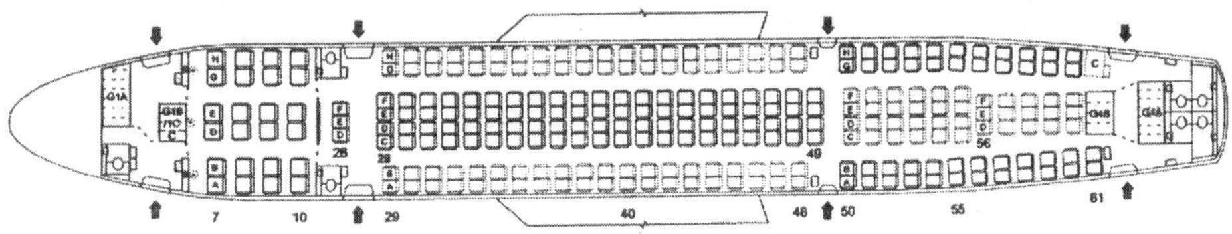

24C 39" Pitch | 167Y 31~22" Pitch | 85Y 32" Pitch

MD-11 Cabin Interior Arrangement
(HL 7371/75)

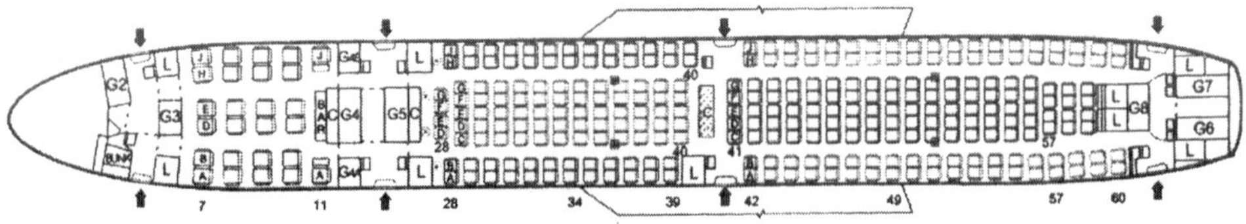

26C
43" Pitch

114Y
33~34" Pitch

168Y
33~34" Pitch

MD-83 Cabin Interior Arrangement
(HL 7570/71/72)

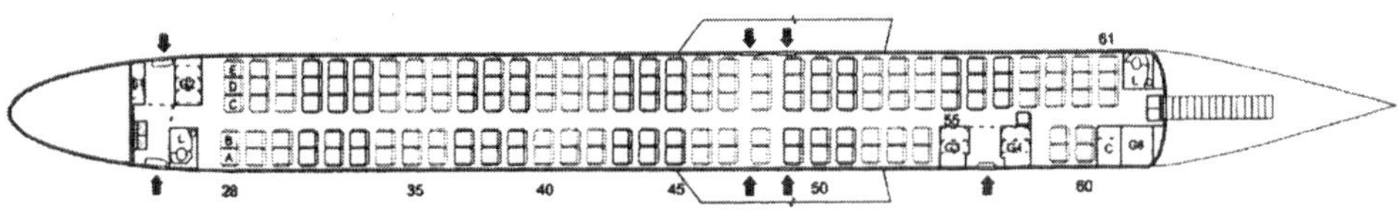

160Y
30~31" Pitch

F-100 Cabin Interior Arrangement
(HL 7206/07/08/09/10/11/12/13/14/15/16/17)

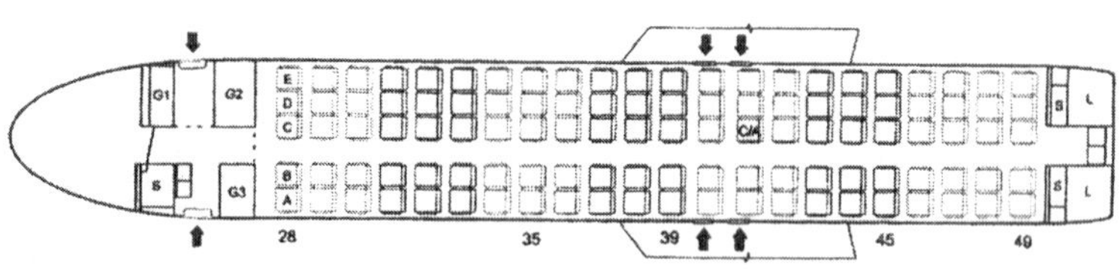

109Y
31" Pitch

참고문헌

1 국내

경기대학원교재, 「호텔경영전략」, 경기대출판부, 2001.

김만중, 「불황을 이기는 심리마케팅」, 거송미디어.

김성동, 여행사 경영업무론, 기문사, 2007.

김성동 · 박종찬, 「관광자원론」, 도서출판 갈채, 2006.

김성동 · 김성대 · 김권수, 「호텔객실실무론」, 대왕사, 2005.

김성혁, 「관광마케팅론」, 대왕사, 1993.

김정하, TC실무, 기문사, 2006.

김영규, 여행사경영과 실무, 대왕사, 2003.

김원수, 「마케팅정보시스템」, 박영사, 1983.

류무선 외, 「그린투어리즘 이론과 실제」, 백두출판시, 2003.

미래서비스아카데미, 투어에스코트실무, 2007.

박강수, 「마케팅관리론」, 세경사, 1984.

박시사, 투어에스코트 원론, 백산출판사, 1999.

박호표, 「호텔 · 관광마케팅」, 학현사, 1998.
서성한, 「소비자 행동론」, 박영사, 1995.
서철현 · 이현동, 「여행사경영실무론」, 도서출판 갈채, 2006
장대련, 「2B Marketing」, 일송, 1997.
유동근, 「통합마케팅」, 미래원, 1997.
유필화, 「현대마케팅론」, 박영사, 1990.
윤대순, 「여행사경영론」, 기문사, 1995.
김형섭 외, 「관광마케팅」, 도서출판 갈채, 2006.
이선희, 「관광마케팅개론」, 대왕사, 1993.
이유재, 「서비스마케팅」, 학현사, 1994.
이현동, 국외여행인솔자 가이드북, 도서출판 갈채, 2006.
이화인, 「호텔마케팅」, 학현사, 2001.
안영면, 「여가관광마케팅」, 백산출판사, 1999.
조응래, 투어에스코트 영어회화, 백산출판사, 1999.
채서일, 「마케팅」, 학현사, 1994.
최기종 · 이상기, 투어 에스코트 업무, 한올출판사, 1999.
최덕철, 「서비스마케팅」, 학문사, 1994.
최동열, 「관광서비스론」, 기문사, 1998.
한경수, 「관광마케팅의 이해」, 학문사

김성동, 「리더십 유형이 집단적 · 개별적 성과에 미치는 영향연구」, 경기대학교 대학원 박사학위논문, 2001.
김종남, 「한국 여행업 유통시스템의 구조에 관한 연구」, 경기대학교 대학원, 1990.
김진수, 김진해, 「인터넷 쇼핑몰의 성공적 구축을 위한 탐색적 연구」, 한국유통학회, 1997.7
김천중, 「여행상품의 판매촉진에 관한 고찰」, 「국제경영논총 제12집」, 경기대학교, 1991.
______, 「여행상품소비자의 불평행동과 피해구제에 관한 연구」, 경기대학교 대학원 박사학위논문, 1995.

김원인, 「오락관광지 선택에 관한 연구」, 인하대학교 대학원 박사학위논문, 1994.
손대현, 「우리나라 관광산업의 마케팅에 관한 실증적 연구」, 고려대학교 대학원 박사학위 논문, 1983.
전기화 · 안대희, 「여행사 이용객의 추구편익에 관한 연구」, 「김천대학 논문집」 제18집, 1997.
황창규 · 조선배, 「기업이미지와 구매행동: 호텔서비스를 중심으로」, 「광고연구」, 1993, 봄호.

2 외 국

Ader, J. & R. Lafleur, et al. *Global Lodging Almanac: 2002 Edition*, New York, Bear, Stearns, 2000
Abraham Pizam, Y. Neumann and Arie Reichel, "Tourist Satisfaction", *Annals of Tourism Research* 6. 1979.
AMA board, *Marketing News*, March 1, 1985.
Arwel, Jones, "Green Tourism", *Tourism Management*, Vol. 8, No. 4, 1982.
Bateson, J.E.G., *Managing Services Marketing: Text and Reading*, Hinsdale, IL: Dryden Press.
Boniface, Brian G. & C.P. Cooper, *The GEography of TRavel and Tourism*, Heinemann PRlfessional Publishing, 1987.
Cowell, D.W., "Industrial Marketing of Service", *Service Industries Journal*, November, 1983
Hardy, Kenneth G., *Presentation to the Advanced Management Program for Hospitclity Industry*, 1984.
Kelly, J.R., "Social Benefits of Outdoor Recreation: An Introduction", *Re-creation Planning & Management*, London: E. & F.N. Spon, Ltd., 1983.

Kirkman, B.L., &., "Beyond Self: Management: Antecedents and Consequences of Team Empowerment", *Academy of Management Jownal*, Vol.42(1), 1999.

Morrison, A.M., *Hospitality And Travel Marketing*, NY: Demar Publishers Inc., 1989.

Weston, J, Fred, and Thomas E. Copeland, *Managerial Finance*, The Dryden Press, 1992.

WTO, Guide Lines for collection and presentation of International Tourism Satatistics. B.2.2.2

Yuan, S. and McDonal C., "Motivational Determinates of International Pleasure Time", *Journal of TRavel Research*, 24(2), Fall, 1990.

吉田民人,「情報・資源・自己組織性」, ディソンジョン研究會

前多勇 編著,「觀光概論 學文社」, 1978.

田中喜一,「觀光事業論, 觀光事業研究會編」, 1950.

3 기 타

관세청(http://www.customs.go.kr)

대한항공 홈페이지(http://kr.koreanair.com)

모두투어(http://www.modetour.co.kr)

미국대사관 홈페이지(http://usembassy.state.gov/Seoul)

문화관광부(http://www.mct.go.kr/uw3/dispatcher/laws/law.html?item=관광)

법률신문(http://www.lawtimes.co.kr/)

법제처(www://moleg.go.kr/)

삼성경제연구소(www.seri.org)

여행신문(http://www.traveltimes.co.kr)
인천국제공항(http://www.airport.or.kr/home.jsp)
여행정론(www.tbj.co.kr), 2000년 6월호
외교통상부(http://www.mofat.go.kr/ko/)
엘지경제연구원(www.lgeri.com)
한국관광공사(http://www.knto.or.kr/Korean/)
한국일반여행업협회(http://www.Kata.or.kr/)

세계각국의 시차정보

-10	-9	-8	-7	-6	-5	-4	-3	-2	-1	한국	+1	+2	+3	-20	-19	-18	-17	-16	-15	-14	-13	-12	-11
	마드리드·런던	베를린·로마·파리	카이로·아테네	바그다드	테헤란	켈커타+30분·칼라치	랑군+30분	방콕	홍콩·북경·마닐라	도쿄·서울	멜버른·시드니	오호츠크	웰링턴	사모아·미드웨이	호놀룰루		시애틀·샌프란시스코	피닉스·덴버	멕시코시티·시카고	마이애미·뉴욕	구수베이·조지타운	리우데자네이루	

● 저자소개 ●

■ 김성동(金成東)

· 경기대학교 대학원 호텔경영학과(관광학박사)
· 현) (사) 세계합기도협회 자문위원
· 현) (사) 국제재즈싸이즈 에어로빅연맹 자문위원
· 현) (사) 한국관광산업포럼 이사
· 현) (사) 한국호텔관광학회 이사
· 현) (사) 한국서비스산업학회 이사
· 현) (사) 국가보훈문화예술협회 경기북부지회 상임위원
· 현) 국민생활체육 의정부시 줄넘기연합회 이사
· 현) 경민대학 관광호텔학부 여행항공경영전공 교수

〈저서 및 논문〉

· "관광자원론"(갈채, 2003)
· "호텔객실실무론"(대왕사, 2005)
· "여행사경영업무론"(기문사, 2007)
· 호텔사업계획에 대한 사례연구(1996)
· 의정부지역에 특급호텔건립을 위한 타당성 조사(1999)
· 관광업의 인터넷 전자상거래 이용특성에 관한 연구(2000)
· 호텔종사원 교육훈련에 관한 연구(2001)
· 변혁적 리더십이 종사원팀 임파워먼트 및 몰입에 미치는 영향연구(2003)
· 리더십 유형이 집단적 · 개별적 성과에 미치는 영향연구(2004)
· 비무장지대 문화관광자원 자료조사 사업계획(2004)
· 고객 속을 파고드는 심리 마케팅(2004)
· 거래적 리더십이 여행업 종사원의 직무만족에 미치는 영향연구(2005)
· 관광대국화 기반을 다진 박정희 대통령(박정희대통령 기념사업회 회보 제8호, 2006)
· 동남아 저가 여행상품 실태에 대한 조사(스포츠 조선, 2007년 7월 4일14-15면)외 다수

Tour Conductor 실무론

2007년 11월 26일 초판1쇄 인쇄
2007년 11월 30일 초판1쇄 발행

저　자 김 성 동
펴낸이 임 순 재
펴낸곳 한올출판사
등록 제11-403호
121-849
주　소 서울특별시 마포구 성산동 133-3 한올빌딩 3층
전　화 (02)376-4298(대표)
팩　스 (02)302-8073
홈페이지 www.hanol.co.kr
e-메일 hanol@hanol.co.kr
정　가 19,000원

저자와의 협의하에 인지생략

□ ISBN 978-89-8325-934-9